Benjamin Krämer

Synästhetische Soziologie

Soziologische Studien

Band 42

Benjamin Krämer

Synästhetische Soziologie

**»das ist: die Versammlung einiger Versuche und
Unterweisungen, die Gesellschaft mit Sinn und Verstand
zu begreifen, nebst der aphoristischen Erklärung
einiger Stichworte aus dieser Wissenschaft.«**

Centaurus Verlag & Media UG

Zum Autor

Benjamin Krämer ist wissenschaftlicher Mitarbeiter am Institut für Kommunikationswissenschaft und Medienforschung der Ludwig-Maximilians-Universität München.

Bibliografische Informationen der Deutschen Nationalbibliothek

Die Deutsche Nationalbibliothek verzeichnet diese Publikation in der Deutschen Nationalbibliografie; detaillierte bibliografische Daten sind im Internet über http://dnb.d-nb.de abrufbar.

ISBN 978-3-86226-172-7   ISBN 978-3-86226-933-4 (eBook)
DOI 10.1007/978-3-86226-933-4

ISSN 0937-664X

Gedruckt auf säurefreiem und chlorfrei gebleichtem Papier.

© *CENTAURUS Verlag & Media KG, Freiburg 2012*
www.centaurus-verlag.de

Umschlaggestaltung: Jasmin Morgenthaler, Visuelle Kommunikation
Umschlagabbildung: .marqs. Talk to me, Quelle: www.photocase.de
Satz: Vorlage des Autors

Inhaltsverzeichnis

Erste Lieferung, das sind Versuche der Sinnesschärfung und Erprobungen des methodischen Verstandes

Für Mme H.

„Ihr saht das Übliche, das immerfort Vorkommende.
Wir bitten euch aber:
Was nicht fremd ist, findet befremdlich!
Was gewöhnlich ist, das findet unerklärlich!
Was da üblich ist, das soll euch erstaunen.
Was die Regel ist, das erkennt als Mißbrauch.
Und wo ihr den Mißbrauch erkannt habt
Da schafft Abhilfe!"

(Aus Bertolt Brecht, Die Ausnahme und die Regel – und gerne zitiert, z. B. bei Bloch, Das Prinzip Hoffnung, und in manchem engagierten Soziologentext. So ist das, kaum hat man ein schönes Motto gefunden, entdeckt man bei einer raschen Internetsuche, dass schon manche anderen dieselbe Eingebung hatten.)

Einführung in die synästhetische Soziologie

Wenn man fragt, was das Soziale sei, so mag man sich mit einer Anekdote annähern: Zwei Brüder im Kindesalter unterhalten sich. Wie auch immer man darauf kommt, vielleicht geht es um Rechenaufgaben, da stellt der eine fest, die Eins sei als Zahl gelb. Der andere entrüstet sich, halb im Scherz, halb im Ernst, denn nichts ist gewisser als dass die Eins blau ist. Man geht daraufhin die Zahlen weiter durch: die Zwei sei rot, nein grün, die Drei orange, nein braun usw., kurz: allerhand Widerspruch und nur einige Übereinstimmung bemerkt man. Die Brüder beschleicht ein Zweifel an der Wahrheit ihrer Feststellungen, die doch so gewiss erscheinen. Wie aber sollte es anders sein? Man beschließt, die Eltern zu fragen, und beide antworten sehr knapp auf die Frage nach der Farbe der Eins: Hä? Auf Nachfrage erläutern sie, die Farbe von Zahlen feststellen zu wollen, sei schlichtweg unsinnig, denn Zahlen hätten keine Farbe. Viele Jahre danach saßen einer der Brüder und seine Kollegin, beide Sozialwissenschaftler, in ihrem Büro und unterhielten sich über die Farbe von Wochentagen und Buchstaben; wieder weiß man nicht genau, wie sie darauf kamen, aber sie entschieden sich, auf genau jene Antwort der Eltern zurückzugreifen, um schnell in ihrem Umfeld die Zahl der Synästhetiker festzustellen: Die einen nannten auf die Frage nach der Farbe des A mit großer Sicherheit und ohne Zögern eine Farbe, die anderen antworteten, und dann war die Sache sicher, mit: Hä? Die genannten Farben stimmten jedoch in den seltensten Fällen überein. Die Gewissheit war jedoch durchweg groß, und ebenso war es die Gewissheit, dass man zwar Farbenblindheit oder Farbenfehlsichtigkeit untersuchen kann, jedoch nicht wissen, wie sie sich darstellt für den Farbenblinden.

Dass man Gemeinsamkeiten zwischen Personen, eine gemeinsame Sprache finden kann, Gemeinsamkeiten, die gesellschaftlich erlernt sind und solche, die einfach gegeben sind, und solche die zwar verbinden, aber in ihren Verschiedenheiten, macht das Soziale aus und seine Grenzen. Wenn der Einäugige König ist unter den Blinden, ist der Synästhet ein nutzloser Visionär unter den Sehenden, der für die meisten nicht zu verstehende Seher. Erkenntnis hat mit Verstehen zu tun (es ist aber nicht einfach dasselbe). Mit Nichtverstehen kann es aber oft anfangen.

Seine Sinne muss jeder selbst benutzen. Ob man darüber reden und sich verständigen kann, ist einerseits eine Frage ähnlicher Erfahrungen. Hierfür stellt die Gesellschaft ihre Schemata zur Verfügung: Sie macht nicht jede Erfahrung kompatibel, manche bleiben unvereinbar: Die Geschmäcker sind mal ähnlich, mal verschieden, aber wir wissen zumindest oft, wie wir die Dinge einteilen können, um unseren Geschmack zu vergleichen. Darüber hinaus ermöglicht die Sprache, fremden Erfahrungen doch etwas abzugewinnen, nicht unbedingt sie nachzuempfinden, aber sie doch zu verstehen. Der Sinn einer synästhetischen Soziologie ist es, zu versuchen, die gesellschaftlich vorgeformte (aber nicht bis ins letzte vorbestimmte) Benutzung der Sinne, das Einteilen der Dinge, der Verstehen der Welt ihrerseits zu verstehen, sie beschreibbar zu machen, Gemeinsamkeiten und Unterschiede aufzuzeigen, Analogien zwischen den verschiedenen Gegenständen und den verschiedenen Sinnen, Ähnlichkeiten und Differenzen zwischen gesellschaftlichen Gruppen und Welten. Am Ende kann, vielleicht sollte auch eine Beurteilung stehen. Diese, und die Beschreibung, Deutung, Erklärung sind grundverschiedene und doch eng zusammenhängende Dinge.

Nicht alles, was nachstehend beschrieben wird, ist neu. Manches davon ist es aber wert, in Erinnerung gerufen oder bekannter gemacht zu werden. Manchmal bedarf es dazu einfach „nur" neuer Worte. Einiges wird dem soziologisch wohlinformierten Leser banal vorkommen, anderes dem wenig vorgebildeten kompliziert. Dem einen sei gesagt, dass es sich dann wohl um Popularisierung handeln muss, dem anderen, dass es sich offenbar um Wissenschaft handelt.

Die Logik des Geschmacks

Die Entwicklung des Geschmacks im Lebensverlauf: Erst schmecken alle Weine gleich, später viele schlecht, vorausgesetzt, man gehört einer verwöhnten Generation und einem verwöhnten Stand an, der es auf diese Stufe schafft. Das ist die Logik des Geschmacks: Erst noch nicht alles essen, dann fast alles essen, dann nicht mehr alles essen – Letzteres aber auf eine andere Art als zu Anfang: Vieles ist schwer zu ertragen, aber eben doch zu ertragen. Es ekelt nur bis knapp an die Grenze zum Körperlichen, aber eher so wie ein schlechtes Lied oder ein hässliches Kleidungsstück, auch das eine fast körperliche Abneigung, die jedoch zu nichts zwingt.

Jedoch: Der Bier-Amateur, der Gebrautes aus aller Welt auftut, verkostet und in wohlgewählten Worten würdigt, gilt als schrulliger Spinner (womöglich ist es ein Engländer, oder?). So bewegt sich Geschmack auf die seltsamste Weise zwischen Unwillkürlichkeit und Wahl, zwischen Zufälligkeit und freiwilliger Hingebung. Die Gegenstände dieser Hingebung sind aber nicht unbedingt von jedem willkürlich zu wählen: Die Gesellschaft kennt nicht nur einen so genannten guten Geschmack, sondern auch seine bevorzugten Gegenstände, an denen er sich delektieren sollte: z. B. eher Wein als Bier, so die pauschale Festlegung. Deutschlands erster Biersommelier, oder später der erste Ausbildungsgang zum Biersommelier, war eine Notiz im Vermischten, einen Artikel in einem Genießermagazin oder einen Beitrag in einem bunten Fernsehmagazin wert; Deutschlands „erster" Weinsommelier (das Wort kann ohnehin als eine Tautologie gelten) ist ein Papst, ein hoher Richter, ein Kritikerfürst (ganz gleich, ob mal dieser, mal jener als der „erste" gilt – Ehrerbietung ist ihm gewiss, Starallüren mögen dem höchstens ein wenig Abbruch tun).

Genetik und Gerüche

Es gibt Studien, da legt man Probandinnen und Probanden Unterhemden vor, die Vertreter des anderen Geschlechts (Heterosexualität wird dabei vorausgesetzt) über eine längere Zeit tragen mussten. Nun soll beurteilt werden, ob man den Geruch attraktiv findet oder nicht. Das Ergebnis soll allerhand darüber aussagen, wie die Evolution Mechanismen der Partnerwahl entstehen ließ, die irgendeinen biologischen Vorteil bewirken. Zumindest in medialen Darstellungen wird dann gerne behauptet, bei der Partnerwahl komme es letztendlich nur darauf an, ob man sich „riechen kann" (es wird auch immer hervorgehoben, wie wunderbar schlau der Volksmund dieses wissenschaftliche Ergebnis vorausgeahnt habe, als er die Redensart vom „Riechenkönnen" in seine Floskelsammlung aufnahm). Entscheidend ist bei diesen Untersuchungen, dass die Leute keine Geruchsstoffe an sich geben dürfen, damit dann die Attraktivität des Eigengeruchs getestet werden kann. Man reißt ihnen die kulturelle Dufthülle vom Leib, um dann zu erklären, dass die Biologie über die Gesellschaft dominiert. Dabei gibt es doch alte-Oma-Parfums, Deos für junge Machos und die trügerische Gewissheit in der Umkleidekabine der Fußballmannschaft (männlich), dass im Schweiße ihres Angesichts alle gleich männlich seien (der eine mag vielleicht, so sieht man in der Dusche, einen längeren haben; der andere ist vielleicht schwul, aber das weiß natürlich keiner, und riechen kann man das auch nicht). Nachdem diese Gewissheit bestätigt wurde, eilt man dann doch kollektiv zur Dusche, um wieder zivilisiert zu riechen. Das ganze Biologisieren mag für die Herkunftsdisziplin einigermaßen erkenntnisfördernd sein – das kann hier nicht beurteilt werden, und eventuell Psychologie und Soziologie vor Überheblichkeit warnen, aber man verliebt sich doch meist in einen Wort- und Ideenschatz (im neutralen Sinne), eine Kleiderschrankfüllung, eine (eventuell nicht vorhandene) Wampe, gebildet aus nicht ganz verbrauchten tierischen und pflanzlichen Fetten (letztere zum Teil gehärtet, wie die Zutatenliste industrieller Nahrungsmittel detailfreudig verrät), und ziemlich genau dasjenige Maß der Zurschaustellung von Kopulations- und Gebärfreudigkeit, das da erziehungsbedingt gerade geboten wird (weniger ist tot, mehr ist vulgär und tierisch). Wenn jemand stinkt wie das Tier Mensch, dann ist es freilich meist schnell vorbei.

Dialektik der Ausdünstung

„Außerdem hängt der Musik ein gewisser Mangel der Urbanität an, daß sie, vornehmlich nach Beschaffenheit ihrer Instrumente, ihren Einfluß weiter, als man ihn verlangt (auf die Nachbarschaft), ausbreitet, und so sich gleichsam aufdringt, mithin der Freiheit andrer, außer der musikalischen Gesellschaft, Abbruch tut; welches die Künste, die zu den Augen reden, nicht tun, indem man seine Augen nur wegwenden darf, wenn man ihren Eindruck nicht einlassen will. Es ist hiemit fast so, wie mit der Ergötzung durch einen sich weit ausbreitenden Geruch bewandt. Der, welcher sein parfümiertes Schnupftuch aus der Tasche zieht, traktiert alle um und neben sich wider ihren Willen, und nötigt sie, wenn sie atmen wollen, zugleich zu genießen; daher es auch aus der Mode gekommen ist."

(Immanuel Kant, Kritik der Urteilskraft)

Die Produktion einer Ware riecht man in den seltensten Fällen in aller Genauigkeit, wenn man das Produkt vor sich hat (neue Autos riechen nicht nach Fabrik und schon gar nicht nach Schweiß oder Schweißrobotern, sondern nach neuen Autos). Insbesondere riecht man gewisse gefährliche Stoffe nicht immer, die dann aber von gewissen Leute umso pauschaler gefürchtet werden: Chemie! Auf diesem kognitiven Niveau handelt es sich nicht um Wissen, sondern um Mythen. Die Furcht vor den Rückständen verschleiert dann die Umstände der Produktion. Die ausgefeilten Überprüfungen der Warentester sind sicher notwendig, und wir haben ja ein Recht, auf Hormon-, Antibiotika- und ähnliche Behandlungen zu verzichten und sie uns nicht zwangsweise durch die Nahrung angedeihen zu lassen, jedoch belohnt der Produkttest im Zweifelsfall diejenigen, die ihre Spuren am besten verwischen, oder sie in der Atmosphäre, den Körpern der Angestellten und fernen Landschaften hinterlassen, anstatt in den Produkten

In Parfümerien und Kosmetikläden schwillt dagegen die Warenwelt zu einem erschlagenden Geruchsgetöse an, weil eben die verschiedenen Gerüche immer in einiger Menge entweichen. Im Falle des Geruchs werden diejenigen ökonomischen Strategien noch übertroffen, die für andere Sinne entwickelt wurden: Werbung mag sehr präsent sein, beim Fernsehen Zeit wegnehmen und im Straßenbild das halbe Gesichtsfeld verstellen. Die Vorstellung aber, dass eine riesige Zahl von Produkten nach etwas riechen muss (obwohl sie das nicht müssten), und insbesondere der Konsument auch, schafft eine überwältigende Gleichzeitigkeit und -örtlichkeit von Gerüchen in bestimmten Räumen, und ihre Begrenzung ist natürlicherweise sehr unscharf. Wo man gerade genau hinblickt, kann maximal eine Werbung sein. Die Gleichzeitigkeit von tönender Anpreisung ist bereits schwer erträglich, wird aber vermieden. Der Geruch ist nun nicht in derselben Weise Werbung wie man sie sich sonst vorstellt: Die kann man überblättern, ausschalten (weghören bei aufgezwungener Beschallung dagegen nur schwer, und Gerüche lassen sich ebenfalls nicht beiseite legen wie eine Zeitung, nicht abstellen wie ein Radio). Da aber die Attraktivität vieler Dinge und Menschen am Geruch festgemacht wird, wie gesagt teilweise ohne Not, werden einige Orte von unentrinnbaren Geruchsfluten begraben. In Parfümerien wird das unvermeidlich sein, aber kaum einer muss täglich dorthin gehen. Besucher gastronomischer Betriebe duften aber gelegentlich zum Leidwesen anderer um die Wette nach Parfums und Deodorants. Man trägt in öffentlichen Verkehrsmitteln Ohrhörer für Musik, stinkt aber laut vor sich hin. Überdies: Der Biertrinker mag eine Fahne haben, qualmt aber nicht und riecht meist auf einige Distanz nur wenig. Alles was mit Sauberkeit und Körperpflege zu tun hat, muss nach etwas riechen. Der Mensch muss sich Fremdgeruch verdunstend anpreisen. Etc.

Im Blumenladen versammeln sich schließlich halbtote Pflanzen in unnatürlicher Konzentration und verströmen einen dichten Schleier schwerer Gerüche, der sich vor den Irrsinn legt, Massen von langsam verfaulenden oder vertrocknenden Organen, die im Wesentlichen der Verlockung von Insekten dienen, teilweise um die halbe Welt zu verschicken, in die sichere Verwesung am Ort der Bestimmung. Geruch ist *da* sekundär, es geht mir offensichtlich um die Symbolik hinter diesem Beispiel.

Olfaktorisches Kapital

Ob es in dieser Pauschalität zutrifft, wäre zu prüfen, aber könnte es nicht sein, dass Geruch ganz besonders eindringlich die mit ihm verbundenen Personen, die Besitzer der ihn absondernden Gegenstände klassifiziert und deklassiert?

Einerseits: Die Ausdünstungen eines billigen Teppichbodens, Lösungsmittel aus Sperrholzmöbeln, die Chemikalien in Kleidern, scharf „frische" Waschmittel und kräftige Parfums oder Deodorants.

Andererseits: Eine erdige, leichte, nicht schimmelige Feuchte in den Wirtschaftsräumen und dem Keller, trockene holzige Wärme und der Geruch von altem Papier in den Wohnräumen, Parfums mit Iris, Ingwer und Zeder.

Gattaca pour homme

Der Fingerabdruck gilt vielfach als Metapher der Individualität; immer wieder heißt es von dieser oder jener körperlichen Eigenschaft, sie sei wie der Fingerabdruck eines Menschen. Der Fingerabdruck verkörpert diejenige Individualität, die auf Identifizierbarkeit reduziert ist: Damit nur niemand dem Er-Selbst-Sein oder Sie-Selbst-Sein entrinne, dass jeder zur Verantwortung gezogen werden könne. In der Verbrechensbekämpfung mag man das durchaus verstehen, aber die Metapher des Fingerabdrucks, der nachweist, wo man „seine Finger drin hatte", als Bild dafür, dass jeder Mensch anders sei, verweist auf die überhöhte Pflicht zum Identischsein: Man ist zwar anders als die anderen, und jeder Mensch sei ein eigener Wert und nicht auf etwas Abstraktes zu reduzieren usw., aber bitteschön möge dann doch jeder zumindest so sein wie man selbst und nicht ständig anders. Alles Tun muss jemandem zugeordnet werden, und jeder muss sich sein früheres Tun zuordnen lassen; Anwesenheit und Anfassen machen verdächtig, aber wichtiger fast als die Identität eines Täters ist, dass jeder mit seinem erfassten Fingerabdruck und im Weiteren mit allen seinen dokumentierten Handlungen identisch ist.

Wie anders da der Geruch: Er soll ebenfalls unverwechselbar sein, der körpereigene Geruch, ob vermischt auf einzigartige Weise mit produzierten Gerüchen (Waschmittel, Parfums, Kosmetik) oder alleinstehend. Doch der Geruch ändert sich ständig, ob man Knoblauch gegessen hat, sich angestrengt, sich gebadet, betrunken usw., aber immer bleibt etwas Eigentümliches, das aber Verwandtschaftsbeziehungen offenbart: Ähnliche Gerüche findet man in einer Familie wie auch in einem Haushalt angeheirateter Personen, und unter der Wahlverwandtschaft der Anhänger eines Parfums. Auch der Geruch diente in Diktaturen zur Identifikation von Menschen, aber in seiner changierenden Art ist er die weitaus bessere Metapher für Identität.

Der Geruch steht nicht für Taten, Eindeutigkeit (angefasst/nicht angefasst) und Augenblicke wie der Fingerabdruck, sondern für Eigentum, Eigenheit, Vertrautheit, Präsenz und vorübergehende Abwesenheit zugleich, Nachwirkung, ungefähre Räume. Eine Wohnung hat man dann eingenommen, wenn sie nach dem Besitzer riecht. Mancher Geruch trägt keinen Namen, man hat keinen explizierbaren Begriff dafür; er heißt nur so wie eine Person (er heißt vielleicht in Wirklichkeit Chanel N° 5, aber in dieser besonderen Ausprägung ist es nur der Geruch von Herrn oder Frau K.).

Wiederriechen macht nostalgisch: einmalige, individuelle Erlebnisse und die Vertrautheit. Falsche Vertrautheit jedoch, wenn jemand in der U-Bahn neben einem steht, der fast genauso riecht wie eine vertraute, ja geliebte (oder einst geliebte!) Person – unausweichlich angesichts der Massenproduktion von Parfums. Was die Person unverwechselbar machen würde, ist in solchen Situationen ja nicht zu erriechen, da müsste man schon noch näher kommen, oder herumliegende Kleider beriechen, eine Wohnung betreten. Der recht weit verströmte, der öffentliche Geruch ist ja genau rational auf seine relative Durchdringungskraft und Unverwechselbarkeit in seiner Einheitlichkeit hin produziert.

Der Goldene Schnitt durch die Forschung

Journalisten, die keine Ahnung von quantitativer Sozialforschung oder experimenteller Psychologie haben, oder dies von ihren Lesern annehmen, schreiben gelegentlich Schlagzeilen wie „Formel für Schönheit entdeckt", wenn Forscher zum Beispiel hundert Männern Bildern von Frauen vorgelegt haben und dann diejenigen Körperproportionen errechnet haben, die im Durchschnitt den Herren am besten gefallen. Ob man nun diese Art der Forschung für sinnvoll hält oder nicht, so besteht doch ein erhebliches Missverhältnis zwischen dem Umfang quantifizierender Forschung und der Wahrnehmung von Teilen der Öffentlichkeit, die solche Untersuchungen für das Werk weniger „verrückter Professoren" halten. Dabei gibt es, um es in ähnliche Schlagzeilen zu packen, „Formeln" auch für Ehescheidung, Musikgeschmack, Parteipräferenzen, die tägliche Fernsehdauer oder sicheres Fahrverhalten. Komik gewinnen solche Forschungsergebnisse insbesondere dann in den Augen vieler, wenn Phänomene betroffen sind, die man in selbigen Augen nicht definieren, messen, in Zahlen und Formeln fassen kann: Religion, Liebe, Kunst, wahre Schönheit etc. Das zeigt aber meist nur, dass diese Phänomene umso mehr ideologiebehaftet sind und gesellschaftlich willkürlich, wenn sie schon diese Komik benötigen, um sich vor der Nachstellung der Wissenschaft zu schützen, die für alles Ursachen und Gründe finden will und so entzaubert, desillusioniert, wohltuend unverschämt ist, wenn auch nicht selten etwas anrührend in ihrem Versuch, etwa die Produktivität kanonischer Künstler in statistische Maße zu fassen. Zurecht ist ja auch der quantitativen Forschung vorgeworfen worden, sie ermögliche es, über das Postulat von Gesetzen des Sozialen „Manipulationen" auf deren Basis zu ermöglichen und den sozialen Zusammenhang als unentrinnbar darzustellen, da er ja Gesetzen folge. Diejenigen Forscher jedoch, die sich dagegen aussprechen, nicht auch (unter anderem) statistisch zu arbeiten, stellen ebenfalls einige Phänomene des Kulturellen oder der persönlichen Identität auf einen Sockel und ermöglichen so, dass sie unhinterfragt bleiben und damit potenziell den unerkannten Gesetzen folgen, die mit einer anderen Art der Forschung zu finden wären. Sind sie nämlich einmal gefunden, so stellen sich dann die Phänomene auf dem Sockel so dar, dass sie mehr oder weniger perfekt eingegliedert sind in einen quantifizierbaren Zusammenhang. In diesem Fall, und eigentlich erst in diesem, kann dann der Einzelne zurücktreten und sich fragen, ob er Teil eines statistischen Kollektivs oder Variablennetzes sein will, oder doch etwas anderes.

Zeiten, neurömische

Es wird oft ein Gegensatz konstruiert zwischen dem Text, den man am Bildschirm liest und dem Gedruckten, etwa einhergehend mit dem Bedauern, dass die Zeitung irgendwann verschwinden werde (ob sie das tut, ist eine andere Frage). Dem Lesen am Bildschirm gehe eben das Sinnliche ab, was dem Papier eigen sei. Das ist insoweit richtig, aber auch völlig tautologisch, als sich Papier am ehesten nach Papier anfühlt, und alles andere zwangsläufig demgegenüber abfallen muss. Sind aber nicht am Bildschirm die Buchstaben so schön perfekt? Sie sind geometrisch konstruiert, und bei geeigneter Auflösung fällt nicht auf, dass sie aus Pixeln bestehen. Sie sind so perfekt, viel perfekter als habe sie ein römischer Steinmetz in Marmor geschnitten (eine viel verwendete Schrift, wenn auch nicht die schönste, nennt sich schließlich eine neue römische) oder ein Mönch gezeichnet. Der Rest ist „Layout": Man lässt ihnen nicht den Raum, sich zu entfalten – dabei ist doch in einer Online-Zeitung unendlich viel Platz, im Gegensatz zur gedruckten. Jedoch ist die Internetseite rund um den schönsten Essay aus dem Feuilleton, oder auch nur um die heiter erzählte Klatschmeldung dermaßen mit Bannern, Teasern und weiteren Dingern vollgestopft, dass das herrliche Weiß, das der Bildschirm erzeugen kann, oder die gewünschten Abstufungen des Creme- oder Lachsfarbenen nicht zur Geltung kommen und nicht diejenige strenge Leere erzeugen, auf der Buchstaben ihre Freiheit haben. Wenn dann noch rundherum bonbonfarbene Schaltflächen, Fensterleisten und Menüs verstreut sind, dann wird es unwesentlich, ob Papier oder kein Papier.

Anschwellender Bocksgestank

> *„Daß die Skytinnen ihre Haare mit Butter, welche dann ranzig roch, einfetteten, die Helleninnen dagegen mit parfümiertem Öl, machte, nach einer antiken Überlieferung, einen gesellschaftlichen Annäherungsversuch vornehmer Damen von beiden Seiten unmöglich. Der Buttergeruch wirkte sicher intensiver trennend als selbst die drastischsten Rassenunterschiede, als etwa der – soviel ich selbst bemerken konnte – fabulöse ‚Negergeruch' es hätte tun können."*
>
> (Max Weber, Wirtschaft und Gesellschaft)

Der gleichzeitig abstoßendste und am ehesten böse-faszinierend einleuchtende Ausbruch von Feindseligkeit ist die Rede oder die Idee vom stinkenden Ausländer, vielleicht auch das Schimpfen auf die (vielleicht auch nur vermeintlich) ungewaschenen langen Haare bestimmter Herren (scheint allerdings beides aus der Mode zu kommen; vielleicht kennt der Verfasser aber nur die falschen Leute). Geruch scheint keine Begriffe zu brauchen, er scheint unmittelbar körperlich, und damit unmittelbar einleuchtend, da braucht es keine Umwege über lange Reden, Flugblätter und Gespräche hinter mehr oder weniger vorgehaltener Hand. Schließlich ist die Körperpflege, vielmehr eine gewisse Art der Körperpflege, auch nur ein gewisser Geruch, der Körperpflege suggeriert, ein Anfangspunkt der Erziehung, des Erlernens einer Kultur. Alles andere wird dann Ekel – der sich freilich auch besonders gut herbeireden und -denken lässt, wenn an Anschauung Mangel ist (und das wird meist der Fall sein), und wenn Sauberkeit die (womöglich objektiv weit entfernte) letzte erfühlte Bastion gegen die Verelendung ist.

Stangenweißbrot

Das Verhältnis des Konsumenten und des Klein(st)gewerbetreibenden zur Warenwelt drückt sich in Kategorisierungen und Benennungen aus, für die nicht selten Schlagworte in einen Kontext hinübergetragen werden, wo die Begriffe ihre ursprünglichen definierenden Eigenschaft gänzlich verlieren. In der Bäckerei heißt die Laugenstange manches Mal Brezelstange (eine offensichtliche *contradictio in adiecto*). Geht man weiter im Sortiment, so wird deutlich, dass oft nicht etymologisch gedacht wird, sondern man könnte sagen: in der Tendenz markenpsychologisch (das Zeichen überträgt sich, nicht der Begriff), angefangen nicht zuletzt in der Eisdiele bei den Eissorten „After Eight" und „Nutella", oder dem „Schlumpf-Eis" mit blauer Lebensmittelfarbe. So wurden auch aus Tiramisu, einem modernen Mythos von Nachtisch, Himbeer- und Erdbeer-Tiramisu, Tiramisu ohne Kaffee, Biscuitteig und Mascarpone, und schließlich Tiramisu-Eis, das neben dem Latte-Macchiato-Eis in der Kühltheke steht. Das Kebab-Fleisch vom Spieß (Döner) wanderte vom Teller in den Fladen, nahm den Namen des Spießes (Döner) an und legte den des Fleisches ab und landete im Zuge manch einer Aufwertung des Döner-Imbiss-Ladens zum Döner-Restaurant wieder auf dem Teller (Dönerteller). Namen sind Schall und Rauch, und wer immer auf die Etymologie zeigt, wenn es irgendetwas zu kritisieren gilt, ist ein Besserwisser. Die Begriffsgeschichte und der Namenswandel aber offenbaren erst das kuriose bis trügerische Verhältnis der Sprecher zum Gegenstand.

Die Schönheit der Mathematik

Mathematik ist eine Quälerei, finden Leute, denen man Nachhilfe in derselben gibt. Mathematik ist schön, finden diejenigen, die sie schön finden. Zum einen mag das an ihrer sanften Macht liegen.

Die Mathematik ist die reine passende Form, das interesselose Gefallen durch interesseloses Zustimmen. Mathematik kann aber mehr oder weniger schön aufgeschrieben sein, es gibt für sie eine sehr beschränkte, aber wohlformulierte, fast weihevolle Sprache: Es sei...

Schließlich ist in der Mathematik wohl noch sehr gut möglich, was in der Literatur und anderen Disziplinen nicht mehr so leicht zu erreichen scheint: Sehr kurz sehr Sinnhaftes, sehr Richtiges, das schwer vorzustellende gewünschte Richtige auszudrücken, so wie Inschriften, Aphorismen, Weihesprüche, in gerade gereihten Buchstaben, alleine oder zumindest unbeengt stehend in der Fläche des Materials,

Papier oder Stein, leicht eingedrückt. Wo die Sprüche aber oft Widerspruch erregen oder Unverständnis, angesichts ihrer frühen Entstehungszeit, oder weil das Gegenteil genauso wahr sein könnte, kann die Literatur doch die Formschönheit mit der Beliebigkeit vereinen, nicht indem sie ewig an wenigen Äußerlichkeiten wie Reim und Versmaß hängt, sondern entdeckt, wie das Zwingende daran das Liebgewonnene, das Beliebige umformt, die kleinen Weisheiten zu eleganten Formeln werden lässt, und indem sie sich neue Beschränkungen setzt, Regeln der Transformation, Algorithmen, Operationen, Strukturen, und sie auf die Vielfalt des Mitteilungsmöglichen, auf Teil und Gegenteil, spielerisch anwendet. Die Mathematik ist ein unendliches Gerüst für eine potenzielle Literatur (littérature potentielle).

Partikel

Meer und Métro, keine guten Gerüche, keine schönen, aber geliebt.

Konditionierung: Tees, Liköre und Bonbons mit Zitronengeschmack, und die Assoziation einer Toilette in einem etwas heruntergekommenen Gasthaus.

Wir alle seien aus Sternenstaub, dass aber der Staub um uns überhaupt aus uns selbst stammt (neben Bremsabrieb und Partikeln aus Verfeuerungsanlagen) löst nicht annähernd dieselben poetischen Anwandlungen aus, obwohl er sich in Weinkellern auf die Flaschen legt, er die alten Möbel bedeckt und die Bücher im Regal.

Megapixel und Metapixel

Es ist eine Paradoxie unserer Werbewelt, dass man für Medien, die besondere Bild- und Klangqualität bieten, in denjenigen Kanälen wirbt, die man mit Medien nutzt, die eine schlechtere Darstellungsqualität aufweisen, zumindest will uns die entsprechende Werbung glauben machen. Man wirbt für das hochauflösende Fernsehen im Fernsehen, für die vorgeblich beste Digitalkamera in gedruckten Anzeigen in Tageszeitungen, die niemals die Farbdarstellung eines guten Fotoapparats erreichen. Also muss die Illusion der guten Bildqualität geschaffen werden, die Assoziation erweckt, sie muss dargestellt werden ohne sie aufzeigen zu können, durch Kontraste, übertriebene Farbigkeit, ungewohnte Farben: exotische Blüten, überbuntes Wirbeln fremder Tiere und Menschen, hyperrealistisch spiegelnde Oberflächen.

Wir alle sind Robinson Crusoe

Von manchen Menschen sagt man, oder sie sagen von sich, sie seien „privat ganz anders".

Ich trinke am Wochenende gerne Tee um fünf, obwohl ich weder in England lebe noch länger dort gelebt habe, noch jemand um fünf zum Tee kommt. Die meiste Zeit nehme ich diesen Tee alleine. Es ist eine gute Angewohnheit. Sie ergibt sich aber nicht aus irgendwelchen praktischen Überlegungen. Ich könnte genauso gut den Tee um zwei nehmen oder um sieben. Die Gewohnheit hat aber wirklich die (vermeintlichen) englischen Gebräuche zum Vorbild. Meine privaten Vorlieben und insbesondere Abneigungen sind aber gerade das Soziale an mir. Die wenigsten sind nämlich, glaube ich, genetisch bedingt. Sie sind vielmehr der starke Ausdruck der Herkunft und früheren Prägung. Muss man sich unter Menschen mit seinen Abneigungen zurückhalten, aus Höflichkeit über dieses und jenes reden, alles Mögliche probieren, was einem vorgesetzt wird – schon hier lässt sich oft kaum verbergen, was man wirklich davon hält – schlagen im Privaten, insbesondere in Augenblicken des Alleinseins, all jener Ekel und all jene Lust zu, die man im Laufe des Leben angehäuft hat. Robinson Crusoe ist nicht so sehr ein Fall für den Psychologen, sondern für den Soziologen, denn an seinem Verhalten (bzw. an dem, was Defoe sich so vorstellt, ja wünscht) zeigt sich, was an Zivilisation wirklich in ihm steckt, und nun, da ihn niemand stört, aus ihm hervorbricht. Nicht so sehr das Wilde bricht aus vielen Leuten, wenn sie unbeobachtet und ungestört sind, sondern die Lust, es jetzt erst recht einmal ganz richtig und ordentlich zu machen, sei es im Genuss oder in der Pflicht oder in der Pflicht zum Genuss. Diese Vorstellung vom richtigen Leben aber haben die wenigsten in mühevoller Denk- und Forschungsarbeit alleine und selbst erfunden, auch ich nicht, sondern kopiert oder mitbekommen.

Weihnachtsmarketing

Weihnachten wurde nicht kommerzialisiert, sondern Weihnachten und Adventszeit sind ein Produkt der Bewerbung, Anpreisung und Vermarktung des eigentlich schmucklosen Fests, das den Kindern, Heiden und einfachen Geistern schmackhaft gemacht werden musste und dann verbürgerlicht wurde, was dann notwendigerweise den letzten Schritt von der kirchlich organisierten Promotion zur Vermarktung durch die Kaufleute nach sich zog. Die Exotismen wechselten dabei: früher das „Morgenland" mit seinen Gewürzen und Früchten, die man heute kaum noch als fremd wahrnimmt, dann mal Russland oder Skandinavien, immer ein wenig USA und England; verbunden mit Heimattümelei, etwa die deutschlandweit und darüber hinaus begeistert aufgenommene Holzmassenware aus dem Erzgebirge. Verband sich Weihnachten bereits vorher mit den seltsamsten, entferntesten Symbolen und Objekten (Tanne, Gans, rotweiße Mützen) und stellte die Kreativität und Zufälligkeit unter Beweis, mit denen neue Sinnbilder und willkürliche Zeichen geschaffen werden, so sind jetzt auch noch, in einer Fortsetzung dieser Entwicklung, das Aufwindkraftwerk (Weihnachtspyramide genannt) und womöglich bald auch der im realen Leben hierzulande ausgestorbene Bergmann (als Figürchen auf irgendwelchen Holzgestellen oder als Mitläufer in der Weihnachtspyramide) hinzugetreten.

Projekt Datenmüll

Nicht nur die Soziologie, sondern auch die Marktforschung verlässt sich darauf, dass mit vergleichsweise wenigen Mustern sehr viel erklärt werden kann. Zwar werden in der Realität ziemlich viele Kombinationen derjenigen Variablen ausgereizt, die eine Person kennzeichnen können, kommt praktisch jede Kombination irgendwo vor, aber ökonomisch sinnvoll ist es, nur einige typische Kombinationen zu berücksichtigen, die überproportionale, überzufällige Vorhersagekraft entfalten; das ist forschungsökonomisch, und ökonomisch sinnvoll für die Konsumgüterbranche. An Bourdieu gedacht: Jede habituelle Handlung ist Metapher der anderen, der Geschmack in einem Sinn und in einer Abteilung des Warenhauses spiegelt den in einem anderen Gebiet. Wahrnehmen und Handeln sind redundant, weil es sparsam ist für den begrenzten Menschen, bereitwillig verstärkt durch die ebenso sparsame Industrie. Während nun aber die Forschung als solche auftritt und ihre Ergebnisse über die kollektiven Verklumpungen des Sinnlichen idealerweise zurückschenkt und so den idiosynkratischen Identitätsbegriff teilweise in die Tonne tritt, so hat die Wirtschaft vielfach auf beiläufige bis überwacherische Datensammlung umgestellt (sparsam wie sie ist, spart sie sich die Theorie und erklärt Konsum durch vorhergehenden Konsum, was ja oft sehr gut klappt), will aber jedem seine kopierte als seine eigene Identität weismachen. Die Forschung sagt womöglich: Siehe, deine Individualität ist auch nur ein gängiges Muster; *gnothi seauton*. Die Marktforschung sagt: Alle Daten zu uns, dann bekommt ihr Werbung, die genau auf eure Präferenzen abgestimmt wurde, ganz individuell (dabei durchkämmt sie die Datensätze gerade nach Korrelationen, typischen Mustern); Kunden, die dies kauften, kauften auch… Nun ist reine Identität (individuellstes Verschiedensein und unveränderliches Sichgleichsein) nicht denkbar und stereotypes Konsumieren unvermeidbar aufgrund unserer Sozialisation und kognitiven Faulheit, die uns vor ästhetischer Überlastung schützt. Will man aber nicht noch weiter in die klischeehafte Enge getrieben werden durch ein Angebot und eine Anpreisung, die einem immer nur die eigene Begrenztheit zurückspiegeln und das eigene Milieu, die eigenen Konsummuster wieder aufdrängen, kann die Gegenmaßnahme nur heißen: unvorhersehbare Daten produzieren, Varianzmaximierung in den Datensätzen der Konsumforscher. Das könnte einerseits bedeuten, unvorhersehbar und somit untypisch zu konsumieren. Das kann emanzipatorisch, entdeckerisch sein. Nun muss man nicht seine Eigenart verleugnen, nur um die Industrie zu narren. Man muss nur seine Kundenkarten regelmäßig verleihen, wenn man denn welche hat, und sich mit einem möglichst zufällig ausgewählten Partner die Zugänge zu Online-Versandhäusern teilen. Man muss in Suchmaschinen unsinnige Suchwörter eingeben und beim Internethandel gelegentlich wahllos Produkte anklicken. Usw. Das ist das Projekt Datenmüll oder Varianzmaximierung. Die Industrie müsste einfach wieder das anbieten, was nachgefragt wird: Produkt, Preis und Menge; und das Schnüren von Warenbündeln, das Spielen mit der Anordnung von Waren und personalisierte Beeinflussungsversuche unterlassen. Oder man müsste unverpackt kaufen in einem kleinen Laden nicht in der Nachbarschaft, gegen Bargeld, anonym, oder am Automaten. Geld, vor allem Münzgeld, bedeutete große Freiheit: Es wehrt sich nicht gegen das Ausgeben für irgendeinen Zweck und führt niemanden auf eine Spur.

Butterbirne zum Fisch

Der Wandel des Geschmacks geht bis hinein in die Welt des Lebendigen: Mode-Hunde und Zeitgeist-Pflanzen. Die Grünlilie und die Buntnessel sind aus den Wohnzimmern ebenso stark verdrängt worden wie der Dackel und der Spitz. Die Echte Aloe (lat. Aloe vera) grassiert als Universalheil- und Wohlfühlmittel, Ginseng könnte diesbezüglich auf dem absteigenden Ast sein, ebenso die Sonnenhüte (Echinacea – es ist doch erstaunlich, dass sich die Werbung bevorzugt auf den wissenschaftlichen Namen stützt).

Andererseits bestimmt die Biologie den Geschmack mit: Der Apfelbaum, der am stärksten trägt und den meisten Krankheiten widersteht, die am besten lagerfähigen und transportierbaren Äpfel bringt, dessen Apfel muss Geschmack werden. Dafür braucht man also keine vulgären Evolutionsthesen, die den Ursprung jeden Geschmacks in der Steinzeit vermuten (natürlich trifft das auf einige Aspekte zu), sondern auch wir sind diejenigen, die selektieren, und müssen dann dasjenige wohlschmeckend finden, was uns die Natur zu annehmbaren Preisen zur Verfügung stellt. Wem es nicht schmeckt, der stirbt nicht aus, sondern der bezahlt mehr oder wird als ungezogenes Kind ausgeschimpft.

Die Wissenschaft der Pomologie, der Lehre vom Obstanbau mittels Kulturpflanzen, hat aber erheblich ihren Zweck gewandelt. Sie war lange neben einer immer prägenden Liebhaberei eine ernsthafte Suche nach wirtschaftlichen und zugleich schmackhaften Sorten, oft mit Blick auf die Lagerfähigkeit solcher Früchte wie Äpfel und Birnen, für die man auch das Aroma mitunter hintanstellte. Sie war aber gleichzeitig vom Wunsch geprägt, die Vielfalt der Obstsorten zu überblicken und ihr dann gewisse Grenzen zu setzen, um dann auf überschaubarer Basis sicherere Ratschläge für das Wirtschaften mit Obst geben zu können.

Sicher geht die Suche nach wirtschaftlichen Obstsorten weiter, rationalisierter denn je und keinesfalls zum Nachteil aller, aber an ihre Seite ist eine andere Pomologie getreten, eine heute sehr sinnliche und etwas schrullige Wissenschaft, die Kulturgüter, oder auch nur die Geschmäcker aus der Kindheit erhalten will, der es, ganz neusprachlich gesagt, um den Erhalt des genetischen Pools geht. Dass alte Apfelsorten damit gepriesen werden, sie seien verträglicher für Allergiker, wirkt dabei irgendwie vorgeschoben, so zutreffend das sein mag. Wer ein stockfleckiges Exemplar des Lauche oder Diel einmal eingesehen hat, jene alten Bücher mit den idealisierten Illustrationen und den heute poetisch anmutenden Beschreibungen, die Seite zur grauen französischen Renette, zum Wintergoldparmänen oder zum roten Herbstkalvill betrachtet hat, und dann mit größerem oder kleinerem Abstand vor einen entsprechenden Baum tritt oder einen entsprechenden Apfel in Händen hält, oder sich an ihn erinnert, der bemerkt den seltsamen, abgelegenen Wert dieser Wissenschaft.

Wurzelsepp und Weckmann

Wie seltsam recht viele Menschen von einer einfachen Nachahmung berührt werden. Ein Staunen mit einer Belustigung, die nur bis knapp vor die Ironie reicht, wenn jemand aus Teig ein Männchen baut, wenn ein Kuchen zum Thema des Tages gebacken wird (ein Fußballfeld, ein Auto, ein Buch etc.), wenn in der Wurst ein Gesicht ist oder die Karotte wie eine Blüte geschnitzt. Es mag einmal eine Ehrfurcht vor dem Geist und dem Göttlichen in solchen Objekten gegeben haben, aber die ist es heute nicht mehr, und auch nicht die Bewunderung für einen Künstler in dem Sinne, dass jemand aus einem widerspenstigen Material Großes, Eigenständiges geschaffen habe, sondern ein kindliches Staunen über eine Geschicktheit und Gewitztheit auf Mittelmaß. Im Gegensatz zur sogenannten „modernen Kunst" ruft bei solchen Spielereien niemand: „Das hätte ja meine fünfjährige Tochter auch hinbekommen", dabei tut die fünfjährige Tochter genau das immerfort, nur mit mehr Phantasie: in den Dingen das völlig Andere, aber doch sehr abstrakt Ähnliche zu sehen und für ihr Spiel zu nutzen. In diesem Umfeld sind auch die Klingeltöne mancher Mobiltelefone anzusiedeln. Bis knapp vor, oder auch manchmal bis ein Stück hinein in den Bereich der Ironie wird da ein möglichst schepperndes schellendes Klingeln aufgespielt oder ein aktueller Hit, bei dem es einfach darum, geht, ihn zu wiederzuerkennen. Das abstrakt-tonale oder atonale „Tüdeltüdel" aus der Anfangszeit ist durch diese Varianten oder eigens komponierte Melodien fast gänzlich verdrängt worden, dabei wäre es ein Ausgangspunkt gewesen für ein eigenständiges Design des Klingeltones oder -geräuschs, das nicht an Blechschalen oder Downloadportale gebunden ist und nicht verpflanzt wurde, sondern kultiviert. Statt Innovation kam aber die Identifikation, deren Feind höchstens die Werkseinstellung ist.

Konjunkturtief

Das Reden vom Wetter rekurriert auf eine Gemeinsamkeit, an die nicht einmal das Fernsehen heranreicht, das noch dazu eine heikle Geschmacks- und Stilfrage ist und dessen Konsum auf die soziale Lage verweist. Das Wetter wird regelmäßig behandelt, als sei es eine moralische Frage wie die Witterung ausfällt (gemäß dem Spruch: Alle reden vom Wetter und keiner tut etwas dagegen). Der Mensch ist ein moralisches Wesen, und beim Wetter ist leicht Einigkeit in der Verurteilung oder im Lob zu erzielen; man schimpft gemeinsam wie über eine Art inkompetente himmlische Bundesregierung, die keinen Aufschwung schafft, und freut sich über unverdientes und unerwartetes Glück, das großzügige Gönner spenden. Verbleibende abweichende Meinungen (I'm only happy when it rains) kann man als harmlose Subjektivität und höchst unanstößige Geschmacksfrage einordnen, erheitert erörtern oder ohne größere Beistandspflicht bemitleiden. Der soziale und ideologische Kern des Redens über das Wetter wird dann deutlich, wenn diskutiert wird, ob man bei diesem oder jenem Wetter gut arbeiten kann oder ganz besonders gerne frei hätte, trotz des schlechten Gewissens, das man dabei hätte. Eindeutig nicht kontrollierbare Einflüsse auf die Arbeitsfähigkeit stellen ein großes Ärgernis in der gefühlten Leistungsgesellschaft dar; dahinter verblassen die Folgen der Selbstausbeutung, und die Selbsttäuschung, seine Leistung selbst in der Hand zu haben.

Und der „Bio-Discounter"?

Es gibt die blöde Idee, man müsse im Einzelhandel mittels Musik und vor allem Gerüchen die „Kauflaune" steigern. In zweierlei Geschäften schließt sich das mehr oder weniger aus. Der Geruch von Bioläden ist praktisch eine Marke, dort riecht es immer irgendwie ähnlich, nach gewachsten Holzregalen, Natursauerteig, der Erde an den Kartoffeln, Sandelholz-Öl und Tees, Naturkosmetik oder etwas in dieser Art. Das klingt eher verherrlichend als es ist. Dieser Geruch hat eine gewisse vereinnahmende Art, er ist überall und manche nehmen ihn gar mit nach Hause.

Andererseits entkommt man nicht dem Geruch von Discount-Supermärkten und sie entkommen nicht ihrem Geruch. Winzige Reste irgendwelcher Lebensmittel, die irgendwo haften, die Gänge werden täglich mit einem scharfen günstigen Putzmittel durchgewischt, einige Waren stehen in Kartons, die durch Kühlhäuser, Laster und Lagerhallen gewandert, feucht und wieder trocken geworden sind, die Abluft der Kühlgeräte... (wir unterstellen damit natürlich a priori keine unhygienischen Verhältnisse, bei denen die zuständige Aufsicht einschreiten müsste). Man geht dort Einkaufen, nicht Shoppen. Wellness-Programme sind (zum Glück, müsste man fast sagen) nicht im Preis inbegriffen.

Rotbusch-Kiwi

Es gibt doch diese Tees mit Phantasienamen: Abendtee, Frauentee, Wohlfühl-Tee, Kaminfeuer, Wintertee, Irgendwas-Zauber. Erstens ist das offenbar eine Frage des Geschlechts (nicht nur beim Frauentee), denn man hat den Eindruck, als würden diese Tees vor allem von Frauen gekauft und verbraucht – wie man auch immer die Sozialisation auf diese Vorliebe hin näher charakterisieren müsste.

Zweitens aber weiß man nicht so recht, ob man das für völlige Phantasielosigkeit halten soll (wissen die Leute nicht selbst, zu welcher Tageszeit sie einen Rotbusch-Tee mit Pflaumenaroma – oft sind es ja nur Aromastoffe – trinken müssen; muss man den Tee deshalb „Abendtee" nennen?) oder für eine Insel der Phantasie und Synästhesie in unserer sonst einfallsarmen Warenwelt? Die ist ja ohnehin durch Assoziationen überbaut, zugedeckt, verstellt, alles wohlgeplant und eng am Klischee: Zimt gleich Weihnachten! Da mag eine Eingebung befreiend sein, die einen Geschmack fernab wohlfeiler Assoziationen mit allerlei Gefühlvollem in Verbindung bringt. Man möchte gerne daran glauben, kann es aber nicht.

Schöner Hacken

Im Umfeld der Informatik gibt es einige Verwechselungen und nicht immer getroffene wichtige Unterscheidungen, die sozial recht folgenreich sind, und die deshalb einer Klärung bedürfen (hier soll es bei einer kurzen Erläuterung bleiben): (theoretische) Informatik ist nicht (reale) Computerbenutzung, der Softwaremarkt ist kein Wissensaustausch und der Computerarbeitsplatz ist kein Reinraum.

Während die theoretische Informatik sich mit der grundsätzlichen Berechenbarkeit von Problemen, ihrer Komplexität, dem Nachweis der Optimalität oder Nicht-Optimalität einer Lösung befasst, steht sie in einem Konflikt mit der real existierenden Programmierung. Trivialerweise bleibt diese oft hinter dem Stand der Erkenntnis zurück und somit unvollkommen. Darüber hinaus obsiegt jedoch die Wirklichkeit über die Theorie, wenn die besten Algorithmen umgangen werden mit List oder reiner Gewalt. Dem theoretischen Informatiker ist es bereits zuwider, ein Problem durch Ausprobieren aller denkbaren Möglichkeiten zu lösen (dies nennt er bereits „brute force"). Gegen das Stehlen eines Datenspeichers, der gegenüber einem Netzwerk optimal gesichert ist, hilft der Nachweis der absoluten Sicherheit eines Algorithmus nicht, und ebenso wenig gegen die Dummheit von Benutzern, die sich Passwörter und Geheimnisse entlocken lassen. Die theoretische Informatik schlägt jedoch immer dann zurück, wenn aus Gründen der Sparsamkeit oder Dummheit nicht die optimale Lösung zur Sicherung von Daten oder zur Abwehr von Zugriffen verwirklicht wird. Viele Sicherungen von IT-Systemen begründen eher einen real existierenden Sozialdarwinismus als echte Sicherheit: Sie verhindern den Zugriff durch technisch Unbegabte und adeln denjenigen, der die theoretisch gewisse Erkenntnis, dass die unzulängliche Barriere zu umgehen ist, mit der Fähigkeit verbindet, eine besonders elegante Lösung zu deren Umgehung vorzuschlagen. Nur der gemeine Cyberkriminelle gibt sich auch mit Gewalt zufrieden, wo Beweise gefragt sind, elegante Beweise: Ist die Behauptung, dass auf einer Plattform aus Sicherheitsgründen und dank eines Sicherungsmechanismus nur bestimmte Programme lauffähig seien, dann wird nicht eher Ruhe herrschen, bis eine Lösung gefunden ist, ohne das Gerät zu öffnen darauf ein fremdes Programm laufen zu lassen, und zwar nicht irgendeines, sondern so etwas wie ein Schachprogramm.

Das führt zur Feststellung, dass der Softwaremarkt (eigentlich der gesamte IT-Markt mitsamt digitaler Inhalte) kein Ort des Wissensaustauschs ist. Dass er dies sein könnte ist einer der Antriebe der vorgenannten Informatiker, denn die grundsätzliche Abstraktheit der Informatik ist inspirierend: Der Rechner folgt dem Prinzip der universellen Maschine, und dies (obwohl diese Schlussfolgerung inkorrekt ist) liest sich irgendwie utopisch, politisch: Universalismus! Der Rechner ist so abstrakt wie Geld, der Staat oder der Faustkeil, allesamt Errungenschaften ähnlichen Kalibers, denn der Rechner führt jedes Programm aus, das einer Reihe von Bedingungen erfüllt, insgesamt so ziemlich alles Berechenbare (das Nicht-Berechenbare im Sinne der Informatik ist übrigens auch von Menschen nicht zu berechnen). Nun gibt es jedoch Bestrebungen, diese Freiheit nicht zu gewähren. Auf manchen Rechner sollen nur bestimmte Anwendungen laufen, und das zumeist aus Gründen der Marktbeschränkung (dass aus Sicherheitsgründen nicht jedes Programm laufen sollte, ist hier ein anderer Fall und wie weit diese Beschränkung gehen soll, steht letztlich im Ermessen des Benutzers). Zur Verschleierung dieses Umstandes heißen diese Rechner dann anders, etwa „Spielekonsole", „Mobiltelefon" oder Irgendwas-Box, was aber nicht darüber hinwegtäuschen kann, dass man es mit einem kompletten Computer zu tun hat, einer abstrakten Maschine. Software wird nun auf dem gegenwärtigen Markt auch nicht als die Möglichkeit angeboten, Wissen über neue Möglichkeiten der Steuerung der abstrakten Maschine zu erlangen, sondern nur als Möglichkeit, ein bestimmtes Programm so wie es ist zu benutzen. Warentausch statt Wissensaustausch. Das erregt nun Unwillen bei denjenigen, die um die Universalität der Prinzips Computer wissen und die ferner Software nicht als eine Ware ansehen, deren Inneres für den rechtmäßigen Besitzer zu inspizieren verboten ist, sondern als Wissen um die Lösung eines Problems. So folgt aus der Universalität der Maschine das Streben nach der Universalität des Wissens, nach der universellen Freiheit, mit seinem Besitz, nach eigenem Gutdünken zu verfahren. Die Warenform des Wissens, das handelsübliche Software-Paket, ist nicht nach ihrem Geschmack, auch im wörtlichen Sinne, da es zu wenig auf Problemlösung ausgerichtet ist und zu sehr auf bunte Oberflächen, auf Knöpfchen, Bildchen und animierte Männchen oder nichtssagende Hilfesysteme, die nur belanglose Antworten geben.

Zuletzt: der Computerarbeitsplatz ist kein Reinraum. Das scheint ebenfalls eine blödsinnige Unterscheidung zu sein, weiß man doch, dass Chips in Reinräumen hergestellt werden, am Arbeitsplatz, heimisch oder in Büros, schwirrt jedoch Staub umher. Die Gegenüberstellung soll jedoch anderes ausdrücken: Der Rechner gilt vielen immer noch als etwas Steriles, Fremdes, das irgendwie nicht mit den anderen realen Gegenständen korrespondiert, sondern „reine" Technik bleibt, im mehrfachen Sinne (man darf sich nicht von den aktuellen Trends blenden lassen, sondern muss gerade in die weniger technikaffinen Gruppen und ein wenig in die Vergangenheit schauen). Dabei ist gerade die Peripherie des Rechners ein Hort des allzu Lebendigen, der Mikroben nämlich, die in großer Zahl auf Tastaturen und Mäusen existieren; die gesamten Gerätschaften haben ihren eigenen Geruch; und ihre besondere Hässlichkeit ist lange als unentrinnbar akzeptiert worden, so als dürfe man nicht an der Technik in ihrer unverständlichen Eigengesetzlichkeit rühren und sie irgendwie in den Bereich des Profanen ziehen. Sie musste am Arbeitsplatz ein ästhetisch neutrales Arbeitswerkzeug bleiben, und selbst im Wohnzimmer schob mancher ehrfurchtsvoll die Möbel beiseite, um dem Fremdkörper Platz zu schaffen. Lediglich in neuerer Zeit beginnen die Stilisierung des Computers und die Freundschaft mit ihm, da ohnehin der grazilere Flachbildschirm halb als praktische platzsparende Alternative, halb als Gegenmodell zur klobigen Anti-Skulptur des Röhrenbildschirm aufkam, und der Laptop, vor allem in den jüngeren Generationen, überallhin mitgeschleift und auf dem Caféhaustisch ebenso ausgebreitet wurde wie auf dem Wohnzimmertisch oder auf den Knien, auf dem Sofa lümmelnd. Es liegt zwar eine gewisse Eigengesetzlichkeit bei der Einführung neuer Techniken darin, dass die Entwickler früher Ausführungen sich häufig auf die innere Funktion konzentrieren und die äußere Form und auch die Benutzbarkeit erst später in Betracht gezogen werden (insofern ist „form follows function" kein Automatismus), jedoch entsprechen dieser Phase, so die These, auch die Fremdheitsgefühle des Nutzers und seine Unfähigkeit, ja seinen Unwillen, sich das technische Gerät anders vorzustellen als einen Fremdkörper und letztlich hässlich. Ein Reinraum der Datenwelt, ein technisches Rührmichnichtan, ein steriler Virenbrüter, eine weiße *black box*. Zwei zu dieser Auffassung (die bei den weniger technikaffinen Gruppen ein vorsichtiges, skeptisches Anfassen ist) gegenläufige Tendenzen zu dieser Fremdheit kamen auf und kommen noch vor, die beide Personalisierung zu nennen wären: Die „Einrichtung" des Computers, vor allem mittels Hintergrundbildern: die Familie, der Hund, Sonnenuntergänge usw., allesamt so ungemein verräterisch, und die Gleichsetzung des Rechners mit einer Person bis, siehe oben, meist knapp vor die Grenze des Ironischen. In die andere Richtung schießt dann der Kult des je neuesten hochglänzenden Designobjekts über, ebenfalls irgendwie Fremdheit erzeugend. Seine prophetisch verkündeten und als geschlossenes ästhetisches System präsentierten Funktionen verschleiern wiederum, dass dahinter ein potenziell frei handhabbarer Gebrauchsgegenstand bleibt. Inwieweit dann der Facebook-Nutzer den Laptop auf seinen Knien wirklich „in der Hand hat", die Smartphone-Nutzerin umgekehrt an die Reinheit der Technik glaubt, derweil sie ein Stück festverdrahtete und einprogrammierte Marktbeherrschung in der Hand hält, müsste gegenwärtig erörtert werden.

Der Schlaf ist der Bruder des Theaters

„Ein Mensch, der nicht geschunden wird, wird nicht erzogen"
(Menandros, Monostichen, und Eingangszitat von Goethes „Dichtung und Wahrheit")

Der Bildungsbürger, und noch mehr der fortgeschrittene, nicht allzu hedonistisch eingestellte Möchtegern-Bildungsbürger, der durch schülerhafte Anstrengung zur Weisheit zu gelangen sucht, beide sitzen das eine um das andere Mal vor einem Buch oder vor einem nächtlichen Film, in einem Konzert oder Theaterstück, und die Augen fallen zu, die Glieder sind schwer, der Kopf dröhnt, oder hallt vor Langeweile, man gähnt, aber beißt die Zähne zusammen, denn das Stück, gleich welcher Gattung, seine perfiden Verfasser und allerlei Gehilfen in der Umwelt des Betroffenen haben es wieder einmal gemeinsam geschafft, eine perfekte Suggestion der Bedeutsamkeit zu erreichen, durch Geklingel mit Namen, durch hinterlistige Kritiken, durch einen Kult jede Quälerei zu rechtfertigen und Aussichten aufzuzeigen, dass man hinterher wenn nicht gebildeter sein, so doch gebildeter erscheinen könne durch seinen unheroisch sich darbietenden Heldenmut, gegen den Schlaf anzukämpfen, die Augen offenzuhalten, das Gähnen zu unterdrücken, das peinliche Verlassen das Saals oder das schmachvolle Drücken des Ausschaltknopfes zu verzögern. Wie soll Udo Bölts doch einst Jan Ullrich zu einem Sieg bei der Tour de France motiviert haben? Indem er ihm an einer Steigung zurief: „Quäl dich, du Sau!"

Natürliche Autorität

Irgendwo im Flachen zwischen Weltuntergangsthesen, völkischer Naturverehrung, Naturburschentum, Bio-Mode, Technikkritik und Kulturpessimismus hat sich ein einfaches Unterteilungsprinzip herauskristallisiert, Engelchen und Teufelchen, Yin und Yang der populären Kulturkritik: Natur gleich Leben gleich Wahrheit gleich Reinheit gleich Sanftheit gleich Schönheit gleich wahrer Fortschritt usw., gegenüber Technik gleich Tod gleich Unwahres gleich Dreck gleich Chemie gleich Gewalt gleich Hässlichkeit gleich falscher Fortschritt usw. Dieses Schema funktioniert, solange die Lage eindeutig scheint, in der kleinbäuerlichen ökologischen Landwirtschaft, wo freilich Produktivitätsgewinne und Demokratisierung der Produktpalette mit Massenproduktion und Technisierung einhergehen. Das Schema versagt freilich dann, wenn das Schöne, Wahre und Gute nicht in einem weitgreifenden Fehlschluss durch Analogiebildung in eins gesetzt und festgesetzt werden können, sondern wenn ein Ausgleich gefunden werden muss, wenn auf einmal nicht mehr alle derselben Ästhetik folgen, sondern Interessen auf die offene Vorderbühne treten und wenn sich nicht mehr alles unter dieselben Prinzipien subsumieren lässt. Dann schiebt man das Problem entweder auf Technokraten und Autoritäten ab oder geht zum Querulantentum über.

Der erste Fall trifft zu, wenn man von der Medizin fordert, sie möge doch einmal ein bessere, weil sanftere und weniger technische Medizin erfinden, auch wirksamer soll sie sein, bitte nicht mit all den Schläuchen und Geräten, sondern mit mehr Natur und Menschlichkeit (vielleicht auch billiger). Die Medizin muss von dieser Heilserwartung überfordert werden, vor allem wenn sie sich einem Publikum gegenübersieht, dass nur erwartungsvoll blickt, aber an der Diskussion nicht teilnehmen will, entweder weil es gerade schockiert einem medizinischen Notfall gegenübersteht oder weil es von der „natürlichen" Autorität der Ärzteschaft geblendet ist. Diese schlägt dann in Verachtung um, wenn „Ärztepfusch" und vermeintlich oder wirklich unwürdige Behandlung Kranker berichtet werden, statt dass man in eine Diskussion darüber einträte, was die Medizin überhaupt kann (wenn man sie lässt und wenn sie kann) und was man überhaupt von ihr verlangen sollte. Die heilende Wirkung einer Behandlung ist keine Heilswirkung und keine magische Beziehung ihrer Elemente, sondern schlicht die wiederholte Erfahrung, dass unwahrscheinlich oft *dieses* eintritt, wenn *jenes* getan wird, dass also nach der Behandlung *x* häufiger Gesundung eintritt als das durch Zufall zu erwarten wäre. Das sind ohnehin die Widersprüche des Autoritätsglaubens: Die herrschenden Autoritäten sind dem Autoritären niemals recht, weil sie auch in unbequemen Fällen gemeinerweise autoritär sind und unbedingte Gefolgschaft verlangen, weil sie zu kompliziert reden oder moralisch zu uneindeutig oder gar verkommen sind, und weil sie beständig die in sie gesetzten Heilserwartungen enttäuschen (die berechtigte Forderung nach einer „sprechenden" Medizin wirkt gegenüber diesen Erwartungen irgendwie putzig und naiv). Die Medizin sorgt für die Funktionstüchtigkeit des Körpers oder zumindest hoffentlich für weniger Leiden an seinen Störungen, unter möglichst menschlicher und informativer Kommunikation; die wahre Menschennatur und den Sinn des Lebens fördert sie nicht zutage. Man sucht Heilung und bekommt: Medikamente, Apparate, Nebenwirkungen. Man sucht Führer zum besseren Leben und bekommt: Ärzte, die sich als gestresste Raucher herausstellen, Bürokratie, Ratlosigkeit.

Der zweite Fall, wo die Analogiekette hängenbleibt, wird deutlich, wenn zwecks Umweltschutzes Windräder in die Landschaft aufgestellt werden sollen. Leuten, die Natur konsumieren wie einen Spielfilm, und Landschaftsschützern stehen Umweltschützer gegenüber, die auf das unsichtbare Gut Klimaschutz verweisen, auf die Notwendigkeit größerer Maßstäbe bei der Problemlösung, aber die das Pech haben, sich mit kommerziellen Interessen, dem Vertrieb von Windrädern, verbündet zu haben. Nun ist Landschaft ein Wert an sich, aber die Abwägung gegenüber dem abstrakteren Klimaproblem und dem Ziel, die oligopolistische Struktur der Stromerzeugung zu durchbrechen, ist nicht zu treffen, indem man kulturpessimistische Argumente auffährt und dann zum Querulantentum übergeht, bis hin zur Forderung, dass das Klima doch anderswo geschützt werden soll. Ökologie passt nur begrenzt zu Naturreligion und einem Konservatismus, der eine lebensweltliche Idylle nach konventionellen Vorstellungen erhalten oder schaffen will. Solche Konflikte für eine Polemik gegen den Umweltschutz zu instrumentalisieren, ist allerdings recht billig.

Goethe übrigens, bekanntlich eine Autorität in Sachen ewiger Werte, reiner Menschlichkeit sowie des Schönen, Wahren und Guten überhaupt, legte eine starke Abneigung gegen den Wald, insbesondere den unbewirtschafteten, an den Tag. Nicht reine Natur gilt dem „Naturforscher" in einem ganz und gar nicht heutigen Sinne als Ideal, sondern die menschlich gestaltete und bearbeitete: Park und kultivierte Erde. In „Dichtung und Wahrheit" schreibt er (im zehnten Buch): „Nun zogen wir durch waldige Gebirge, die demjenigen, der aus einem herrlichen fruchtbaren Lande kommt, wüst und traurig erscheinen müssen." Später mit besonderem Ekel: „Die dicken Wälder auf beiden Höhen sind unbenutzt. Hier faulen Stämme zu Tausenden über einander, und junge Sprößlinge keimen in Unzahl auf halbvermoderten Vorfahren." So ändern sich die Ansichten über die Natur – oder über die Klassiker (Goethe gilt ja manchen als Prophet einer wohlig-halbmystischen Naturphilosophie, eine Art Dichterfürst der Homöopathie und Waldorflehrer der Hochkultur). Umweltschutz war damals allerdings noch nicht erfunden. Die Natur als Subjekt von Rechten, mit Anspruch auf Schutz und ungestörte Entwicklung (einschließlich der ihr eigenen Zerstörung) ist ein Fortschritt, die fortdauernde bzw. neu versuchte Naturalisierung von Ethik und Ästhetik aber einem Mangel geschuldet, der nicht Mangel an Natur ist, sondern hinter dem sich die Unkenntnis verbirgt, dass Maßstäbe des Guten, Wahren (darunter der Naturerkenntnis) und Schönen historisch inzwischen auseinandergetreten sind – je einer der Maßstäbe ergibt sich nicht mehr aus den anderen. Man kann höchstens noch die Hoffnung haben, in Kunst, Kontemplation und Naturerlebnis oder dereinst in utopischen Zeiten möge so etwas zusammenfinden. Gegenwärtig können wir aber wohl keine vernünftige Politik darauf aufbauen.

Rational joy, oder: Unhappy hour

In den sozialwissenschaftlichen Theorien des „rational-choice"-Paradigmas ergeben sich elegante Modelle aus wenigen schlanken Sätzen, wohlkomponierte Gesellschaftsverträge und funktionierende Märkte aus dem rationalen Verhalten der Teilnehmer; und der Theoretiker hat seine Freude an der stilisierten Eleganz der Schlussfolgerungen, den gemeinwohldienlichen Ergebnissen und der ganzen, klaren Denkungsart. Die negativen Beispiele, da die Verfolgung von Eigeninteressen unschöne Effekte für die Allgemeinheit zeitigt, werden natürlich nicht verschwiegen, sondern eingehend beschrieben, und insbesondere die spieltheoretische Variante dieser Modellbildung hat sinnfällige Geschichten gefunden, und ebensolche Titel dafür, welche das jeweilige Modell illustrieren: die Eisverkäufer am Strand, das Gefangenendilemma, das Sekretärinnenproblem, die Hirschjagd oder der Schönheitswettbewerb sind nur einige Beispiele. Allerdings dringen die Paradoxien der Rationalität seltener durch; Veröffentlichungen in der Tradition des Paradigmas merkt man dagegen oft ein gewisses Triumphgefühl an, wenn als Schlussfolgerung verkündet wird, ja mathematisch bewiesen (das kann sonst keine Wissenschaft, die den Anspruch hat, irgendetwas über die Realität auszusagen!), dass der perfekte Markt perfekte Ergebnisse zeitigt – auch wenn man sich damit nahe an der *petitio principii* (*begging the question*) vorbeischrammt. Q.e.d.

Und das Theoretisieren in Kategorien der nutzenorientierten, tendenziell rationalen Entscheidung funktioniert auch im Alltag, allerdings manchmal auf triviale und dabei unschöne Weise: Eine Reihe von Personen sind zu einer Party eingeladen, die um acht Uhr abends beginnen soll. Einer kommt also um acht an, und findet den Gastgeber alleine vor. Von Stimmung kann natürlich noch keine Rede sein, man unterhält sich, legt schon einmal Musik auf, nimmt sich etwas zu trinken, ans Essen geht man noch nicht. Die beiden haben nicht unbedingt auf die Schnelle so viel zu erzählen; vielleicht kam der Gast eher wegen anderer Gäste als nun gerade in erster Linie wegen des Gastgebers – man kennt und schätzt sich, aber vielleicht tritt sogar zeitweise eine unangenehme Stille ein, da man gerade kein Gesprächsthema findet. Auch der zweite und dritte Gast stoßen noch auf eine „Party", die noch nicht recht im Gange ist. Beim nächsten Mal erinnern sie sich daran und kommen vorsorglich etwas später – verständlich, vielleicht sogar rational? Allerdings kommt ja immer jemand als erster, nur muss der Gastgeber vielleicht etwas länger auf seinen ersten Gast warten, denn auch dieser ging vorsorglich etwas später zu Hause weg. Daraus könnte ein unendliches Spiel werden (bei dem die Gäste immer später kommen, irgendjemand trotzdem gähnende Leere vorfindet und daraus lernt), würde das Ganze nicht irgendwann aberwitzig, unhöflich und hätte nicht der Gastgeber einen besten Freund oder eine beste Freundin, dem oder der es nichts ausmacht, früh zu kommen und vielleicht schon bei den Vorbereitungen hilft. Allerdings ist das bei öffentlichen Feiern und bei Diskotheken nicht anwendbar, und da geht es erst sehr spät richtig los – täuscht der Eindruck, dass er mit den Jahren immer noch später wurde? Da hilft nur die ökonomische Rationalität: Wer früher kommt, zahlt weniger Eintritt oder weniger für seine Getränke. Manchen ist das Anreiz genug, und wenn die Stimmung schlecht ist, kann man sie sich ja günstig schöntrinken (das ist allerdings, nun ja, eine rationale Aufforderung zum Trinken).

Die Welt da draußen

Wie schön, dass es das Internet gibt. Leider findet man da auch Islamhasser, radikale Evangelikale, Nationalsozialisten, verschiedene Linksspinner, Kreationisten und einfach nur Irre und Trolle. Diejenigen, die da totalitär gegen den modernen Relativismus opponieren, lösen bei einem selbst einen solchen aus: Alles geht irgendwie, man weiß kaum noch, wo oben und unten ist. Da wird einem schwarz vor Augen, wenn man sich irgendwo festliest, bis dann die Texte in weißes Rauschen übergehen und einen ein Schwindel erfasst. Der lässt sich erstaunlicherweise durch das sonst unerträgliche Fernsehprogramm beheben. Das ist so beruhigend farbig, es strömt so sanft, es tönt so warm (für all das gibt es ja in den Sendeanstalten digitale Drehknöpfe, für den Fall, dass sich die Inhalte einmal nicht auf der Skala einordnen zwischen lauwarmem Bier und LSD mit Gummibärchen: Dann kann man immer am Ton und am Bild drehen, bis alles wieder gut wird).

Nordwand und Wolfspelz

Das Funktionale, „Praktische" ist so vielfältig, dass es kaum greifbar wird und an vielen Stellen viel eher Stil ist als wirklich rationale Anpassung an Notwendigkeiten. Die Rechtfertigung einer gestalterischen Entscheidung oder eines diffusen Wohlgefallens als Ausdruck des Praktischen und Funktionalen findet auf verschiedenen Ebenen der sozialen Schichtung statt. Da findet man zuerst das Prinzip „form follows function", das eine Schule des Industriedesigns zum Motto erhoben hat. Trotz einiger philosophischer Durchdringung sind doch einige Produkte eher stilisiert als funktional konstruiert und tragen einige Objekte ihre Funktionalität eher vor sich her als in sich.

Man findet ferner ein aufstrebendes, tendenziell progressives Kleinbürgertum, das sich durch „Funktionskleidung" auszeichnet, Turnschuhe, Anoraks, Rucksäcke oder Umhängetaschen, jeweils nicht die protzig aufgeblasenen Modelle, sondern durchaus reduziert und in gedeckten Farben. Im Grenzfall gleicht jedoch diese Vorliebe, die sich als Konzentration auf das Wesentliche ausgibt, dem Verhalten des Großstädters, der immer mit dem Geländewagen umherfährt (und der es fast verdient, dass man einen Eimer Schlamm über sein frischgewaschenes Auto ausschüttete; s.u.), und verrät womöglich eine gewisse Unsicherheit im Umgang mit gewagteren Stilen, die in der Zivilisation durchaus auch das Überleben erlauben. Es ist dies eine tendenziell hedonistische Bewegung ins Überschaubare, zum manchmal auch nur vermeintlich Natürlichen (das ohnehin aus sich selbst heraus keine normative Begründung geben kann), „back to basics".

Es existiert ferner die Vorliebe der Technikbegeisterten für die Funktion um des Funktionierens willen, ein Feature wird eingebaut, weil es geht. Es handelt sich um eine seltsame Mischung aus zweckfreiem Experimentieren (Prinzip der Grundlagenforschung und des echten Erfindertums) und der kindlichen Begeisterung darüber, dass bestimmte Dinge ohne Hängen und Stocken wirkungsvoll ablaufen, am eigenen Körper und seinen werkzeughaften Erweiterungen, wie das Kleinkind seine Rassel auf den Boden wirft, und noch einmal, und noch einmal.

Am falschen Ort (oder zur falschen Zeit)

Manche Dinge und Personen verschließen sich ganz der Identifikation und Einordnung durch den Betrachter, weil der Zusammenhang, ein Detail, ein Sinneseindruck fehlt (in der Weise, dass Eindrücke von weniger Sinnen als sonst zur Verfügung stehen), selbst wenn wir glauben, die Menschen oder Objekte zu kennen: ein Person, die uns an einem völlig anderen Ort als üblich begegnet, die verschiedensten Obstsorten und Kräuter als Tee, die Aromen von Süßspeisen in Fleischgerichten (die modische und künstlerische Seite der Molekulargastronomie beruht ja zu weiten Teilen auf solchen Verwirrspielen, dass ein Geschmack in der falschen Form auftritt), eine Melodie in einem völlig anderen Stil, Tempo oder Takt. Wir erkennen viele Geschmäcker eben doch nur, wenn wir den Träger sehen, Personen nur in ihrer Arbeitsumgebung; mehr noch: Dinge schmecken, klingen, benutzen sich, so die Illusion, viel besser, wenn wir die Herkunft wissen, die Marke, die Herstellungsweise usw. Wir halten unsere Sinne für besser als sie sind, ob einzeln oder zusammen; und unsere Urteile sind kontaminiert mit echtem und falschem Hintergrundwissen, mit Einzelerlebnissen, falschen Generalisierungen und falschen Reduktionismen.

Die Illusion der Schlauheit

Man spricht von einer bestimmten Klasse gelegentlich noch als der „Intelligenz".
Die systematische Auswertung von Informationen in einem bürokratischen Apparat
wiederum, dass Gegenbild jener Bildung, also die technokratische Intelligenz, heißt
im Englischen „intelligence". Die Klassen aber, welche nicht diesen beiden Welten, dem intellektuellen Bürgertum und der Klasse der Controller, Datenfresser und
Strategen angehören, haben die Schlauheit. Bauernschläue; nebenbei: einem schlau-
en Kind fliegen die Sympathien zu, ein intelligentes ist unheimlich. Welcher Art ist
nun diese Schlauheit? Sie versucht beständig, dem anderen, dem Leben, den Dingen etwas abzuluchsen. Die andere Seite, die technokratische Intelligenz, geht jedoch noch über das Spiel von Hase und Igel hinaus: Sie lässt, und das ist in ihrem
besten Interesse, nur ungern den Eindruck zu, sie habe gewonnen. Vielmehr bestätigt sie immer den Schlauen im Glauben, er gewinne und nehme der anderen Seite
was weg, insbesondere den unverschämten Händlern, Unternehmern und Politikern, dem Staat, dem Finanzamt zumal.

Der Schlaue unterstellt gerne, die da oben hätten keine Ahnung vom Leben, und
von den Schreibtischen aus oder aus den Büchern heraus könne man das auch nicht
haben. Das mag hier und da stimmen, aber das tut dem Erfolg der Erfolgreichen
keinen Abbruch. Allzu genau muss man es als erfolgreicher Verkäufer überhaupt
nicht wissen, darf man es vielleicht auch gar nicht. Sparsamkeit liegt gerade darin,
den Markt auf wenige Prinzipien zu reduzieren, die aber lange erprobt sind: Für sie
spricht nicht das tiefgehende Verständnis, sondern das Gesetz der großen Zahl, und
die Taktik, dem anderen immer recht zu geben, selbst aber den Vorteil zu behalten.
Was bieten sie nun an?

Sie zeigen auf Videos in kleinen Fernsehern im Baumarkt die wundersame Wirkung dieses oder jenes Werkzeugs oder dieser oder jener Farbe, eines Reinigungs-
mittels, eines Klebers. Die experimentellen Versuchsanordnungen in diesen Videos
(große gefliese oder glatte Wände, sorgfältig verdreckte Waschbecken usw.) müssten Warentester eigentlich faszinieren, wären sie nicht systematisch zu Gunsten des
Produkts verzerrt. Im Teleshopping hat jedes Produkt unzählige praktische Funktionen, Sonderausstattungen, Extras, es ist für alles gut und für das Gegenteil; dabei
sind alle Besonderheiten nur da, um keinen Preis- und Qualitätsvergleich mehr mit
dem zu erlauben, was sonst im Handel ist. Man kann sich im Teleshopping guten
Stil kaufen, nur billiger, echte Profiwerkzeuge, nur nicht so teuer wie im Fachhan-
del, und all das ist offenbar, sichtbar, man ist Augenzeuge, das Wesen der Sache
springt eins zu eins ins Auge und wird noch einmal erklärt. Zu jedem Gegenargu-
ment wider das Gezeigte gibt es eine Entkräftung. Die Schlauheit, so hofft man
zumindest seitens der Produzenten, hält sich mangels Einblick in die Qualität der

Argumente an ihre schiere Zahl und mangels einer Einschätzung über die Bedeutung der einzelnen Funktion ebenfalls an ihre Vielfalt.

Selbermachen, Heimwerken ist auch schlau. Nun mag es ein Ausweg aus der Entfremdung von der Arbeit sein, wieder einmal selbst handwerklich tätig zu werden. Selbermachen können sich aber nur Leute leisten, deren Lebenszeit subjektiv und objektiv so billig ist und ihre Kaufkraft im Verhältnis dazu so gering, dass es sich nicht lohnt oder unbezahlbar ist, sonst jemanden die Arbeit erledigen zu lassen, der es oft doch noch etwas besser kann (Ärger mit Handwerkern einmal beiseite gelassen). Die rationale Abwägung über den Wert der Arbeitszeit wird aber beiseite gedrängt von einer Schlauheit, die all jene zu Deppen erklärt, die nicht all das selbermachen, was selbstgemacht billiger ist.

Manchmal ist der Schlaue aber auch schlau: Wer Handelsmarken kauft statt Herstellermarken, erhält oft dasselbe Produkt, nur billiger – aber das ist inzwischen allgemeine Weisheit, und wenn man Besuch hat, stellt man trotzdem das Markenprodukt auf den Tisch, damit es nicht billig aussieht. An der Grenze zwischen Schlauheit und Verblendung liegen aber wieder diejenigen, die sich nicht einfach den Marken verweigern, sondern die verbilligten Überreste vergangener Kollektionen kaufen (das Prinzip der schnell wechselnden Kollektionen hat sich ja auf unzählige Produktbereiche ausgeweitet). Sie werden von den Insidern des Systems schräg angesehen, denn dem „Sinn" der Mode und der Marke folgen sie damit ja nicht, bezahlen aber immer noch mehr als genug. Schnäppchenjäger werden also doppelt bestraft, wenn ihnen die Selbstverständlichkeit fehlt, erstens große Summen ausgeben zu können und zweitens völlig unbedacht und mit echter, aber gebührend lässiger Leidenschaft den gehobenen Trends in gebotener Eile und Sicherheit zu folgen.

Und es stimmt: Manche, einige der Gerätschaften aus dem Teleshopping oder dem Baumarkt-Fernsehen mögen das Leben erleichtern, wo man sich aus Tradition mit völlig ungeeigneten Instrumenten quält oder irrational auf das Handgemachte schwört. Im Gegensatz zu den Massen stummer Produkte und des Fehlens kompetenter Berater im Einzelhandel nimmt sich jemand viel Zeit, das Produkt vorzuführen, und das garantiert immerhin, dass es nicht beim ersten Anfassen auseinanderfällt. Aber niemand sagt uns, welche die wirklich sinnvollen Geräte sind, und diejenigen aus dem Bekanntenkreis, die es selbst probiert haben, müssen die hohen Preise vor sich und anderen rechtfertigen und ihre Schlauheit zur Schau stellen. Ein sachliches Urteil ist von ihnen nicht zu erwarten.

Bei all den Sparmodellen kann man jedoch einer Sache meist sicher sein: Viele von ihnen gäbe es nicht, wenn sie wirklich günstig wären, sind sie doch Preiskosmetik, versteckte teure Kredite, Subventionen etc. Aber ein Preis muss nicht gut, nicht „wahr" sein, sondern schön. Angebote zu erstellen ist nach innen eine Frage der Kalkulation, nach außen aber der Ästhetik: Man berechnet die Preise von Teilleistungen nach einer Art goldenem Schnitt (und natürlich nicht nach Kostenanteilen bzw. Deckungsbeiträgen), wählt die Dreingaben nach heiligen Zahlen (drei zum Preis von einem!), und als letzte Steigerung wird noch ein wenig vulgäre Psychologie draufgelegt, indem man einen Cent oder Euro abzieht (oder noch ziemlich viele dazuzählt), zum Neunundneunziger-Preis. Muss es besonders drastisch sein, „schenkt" man dem Kunden noch die Mehrwertsteuer – Steuern sind ja bekanntlich das größte Übel, und ein Rabatt im zweistelligen Prozentbereich ist ja nichts Außergewöhnliches, aber keine Steuern zu bezahlen: ein Traum!

Ökonomie, Ritter, Sport

Ein Hersteller verkauft Schokolade in Tafeln mit verschiedener Füllung: Marzipan, Nüsse, Rosinen, Nougat usw. Die Tafeln kosten allesamt dasselbe und wiegen jeweils hundert Gramm. Nun kostet Marzipan in der Herstellung aber womöglich mehr in der Herstellung als Nougat. Der Anbieter hat nur aus Gründen der Einfachheit den Preis für alle Sorten gleich gewählt, oder er denkt vielleicht, das unterschiedliche Preise den Eindruck vermitteln könnten, die verschiedenen Sorten seien nicht von derselben Qualität. Der Grund ist erst einmal egal, Hauptsache, der Hersteller verdient im Durchschnitt genug, auch wenn eine Sorte mehr Gewinn abwirft als die andere. Nun könnte es aber einen schlauen Kunden geben (einen rationalen Kunden?), der weiß oder glaubt zu wissen, dass Marzipan in Wirklichkeit mehr kostet als Nougat. Er bekäme also beim Kauf einer Tafel mit Marzipanfüllung mehr für sein Geld. Konsequenterweise dürfte er nur noch diese kaufen. Dumm, wenn er kein Marzipan mag – da hilft ihm seine ganze Rationalität nichts. Allerdings fällt es vielen Menschen nicht schwer, ihren Geschmack an den Preis anzupassen.

Kann er sich aber mit Marzipan anfreunden, so ist er fein raus und zieht einen Nutzen aus seiner Rationalität. Allerdings verändert er mit seinem Kaufverhalten die Einnahmesituation des Herstellers unmerklich: Der Produzent verkauft etwas mehr Marzipanschokolade, woran er ja weniger verdient als zum Beispiel an Nougat. Wenn es nur um einen glücklichen und schlauen Käufer unter Tausenden oder gar Millionen geht, ist das egal. Kommen allerdings alle Käufer zur Erkenntnis, dass sie Marzipan wählen sollten statt Nougat, dann ist die ganze Planung des Herstellers hinfällig und er muss Marzipanschokolade zum Preis von Marzipanschokolade verkaufen und nicht zum Durchschnittspreis von Schokolade mit Nougatfüllung, Marzipanfüllung, Nussfüllung usw. Der Käufer hat dann nichts mehr von seiner Schlauheit. Der Unwissende zahlt drauf, der Schlaue auch, und wer kein Marzipan mag, ist sowieso der Gelackmeierte.

Vielleicht wäre es auch rational, der rationale Konsument würde allen anderen Verbrauchern einreden, wie lecker und preiswert (oder besser: ihren Preis wert) Nougatschokolade sei. Wenn diese dann von allen gekauft wird, sinken die durchschnittlichen Herstellungskosten für das gesamte Schokoladensortiment und der Marzipanliebhaber (oder derjenige, der sich aus ökonomischen Gründen überredet hat, wie gut ihm doch Marzipan schmeckt) hat den Vorteil: Die Tafeln werden billiger, und die Sorte Marzipan wird noch günstiger im Vergleich zu ihrem „wahren Preis". Dieser „rationale" Käufer hat erfolgreich die Rationalität der anderen abgeschafft, oder zumindest irregeführt, und gewinnt das ganze Spiel.

Aber wer ist der eigentliche Irreführer? Der Hersteller natürlich. Seine „unehrliche" Preispolitik, die irgendwelchen Werbezwecken dient, ermöglicht erst das ganze Spiel, und die Käufer, die sich gegenseitig hereinlegen oder kollektiv ihren eigenen Vorteil abschaffen, sind nur die Manövriermasse des Herstellers. Er würde ja nicht den Einheitspreis wählen, wenn er damit nicht mehr Gewinn machen würde als mit verschiedenen, „ehrlichen" Preisen. Den zusätzlichen Gewinn aber finanziert jemand, der zu viel für seine Schokolade zahlt. Ganz schön schlau vom Produzenten, oder wollen wir sagen: rational?

Wort zum Werktag

Wir sind das gehobene Milieu einer Generation mehr oder minder fröhlicher Abhängiger. Einer nannte uns die „sophisticated generation". Wir haben schon über so vieles nachgedacht, dass wir, scheinbar oder aus echten logischen Gründen, hinter bestimmte Gedanken nicht mehr zurückkönnen (manche sind auch einfach nur durch eine neue Mode ersetzt worden). Wir sind abhängig von unserem Geschmack, ohne den wir eine Identität einbüßen würden, die nicht zu besitzen man sich nicht leisten kann. Und was wären wir ohne solche Dinge wie das Internet? Wie hat man das nur früher ausgehalten? Aber oft gelingt uns trotzdem eine erträgliche Leichtigkeit ohne diese ständige Ironie, den Stil, irgendwelches Wuseln, Stylen und Plappern: Satt auf dem Wasser liegen und in die Sonne blinzeln (entlehnt bei Adorno – so kann er auch sein), manchmal klappt es noch. Aber dann geht es wieder los: Zum Meer braucht man einen Billigflieger, das Buffet ist schlecht, im Wasser sind – Klimaerwärmung – die Algen. Eine abhängige Generation: beschäftigt oder versorgt vom Staat (üppig allerdings ist das nicht), oder befristet eingestellt, freischaffend, oder materiell noch länger im Studentenleben festgehalten – die Eltern und Großeltern springen womöglich ein, sie statten womöglich die Haushalte der Nachkommen mit demjenigen Hausrat aus, mit dem diese schon in der Kindheit lebten. Viele hochgebildet (jedenfalls sind die Titel zahlreicher geworden), aber mit der Notwendigkeit, die Bildung in einem Wettkampf zu erwerben und einzusetzen. Niemals arm, dieses gehobene Milieu, langsamer als früher herauswachsend aus diesem oder jenem Alter, aber immer mit der Forderung lebend, der Zeit voraus zu sein und sein zu müssen.

Wenn wir Zahlen, Buchstaben, Wochentage, Zahlenstrahlen, komplizierte Orchesterwerke (ein Eindruck, der einen fast zum Weinen bringt: nach langer Zeit farbloser, kratzender, wimmernder und säuselnder Geigen im Radio, eine Aufnahme des Violinkonzerts op. 64 von Mendelssohn gehört, bei dem die Geige in einem kräftigen, hellen Grün gluckst – noch nie gehört!) farbig und räumlich wahrnehmen, sollen wir dann ernsthaft im gleichen Satz, Atemzug oder Gedanken all die funktionellen Analphabeten bedauern, die Schulabbrecher, die Leute, die keine Lehrstelle antreten können, weil es ihnen nicht möglich ist, mit Gewichten und Maßen zu rechnen? Irgendwie muss doch eine Soziologie ihre Aufmerksamkeit auf diese auf den zweiten Blick unerklärlichen, auf den dritten vielleicht dann irgendwann wieder verständlichen Unterschiede lenken. Man macht sich diese Unterschiede in ihrer Größe nicht immer bewusst, wie sie etwa zwischen dem Leseunkundigen und jemandem bestehen, der nach den Spuren für synästhetisches Empfinden bei Baudelaire sucht, natürlich im Original. Gleichzeitig verrät die Synästhesie viel über das Menschsein, wenn man das so formulieren darf, und über die allgemeinen Besonderheiten gerade derjenigen Gesellschaft, in der sich die besonderen Sinneswahrnehmungen auf ihre besondere Weise darbieten.

Zweite Lieferung, das sind überwiegend Erörterungen und Variationen über die verschiedenen Arten zu fragen, zu paradoxieren, zu analysieren oder einfach zu beobachten

Für J. K.

Fragen über Fragen

Es gibt so eine Reihe rhetorischer Fragen, die wären geeignet, aus jedem von uns einen Sozialforscher zu machen, würden wir die Fragen nicht nur benutzen, sondern auch wirklich stellen. Es sind dies Fragen wie: Wer hört/schaut sich denn so was an (eine bestimmte Musik oder eine Sendung)? Haben die (wer auch immer) sie noch alle? Wie kommt man denn auf so was? Wo kommen wir denn da hin? Was soll denn das? Was fällt dem denn ein? Wie konnte es nur so weit kommen? Wie sind wir nur in diese Lage geraten? Würde man nur kurz versuchen, diese Fragen zu beantworten! – aber sie drücken oft nicht einmal Ratlosigkeit aus, sondern Abscheu, stilles Einverständnis über eine Ablehnung und Abwertung.

Die Aufregung, das sind die anderen

George Herbert Mead hat, bereits von Vorarbeiten ausgehend, eine in ihrer Formulierung eigentlich archaisch anmutende sozialpsychologische und „sozialphysiologische" Theorie entwickelt (sie wird heute als „symbolischer Interaktionismus" verharmlost), nach der man im Laufe der Auseinandersetzung mit Anderen eine Instanz in sich entwickelt, bildlich gesprochen: in sich aufnimmt, die einem verallgemeinerten Anderen entspricht, einem Anderen, der ungefähr so ist, wie die Anderen, mit denen man zu tun hat und hatte, und der einem auf die Finger (und die Gedanken!) schaut, anhand dessen man sich wie in einem Spiegel beobachtet, beschreibt, Äußerungen ausprobiert. Nun ist das allzu simpel, aber eine hilfreiche Metapher. Man nehme den Vorgang des Briefeschreibens, über den viel philosophiert worden ist, den manche aus schulmäßig erlernter Furcht vor der Schriftsprache ganz vermeiden, aber über den man festhalten kann: Er entlastet von der direkten Beobachtung, vor der Notwendigkeit, fortwährend Sinnvolles, Verständliches, nicht Verletzendes oder nicht Rufschädigendes zu sagen. Das Abschicken des Briefes verdichtet aber das Dramatische (dramatisch in dem Sinne auch, dass es ein Ersatz ist für den persönlichen Auftritt) auf einen Moment, die Frage, ob man den Brief einwerfen oder übergeben soll, ohne dass man ihn zurückholen kann. Man begibt sich in die Hand von Abwesenden, denen man keine korrigierenden Nachsätze zu missverständlichen Äußerungen ins Gesicht oder Ohr sagen kann. Das gilt, fast ähnlich, sowohl bei Liebesbriefen als auch bei Bewerbungen oder wichtigen schriftlichen Arbeiten (beruflich oder in der Ausbildung). Das Briefeschreiben ist nicht einmal ein innerer Dialog, sondern eine Suche (ohnehin ist nicht alles Denken innerer Monolog oder Dialog); und oft erst das erneute Durchlesen oder der Zweifel beim Absenden rufen den Blick aus der Perspektive des anderen wach. Selbst wenn es sich nicht um ein anonymes Publikum handelt, sondern um konkrete Personen, verschwimmen diese, man kann doch die Reaktion nicht so genau ermessen, man ist nie ganz sicher, wie das Geschriebene verstanden wird, zahlreiche Vorstellungen von „Anderen" und ihren möglichen Verständnissen schwirren durch den Kopf. Man braucht nicht vor dem Publikum zu stehen, um aufgeregt zu sein, wir haben unser Publikum einerseits immer dabei, nur wirft es seine scharfen Blicke nur zur bestimmten Zeitpunkten, in höchster Dichte, man blickt zurück und sieht doch ernüchternd unscharf.

Er gehört zu mir wie mein Name an der Tür

Es ist nicht immer leicht herauszufinden, ob man sich als Paar verhält und verhalten soll, wenn man eines ist. Kleinigkeiten: Es ist interessant zu hören, ob jemand auf die Frage „Hast du am Samstag Zeit?", immer öfter antwortet: „Da gehen *wir* zu...", „Da haben *wir* noch nichts vor", ob man Einladungen und Aufforderungen zum Ausgehen aus Selbstverständlichkeit, oder mit leichtem Grummeln, immer nur an zwei Personen ausspricht („Kommt ihr...?"). Wie wichtig ist der gemeinsame Name, die gemeinsame Wohnung; sollte man heiraten ohne die Aussicht, in nächster Zeit zusammenziehen zu können? Die anderen beobachten das, verallgemeinern, verallgemeinern manchmal zu sehr, sehen nur ein Paar, lassen Erwartungen durchblicken. Wie viel Paarverhalten richtig ist, wird auf allen Seiten abgewägt und ständig neu gewägt. Damit man nicht alles gemeinsam tun muss, findet sich oft als Ausweg nur eine Art zwanghafte Infantilisierung: Der Mann verhält sich kindisch beim Fußball, und darf das, und die Frau beim Kaffeeklatsch oder Shoppen, und darf das; man tut das gemeinsam mit den jeweiligen Geschlechtsgenossen und der andere kann entweder das Gegenstück dazu einplanen oder seine Ruhe haben; dieser Rückzug entlastet von der ständigen Arbeit an der Beziehung, von der unablässigen Notwendigkeit zur Toleranz und zum Kompromiss, zur Differenziertheit und Gemeinsamkeit, zur schwierigen Aufgabe, gleichzeitig erwartungsgemäß sein Geschlecht zu repräsentieren und darüber zu stehen, und erlaubt die Einfachheit der Klischees. Der andere kann dann, ebenfalls auf sehr leichte Weise, darlegen, dass er bei so einer kindischen Sache nicht mitmacht, und dem Partner den Rückzug erlauben. Reicht dies nicht aus, kann man auch Teile der Partnerschaft lustvoll, aber manchmal auch regelrecht angestrengt infantilisieren, sich kindische Namen geben, Herzchen malen, Stofftiere schenken, sich raufen und Schimpfwörter nachrufen – die Kinderliebe stellt immer eine harmlose und entlastende Alternative zur aufgeklärten, komplizierten Partnerschaft von heute dar, eine vereinfachende Unzweideutigkeit, ein Reservoir von harmlosen Verhaltensweisen angesichts der Schwierigkeit, auf wirklich kreative Weise ständig starke Symbole für die Liebe aufzubringen (und auf jeden Fall weniger verdächtig als Spiele von Domination und Unterwerfung, weniger aufwendig als die gegenseitige künstlerische Verherrlichung, weniger kräftezehrend als eine ständige Inszenierung höchster Romantik).

Reisewarnung

Manche Dinge aus der Ferne gibt es überhaupt erst seit jüngerer Zeit, zumindest zu annehmbaren Preisen, und man verreist in ferne Länder, was früher für die meisten undenkbar war. Das Ausland steht einem gedanklich offen, es ist als Reiseziel und Warenanbieter überhaupt erst denkbar, und dieser Gedanke, einmal in der Welt, duldet eigentlich keinen Widerstand, selbst wenn man sich, auch das ist trivial, nicht alles leisten kann, was in der Ferne liegt. Immer noch gelten bestimmte Gebiete aber als „touristisch unerschlossen", ein unhaltbarer Zustand jedoch, der rascher Abhilfe bedarf – das sitzen diese Leute dort in so einem schönen Landstrich und machen sich bisher nicht einmal die Mühe, Hotels zu bauen, und die Reiseindustrie ist auch an dieser Verschwörung zur Verhinderung des Tourismus beteiligt! Ist eine Gegend aber erst einmal gleichsam in die Liste der „touristisch unerschlossenen" Reiseziele aufgenommen (in Privatgesprächen oder in den Medien), dann ist das der beste Weg, diese unschöne Sonderstellung zu beenden, was dann natürlich bald die Klage nach sich zieht, es sei ja alles so „touristisch" geworden. Sagt jemand, dass eine Gegend touristisch geworden sei, heißt das übrigens, dass dort in der Regel eine Ästhetik (in der Bauweise, dem Angebot an Souvenirs, der Gastronomie) gepflegt wird, welche einer niedrigeren Klasse (oder einer überhaupt gedanklich tiefer stehenden Kultur) zuzuordnen ist als derjenigen des Kritikers: Urlauber vom Typ Ballermann oder besoffene Engländer. Wirkliche Ruhe haben nur diejenigen Regionen, die völlig ignoriert werden, von denen idealerweise niemand weiß, nicht einmal gesagt wird, dass sie unerschlossen sind. Global betrachtet ist Tourismus immer Massentourismus und wird es immer mehr, weil eben Massen verreisen wollen und immer öfter auch können, selbst wenn im Einzelfall lokal nur wenige Touristen ankommen. Je feiner aber die Touristen über die Welt verteilt würden, desto teurer würde der ganze Betrieb, also neigt er zu Ballungen, die noch von Empfehlungen verstärkt werden (und ebenso wendet sich die Masse geschlossen ab, werden die Ratschläge einmal negativ). Das sind die Paradoxien und Dilemmata des Tourismus: Entweder ist eine Gegend unerschlossen, teuer, touristisch oder im Niedergang; und der „Geheimtipp" ist eine selbstzerstörende Prophezeiung, und der im Reiseführer abgedruckte Geheimtipp ist, aber das ist fast trivial, sowieso ein Widerspruch in sich (Angebot und Nachfrage sind sich trotzdem einig, dass man das hinnehmen muss und versichern sich weiter gegenseitig der Bedeutung der touristischen Neuentdeckungen und Empfehlungen).

Volkskünstlichkeit

Die so genannte volkstümliche Musik ist ein seltsames Produkt: Sie klingt verschwommen, mit einem unmöglichen Hall, nie anders als im Vollplayback dargeboten, mit überwiegend synthetischen Klängen unterlegt, kommerzialisiert, unter strenger Trennung von Publikum und Musiker produziert, die Aufführung lässt allerdings keinerlei besondere Kunstfertigkeit erkennen usw. Man hält den Gegenstand womöglich für zu trivial, zu einfach zu durchschauen, dabei ist es doch paradox: Diese Musik ist nicht in irgendeinem Volk verwurzelt, sondern höchst artifiziell; aber warum wird sie trotzdem so gemocht? Dafür, dass sie vieles nicht ist: Kompliziert, englisch, temporeich usw. Es ist gerade nicht die Musik an sich, als reine Musik, sondern die Bilder (so nette Gesichter, so schöne Kulissen und Landschaften), die Sprache, ihre Eigenschaft, das Gegenteil von etwas Beunruhigendem, Fremdem (Negermusik! Urwaldmusik!) zu sein, eine weiche Klangfläche, eine Negation. Damit ein ökonomisches, ethnologisches, soziologisches Forschungsgebiet par excellence, eine theoriestiftende Provokation aus einer anderen Welt für den Akademiker.

Soziologische Schwangerschaftsgymnastik

Es ist reizvoll, als Gedankenübung folgenden Vergleich anzustellen: Erstens, ein Lehrer oder Erzieher ist Samenspender, hat aber sonst keine eigenen Kinder – er zeugt, womöglich in größerer Zahl, Kinder, zu denen er keinen Kontakt hat, und erzieht in größerer Zahl fremde. Zweitens, ein Lehrer oder Erzieher hat eigene Kinder, die er zusammen mit einer Partnerin gezeugt hat, und zieht sie mit ihr zusammen (oder, wenn man will, auch alleine) groß. Worin besteht der Unterschied?

Oder folgende Sachverhalte rund um den Begriff des Vererbens und seine übertragenen Verwendungen: Jemand erbt von seinen Eltern einen mittelständischen Betrieb, der fortgeführt werden will. Jemand erbt die Neigung zu einer bestimmten Krankheit, oder gar die sichere Disposition zu einer Erbkrankheit. Jemand erbt seinen Bildungsabschluss (durch die zuhause herumstehenden Bücher, die Hilfen der Eltern bei den Schularbeiten, jede andere Form der Förderung, die zuhause gepflegte Sprache oder die nötigen Geldmittel für Nachhilfeunterricht). Jemand erbt von den Eltern bestimmte Gewohnheiten (die Art den Haushalt zu führen, das Rauchen, die musikalischen Vorlieben). Jemand erbt ein Einfamilienhaus in einer Gegend, in die er oder sie nicht ziehen möchte. Jemand erbt eine Sammlung von Bierdeckeln, leeren Parfumflakons, Modellautos, Stilettos, Hufeisen, Dolchen usw.

Mulligatawny Soup und Sherry

Manchmal kann man zusehen, wie Traditionen entstehen, und wie zufällig das vonstatten geht, aus relativen Nichtigkeiten, die oft nur sehr wenig Substanz haben, irgendeine diffuse Bedeutung, eine recht ansprechende oder ein wenig außergewöhnliche Form, die oft genug aber austauschbar wären. Man fällt manchmal darauf herein, dass man glaubt, es sei schon immer so gewesen und die natürlichste Sache der Welt, obwohl einem die regelmäßige Neuauflage gar nicht recht einleuchtet. Man möge einmal im Gedächtnis wühlen oder Ältere befragen, seit wann man Dinner for One an Silvester anschaut. Manchmal regt sich aber auch Widerstand gegen „falsche" Traditionen: den zu Weihnachten aufgehängten Mistelzweig mögen manche noch hinnehmen, ein ganzes Halloween-Fest geht allerdings zu weit (ein Ami-Fest! Ein neues Wörterbuch der Gemeinplätze nach dem Vorbild von Flauberts, müsste unbedingt folgenden Eintrag enthalten: „Amerikaner. Haben keine Kultur. Haben den roten Weihnachtsmann erfunden. Sind alle dick. Spielen gerne mit Waffen", usw.).

Die gute Erziehung der Erzieher und die Verteilung des Kuchens

Die Politik ist manchmal wie Eltern bei der Erziehung: Man kann einfach Gerechtigkeit walten lassen (oder was man darunter versteht – eine schwierige Entscheidung), aber man kann auch, wenn es in der eigenen Natur liegt, auf den eigenen Vorteil achten, Kinder gefügig machen, Gefälligkeiten erlangen, die Kinder dazu bringen, vor anderen Leuten zu versichern, dass man wirklich eine gute Mutter oder ein guter Vater sei, man kann dabei drohen, ohne dass man es gleich wahr machen muss, Süßigkeiten verteilen und Kuhhandeln betreiben. Die Kinder ihrerseits haben tausendundein Argument und kleine Druckmittel: Sie weisen auf Inkonsequenzen hin, wie schlecht sich das Geschwisterchen benommen hat, wie wohlerzogen man war, sie schmeicheln den Kochkünsten, spielen Großzügigkeit und Hilfsbereitschaft usw., um ihren Teil vom Kuchen zu bekommen und ihren Willen. Wenn alles nicht hilft, kann man ja immer noch in der Öffentlichkeit eine Szene machen, aber oft tut es auch der Augenaufschlag. Besser ist es jedoch immer, man redet miteinander und bleibt im Gespräch.

Irgendwo hört jede Analogie auf, sie wurde schon sehr wackelig. Und nun also zum eigentlichen Gegenstand, dem Lobbying, dem Versuch von Firmen und Branchen, ihren Teil vom Kuchen zu bekommen, auf Kosten der Konkurrenz, der Verbraucher oder des Steuerzahlers, die erziehende Wirkung der Politik auf die Marktteilnehmer zu eigenen Gunsten ausfallen zu lassen. Die Argumente sind ebenso zahlreich wie sie teilweise beliebig sind: Man hat die Umwelt geschützt, viele junge Leute ausgebildet, Arbeitsplätze geschaffen, in die Forschung und die Zukunft investiert; die Angestellten sind wichtige Wähler; man droht mit Liebesentzug (da sind auch Eltern empfindlich), also Abwanderung ins Ausland; man verweist auf frühere Entscheidungen der Politik oder eigene Spenden und empört sich über Inkonsequenz, stellt auf jede Weise die Bedeutung der eigenen Branche oder des Betriebs heraus, und fordert dann Belohnungen. Muss man jedoch erst öffentlich eine Szene machen, ist die Lage bereits sehr schwierig. Die Politik hält, so gut sie kann, dagegen: Sie lässt durchblicken, dass man durchaus noch eine Förderung wegfallen lassen könnte, oder eine andere Branche begünstigen; man wischt das Geschwätz von gestern beiseite oder verweist auf vergangene Versprechen, lässt Gesetzesentwürfe prüfen und Gutachten erstellen usw.

Es ist eine Industrie entstanden, eine große Schar von Beratungsfirmen, die nicht nur Dienstleister ist in diesem Spiel, sondern beiden Seiten beständig versichert, dass sie im Spiel bleiben müssen. Sie sammelt und sortiert die Argumente und packt sie in organisierte Diskussionsrunden, Strategiepapiere und aufwändig gestaltete Broschüren, und obwohl die Entscheidungen nicht in Podiumsdiskussionen getroffen werden oder nach Lektüre von Faltblättern, erfüllen die servierten Häppchen und wohlgesetzten Texte doch eine wichtige Funktion: Man gibt sich interessiert, man legt sich fest, zumindest ganz grob, man bleibt im Spiel, man erlaubt gerade so viel Publikum und Aufmerksamkeit, dass keiner sich einfach so davon-stehlen kann (denn das würde die Sache beim nächsten Mal sehr schwierig ma-chen), man aber doch in Ruhe verhandeln kann, dass man es sich nicht erlauben kann, den eigenen Standpunkt völlig zu verraten, aber doch einen Kompromiss einzugehen. Exklusive Empfänge unter Brancheninsidern, hochbezahlten Beratern und hochkompetenten Experten aus der Bürokratie, sind da oft besser als große Medienkampagnen oder Drohungen in Krisengesprächen unter vier Augen, die gediegene Langeweile von Kongressen und vor allem die Pausengespräche besser als aufregende Interviews und Schlagzeilen. In einem Umfeld, wo Studentinnen stundenweise in weißen Schürzen Sekt und Fingerfood reichen, wo die Veranstal-tungen „Forum", „Matinee" und „...-Gespräch" heißen, sind nun einmal ausgefeil-tere Taktiken möglich, mehr Schlitzohrigkeit, mehr Abtasten und mehr halb ver-bindliche Abmachungen, mehr Vertrauensbildung, als wenn der redensartliche Stammtisch und das Bierzelt toben. Man bleibt im Gespräch. Es bleiben noch ge-nug Anlässe für die Inszenierung der großen politischen Schlachtengemälde, ent-weder wenn die Einigung ausbleibt, oder sich niemand findet, der einen selbstbe-wussten Verhandlungspartner und stilsicheren Häppchenverzehrer und Podiums-diskutierer abgeben würde; dann springt die politische Konkurrenz anstelle eines leise organisierten Interessenten ein, und dann muss weniger Rücksicht genommen werden, vor allem wenn jede Seite in der Auseinandersetzung andere Wähler be-dient und ihnen ein großes Stück vom Kuchen verspricht.

Antikenwettlauf

In der Wissenschaft, aber auch in der Populärwissenschaft, dem Feuilleton oder anderen journalistischen Gebieten und in manchen Geschäftsfeldern wird regelmä-ßig ein Spiel getrieben: Führe die Ideen, die du vorträgst, deine Begriffe oder deine Geschäfte auf Vorläufer zurück, die möglichst weit in der Vergangenheit liegen. Das verleiht der Sache sogleich mehr Gewicht, Berechtigung, Ernsthaftigkeit, Qua-lität und Substanz. Schon die alten Ägypter brauten Bier! Am selben Ort brauten schon vor tausend Jahren Mönche ihr Bier!, und schon wird aus einem Hersteller eines Proletengetränks eine kulturelle Einrichtung. Ein Geschäft ist schon seit sie-ben Generationen im Familienbesitz!, hat also zwei Weltkriege und die Nazizeit gut überstanden, vielleicht am Rande der Not und mit größten Gewissensqualen, vielleicht aber auch prosperierend. In den Geistes- und Sozialwissenschaften findet sich immer ein Klassiker des Fachs oder innerhalb des Gegenstandes, der irgend-etwas gesagt haben soll, was entfernte Ähnlichkeit mit einer aktuell vorgetragenen

These hat: Schrieb nicht Goethe oder Beethoven schon dieses und jenes über ihre Tätigkeit? Gibt es nicht irgendeine zweideutige Stelle in einem Klassiker einer Wissenschaft oder der Literatur, die hochmodern, ja postmodern ist; klingt nicht irgendeine seltsame Stelle eines Musikstücks mindestens fünf-, wenn nicht zwölf- oder noch mehr tönerisch? Oft findet sich jedoch schnell ein anderer Fachmann, der eine noch frühere „Quelle" auftut, bis man bei den ultimativen Autoritäten landet: Platon, Aristoteles, Sokrates, die Bibel, die alten Babylonier, Sumerer und Ägypter (die letzten werden vor allem als große Naturforscher und Mathematiker umgedeutet; leider ist über ihre Musik wenig überliefert – ein großes Dilemma!) usw. Wer hieraus schöpft hat recht, selbst wenn er Aussagen zitiert, die aus heutiger Sicht vollkommener Unsinn sind: Alleine dass sich Platon, Aristoteles etc. pp. damit befasst haben, beweist allemal den Wert der eigenen Thesen, adelt den Gegenstand und den Vortragenden. Insbesondere wenn ein Fachgebiet an sich nicht sonderlich weit zurückreicht – irgendeinen antiken Vorläufer wird es schon geben (gerade die Soziologie hat ja das Problem, dass sie unter diesem Namen kaum mehr als hundertfünfzig Jahre alt ist. Gut, dass schon immer irgendjemand etwas über die Gesellschaft gesagt hat...). Es sind nicht immer die seriösesten Vertreter des Faches, sondern gelegentlich auch solche, die auf ein ehrfurchtsvoll nickendes, aber sonst ahnungsloses Publikum zählen, wenn man bestimmte Namen fallen lässt, aber auch die hochrangigen spielen gerne mit. Nebenbei kann einen Wissenschaftler eine beiläufige Bemerkung, eine für seine Argumentation eigentlich unwichtige Anekdote lange verfolgen: Erwähnt er einmal zur Auflockerung in einer Vorlesung, dass schon früher dieser und jener usw. usf., dann wird man das womöglich noch oft hören und lesen, denn in Prüfungen, Hausarbeiten und Klausuren werden die Studierenden diese hochwichtige Information häufig wiedergeben, nicht zuletzt, um ihrem Wissen die Weihen durch die Vorväter zu verleihen. Ist eine solche Anmerkung erst einmal in einem wissenschaftlichen Werk publiziert, verbreitet sie sich oft genug recht bald epidemisch in weiteren Veröffentlichungen. Auf intensive Quellenprüfung und genaues Studium der Originalwerke durch den Zitierenden sollte man dabei natürlich nicht unbedingt vertrauen.

La Traviata

Es sind die scheinbaren Widersprüche, die Seltsamkeiten, die komischen Fragen, die einen oft weiter bringen als die eleganten Thesen, die vorschnellen Analogien, die schlauen Einfälle.

Warum genießen wir (oder müsste man hier wie im Folgenden immer sagen: manche Menschen?) manchmal die Traurigkeit, zumal, wenn sie aus Büchern entspringt, aus Filmen und Musikstücken? Um als einfühlend zu gelten, vor sich selbst und anderen, weil man uns gelehrt hat, dass Melancholie ein wahrhaft edler und poetischer Zustand ist, oder weil Traurigkeit uns eine andere Art des Denkens ermöglicht, ein detailliertes, tiefgehendes? Muss man sich einmal schwach und hilfsbedürftig zeigen, was man sich sonst nicht erlauben kann, und ertragen eben das andere gar nicht (mehr)?

Warum fiebern wir in manchen Filmen mit den Verbrechern, hoffen auf das Gelingen des Coups, auf die erfolgreiche Flucht? Ist es Rache an der Ordnung, die Lust, sich einmal zu nehmen, was einem zusteht, der kindliche Trotz: „Ich will es aber haben"? Gelten uns diese sympathischen Verbrecher als die besseren Menschen, weil sie eine richtige Berufsehre besitzen, einen in den Niederungen unserer Arbeitswelt fast unbekannten Ehrgeiz und eine Unternehmungslust, die einem im Job nach zahlreichen Enttäuschungen abhanden gekommen sind?

Warum sind wir nostalgisch? Ist es die simple Gewöhnung an eigentlich belanglose Dinge? Sind jene Dinge nur Stellvertreter für das eigentliche Schöne und Befriedigende an der Vergangenheit, woran zu denken uns schwer, unmöglich, verboten, mit schlechtem Gewissen belegt worden ist? Sind diese Getränke, Kleidungsstücke, Orte, Gerüche, Sprüche usw. diejenigen Dinge, die bleiben, wenn man das Schreckliche abzieht, an das man sich nicht erinnern will? Von allem ein wenig, aber keines davon so sicher.

Warum leiden wir umso mehr, wenn wir traurig sind und rund um uns noch Heiterkeit herrscht, warum wird das Feiern, die Ausgelassenheit zur Qual für den Trauernden? Ist es die zusätzliche Trauer um den Verlust der Unbeschwertheit, der nie ganz auszugleichen ist; ist es die reine Unlust an der Anstrengung, sich aus einem tiefen Tal allzu schnell und gehetzt hervorzuarbeiten? Ist es Einsamkeit, oder die Wahrnehmung, dass aus der Fröhlichkeit ein unausgesprochener Vorwurf dringt: Man sei nicht fähig zur Lust, man störe die reine Freude?

Museen sind doof

Museen sind doof, insbesondere solche für bildende Kunst: Kästen, wo Bilder nur herumhängen. Es passiert nichts. Entweder sind die Bilder so gut gemalt, dass man deprimiert ist, weil man das selber nie könnte, oder es sind Bilder, die könnte man auch selber malen, also völlig einfallslos, und man erkennt trotzdem nichts. Auf den Schildern steht das Entscheidende nicht drauf: der Familienstand des Malers, welche Krankheiten er hatte und was für eine Kindheit, wie lange er für das Bild gebraucht hat, und vor allem der Preis. Man darf die Bilder nicht anfassen. Die Marienbilder, sofern vorhanden, werden nicht mehr angebetet. Man darf nicht mit dem Handy jemanden anrufen und erzählen, was man gerade sieht, denn andere Leute werden dann ungehalten, und Erinnerungsfotos vor den Bildern, oder wie man Statuen umarmt, darf man auch nicht machen. Die Aufseher haben manchmal keine Ahnung von den Bildern, sondern wollen einen nur überwachen. Neben den Bildern sind keine Bildschirme, wo man kurze Filme über den Maler ansehen kann. Man hat also insgesamt nichts davon.

Das China-Syndrom

Man nehme an, jemand habe ein relativ fremdes Land bereist, China zum Beispiel, und kehrt zurück. Dann wird er natürlich gefragt: Wie war es in China? Eine gewisse Ratlosigkeit befällt ihn, denn wie soll man die ungeheure Vielfalt, die Flut an Eindrücken, in kurze Worte fassen! Einige Gesprächspartner mag man auf eine sehr banale Weise zufriedenstellen: Das Wetter war gut, die Hotels doch sehr ordentlich, und das Essen erst: sehr gut! Das mag angemessen sein, wenn es sich um eine recht bekannte Urlaubsgegend handelt: Ihr wart an der Nordsee? Wie war das Wetter? – Wenn es um China geht, scheint der Verweis reichlich unangebracht, zumindest als einziger, und selbst gegenüber sehr bodenständigen Personen ohne Sinn für Kulturvergleiche, und selbst gegenüber Leuten, die es eigentlich nicht interessiert, wie die Reise war, und die nur aus Höflichkeit fragen. Man kann aber auch nicht einfach unvermittelt eine der zahlreichen Episoden zum Besten geben. Der Reisende flüchtet sich also entweder in die Unverbindlichkeit: Ja, war sehr interessant, ist ja eine ganz andere Kultur, viel erlebt usw. Erst nach einigen Gesprächen bilden sich Antwortstrategien heraus, die jeweils auf die Situation und den Gesprächspartner zugeschnitten sind. Eine allgemeine Bemerkung zu Anfang, und entweder kann man dann in längere Erzählungen einsteigen, etwa gegenüber Freunden, oder man belässt es dabei, und wartet eventuelle Nachfragen ab. So bilden sich Antworten für Kollegen, Antworten für Omas und alte Tanten, Antworten für Freunde usw. Bei den einen ist es fast verpflichtend, dass man zunächst die Probleme thematisiert, eine so komplexe Erfahrung zu beschreiben: Man kann ja so ein Land nicht in zwei Wochen richtig kennenlernen, das kann man in der Kürze nicht so gut beschreiben, ich muss erst selbst noch meine Eindrücke ordnen etc. Andere würden das als seltsame Verwirrung abtun, denn natürlich ist China anders, aber man wird es doch irgendwie beurteilen können. Der eine erwartet einen Kommentar zur politischen Lage, der andere findet es seltsam, bei Fernreisen zuerst an Politik zu denken. Man hört wiederkehrende Einwände und Nachfragen, und nimmt diese schon vorweg: Viele sagen ja, aber in China ist es... Irgendwann haben sich die Erzählungen so verdichtet, dass man in ihnen hängt wie in einem weichen Netz, gesponnen von der chinesischen Seidenraupe: Man spult Urteile und Episoden ab, man verknüpft, setzt Glanzpunkte, und blickt durch einen immer dichter werdenden Schleier auf seine eigene Erfahrung. Die Frage nach der Reise verwirrt einen nicht mehr, aber es wird schwieriger, hinter den Fetzen der Erzählungen sich noch die Eindrücke in Erinnerung zu rufen. Sie werden praktisch sofort verdichtet und gleichzeitig durchlöchert, immer mehr zu Reisebildern und Reiseerzählungen, wogegen, das ergibt sich logisch daraus, auch Aufschreiben und Fotografieren nichts hilft.

Zeitlebens

Soziale Ungleichheit besteht nicht nur darin, was jemand ist und was jemand hat, sondern auch, wie jemand seine Zeit verbringt, womit sie angefüllt ist, wann er und sie wofür beansprucht wird – handele es sich um einen Tag oder das ganze Leben. Man fahre einmal zu verschiedenen Tageszeiten dieselbe Strecke mit der S-Bahn in einer beliebigen Stadt. Man trifft ganz unterschiedliche Typen an, sie sind anders gekleidet, tragen einen anderen Gesichtsausdruck, lesen verschiedene Dinge oder vertreiben sich auf andere ungleiche Weise die Zeit, halten sich anders, reagieren anders darauf, dass man vorbeigelassen werden oder sich in die Nähe setzen möchte. Man spürt den Unterschied, manchmal auch als Beklemmung in dieser oder in jener Gesellschaft. Dieser Unterschied hängt eben eng mit der Zeit zusammen, ohne dass diese die Ursache wäre, sondern sie ist nur ein weiterer Unterschied, nämlich wie man seinen Tag verbringt, wie ihn beginnt, wann von der Arbeit kommt, wozu man dann noch fähig und willens ist usw.

Und weiter sind es nicht nur die S-Bahnen, sondern die ganzen Laufbahnen. Personen des gleichen Jahrgangs treten um mehr als zehn Jahre versetzt in den Beruf ein. Sie haben nicht einfach diesen und jenen Abschluss oder Beruf, sondern auch dieses oder jenes Leben damit und davor. Man redet viel davon, welche Kindheit jemand hatte, nicht zu Unrecht, aber es macht selbst einen Unterschied, was einen in der Zukunft erwartet: Karrieresackgassen, vorgezeichnete Erfolgspfade, Todsicheres und Riskantes, und das macht schon jetzt einen Unterschied. Das Leben ist trivialerweise nicht wiederholbar, aber für den einen mag dies schmerzhaft sein, und für die anderen ist es die Tatsache, dass der Alltag sich immer wiederholt (mehr oder weniger genau), und man ihn deshalb ändern könnte, es aber eben nicht kann.

Zeit ist Geld (man kann beides tatsächlich in gewissem Umfang gegeneinander austauschen, indem man sich für Geld Arbeit vom Hals schafft oder für Geld viel Arbeit macht oder eben nicht), aber das Leben ist das Leben, würde man meinen;

aber die einen suchen nach dem langen Geldverdienen den Lebenssinn oder auch nicht, und die anderen wünschen sich nach einem recht langen Leben noch etwas Geld für die restliche Zeit, und wieder andere müssen auch spät im Leben noch Geld ansammeln, weil es ihnen nicht nur um ihr eigenes Leben geht.

Keine Traumnovellen

Ist die Literatur eine Quelle für den Soziologen? Nicht, wenn man sich eine wissenschaftliche Darstellung von Gesellschaften erwartet, aber sehr wohl, wenn man sammeln will, was es an Vorstellungen über Gesellschaften gab und gibt. Niklas Luhmann hat etwa Romane ebenso in seinen Zettelkasten eingearbeitet wie wissenschaftliche Literatur. Man muss nur die Literatur gegen die Küchenpsychologen und Populärmythologen verteidigen, die darin nur Allzumenschliches und einen Schatz an ewig wiederkehrenden „großen Geschichten" und zeitlos unterhaltsamen Pointen und Wendungen sehen. Was findet man also? Schöne Zeichnungen verschiedener Typen, die immer auch soziale Typen sind, für ein Milieu stehen, etwa im Zauberberg und dem Untertanen, oder in der Erziehung des Herzens, besonders wertvoll durch ihre gemäßigte Zuspitzung; man findet Analogien zwischen sozialen Beziehungen und Vorgängen in der Natur, etwa in den Wahlverwandtschaften; man entdeckt, was an einem Menschen als Produkt von Zivilisation und Kultur galt und was als seine ungeschliffene, wilde Gestalt, etwa im Robinson Crusoe oder in den Dschungelbüchern, wie man sich das Leiden an der Gesellschaft vorzustellen hat, im Woyzeck und bei Houellebecq, welche Gefahren der Gesellschaft drohen, die sie selbst hervorbringt: Andorra; man erfährt etwas über selbsterfüllende Prophezeiungen: Ödipus (keineswegs nur was für Psychoanalytiker), die alte Geschichte von Kommerz und Geist (Jesus und die Händler im Tempel), man trifft auf lustvollen Anarchismus (Pipi Langstrumpf) und Widerstand in Diktaturen (Die Brüder Löwenherz); man lernt, dass es nicht gut sein kann, aber wenig Auswege gibt, wenn sich Parteien einen Streit liefern, der sich ständig neu befeuert und steigert (es muss entweder eine Katastrophe eintreten oder jemand von oben durchgreifen: Romeo und Julia) etc.

Lichtspielhaus

Man spricht gelegentlich noch vom Filmtheater, und ästhetisch waren solche Gebäude angelehnt ans Theater, jedoch ohne den gesellschaftlichen Rang desselben zu erreichen. Diese Anleihe diente nicht zuletzt der Aufwertung jener Orte zu einer Zeit, als das Kino noch zwischen Jahrmarktattraktion und einer Art audiovisueller Installation angesiedelt war, ein Schaubudenzauber, den man nicht so recht verstand, dann ein skurriles künstlerisches Experimentierfeld, dann das Theater für diejenigen, die nicht ins Theater gingen.

Die Kulturen, Kino und Theater, haben sich größtenteils gründlich auseinanderentwickelt, trotz des Independent- und Experimentalfilms. Am deutlichsten wird das beim Multiplex-Kino: Es greift die Kino-Ästhetik auf und steigert sie ins Bombastische, bleibt aber immer so sehr Investitionsobjekt, Gegenstand der Immobilienspekulation, eine Fabrik der Massenunterhaltung: Es wird gespart am Material, aber nicht gegeizt mit Reizen. Die Gebäude sind formal, ihrem Skelett und den Grundmaterialien nach, den zeitgenössischen Einkaufszentren, Bürogebäuden und Parkhäusern gleichzusetzen, nur aufgesetzter Schmuck zeigt ihre Bestimmung: Teppichböden, Beleuchtung, Theken, Beschriftungen und Wegweiser. Die Grundfarben sind rot, gelb und schwarz. Die Säle sind gigantisch, aber schmucklos, keine Attrappen von Pilastern und Säulen mehr, keine Kassettendecke, nicht einmal Plüsch, oder die bunt gemusterte Auslegeware der Siebziger. Die Foyers und Hallen sind vollgepackt mit überdimensionalen Filmplakaten und sonstigen großformatigen Werbeträgern: Banner, Aufsteller usw. Die Lichtgestaltung ist aufreizendschummrig, ohne an Spielhallen oder Nachtbars heranzureichen. Zusammen mit dem Geruch des Popcorns ist *das* das Kino, vielerorts und für viele Besucher. Es ließe sich aus dem Vorstehenden tiefe Abscheu herauslesen oder mit etwas Mühe auch eine trotzige Begeisterung für das Multiplex-Erlebnis. Man mag es einmal einfach als Illustration dafür lesen, wie sich eben die Kulturen gegenüberstehen, obwohl das man Theater auch einmal charakterisieren könnte als Darbietung von mehr oder weniger verdaulichen und gebrochenen Illusionen vor einem abgedunkelten Saal mit einseitig ausgerichteten weichen Sesseln. Und wem dies zu grob erscheint, der stelle sich einfach ein Theaterfoyer vor, angeklebt an einen Kinosaal, und ein Kinofoyer vor einem Theatersaal. Was verhindert wohl, dass diese Zusammenstellungen typischerweise existieren? Karten verkaufen, Pausengespräche führen, Getränke ausschenken, Programmhefte verteilen und Popkorn feilbieten ließe sich doch wohl in beiderlei Vorhallen.

Setzkasten

Wie unsere Medien funktionieren und wie sich verschiedene Journalismen unterscheiden, subtil oder ganz krass, lässt sich teilweise schon an einzelnen Sätzen ablesen: „... darunter auch drei Deutsche"; „Nähere Einzelheiten wurden vorläufig nicht bekannt"; „..., hieß es aus dem Umfeld von ..."; „Über Privates rede ich nicht so gerne, sprechen wir lieber über meine Musik"; „In der Koalition ist es zu einem Streit über ... gekommen"; „Die ... will sich noch nicht auf einen Kanzlerkandidaten festlegen"; „..., sagte *X* vor Journalisten in Berlin"; „Hier grinst das Inzest-Monster im Gerichtssaal".

Konzert für Gewissen solo

Bei Fehltritten einer bestimmten Kategorie von Personen ist die Empörung besonders groß: Das betrifft Manager, Botschafter irgendeiner guten Sache, und Politiker, zumal solche, die für Umweltschutz und soziale Gerechtigkeit eintreten. Worin ist diese Entrüstung begründet? Es kann ja nicht alleine das Auseinanderfallen von Wort und Tat sein, das ist doch alltäglich. Es kommt dazu eine Vorstellung, dass Moral und Ethik eine Privatsache seien, eine Art Virtuosentum. Wer sich selbst hohe Maßstäbe auferlegt, der wird dafür bewundert, aber auch härter bestraft, wenn er sie nicht einhält. Erstaunlich ist, dass dieselben Maßstäbe nicht für alle gelten. Es gilt da nicht der kategorische Imperativ, dessen Bestandteil ja ist, dass man das ethisch Richtige gerne und vernünftigerweise zum allgemeinen Gesetz erheben würde, sondern eine moralische Zweiklassengesellschaft: Hier die Virtuosen, die Über-Lebenskünstler, Fakire und Großmeister der Ethik mit ihren besonderen Leistungen, dort das Publikum, das ruhig weiter ein wenig betrügen, Steuern hinterziehen, die Umwelt verschmutzen kann, weil es ja auch nicht ständig herumläuft und so hohe moralische Ansprüche stellt, weil es eben nicht zum moralischen Virtuosentum geboren ist. Wir sind alle arme Sünder, aber wir behaupten wenigstens nicht, wir seien Heilige. Von deren Schatz der guten Taten können wir uns etwas nehmen, wir können uns in ihrem Glanz sonnen oder hämisch dem Sturz der Engel beiwohnen. Das ist natürlich die Rache dafür, dass einem Mittel fehlen, so moralisch zu sein (nämlich helfend in die Krisengebiete zu reisen, Medienkampagnen für den Klimaschutz zu orchestrieren usw.) oder so unmoralisch (nämlich um Millionen zu unterschlagen, muss man Zugang dazu haben, und um als Politiker zu betrügen, muss man ein solcher sein usw.). Aber es ist auch bequem, Zuschauer zu sein und Gläubiger, statt Priester, Held oder Märtyrer. Selbst im Bekanntenkreis erntet derjenige, der etwas konsequenter verantwortlich konsumiert, Bewunderung, muss sich aber die auf den ersten Blick schmeichelhafte, letztlich aber frustrierende Bemerkung anhören: „Das könnte ich nicht, so konsequent...".

Vorspiegelung eines solchen Virtuosentums ist mit besonders hohen Strafen belegt, denn man betrügt das Publikum um sein Recht auf die Darbietung des Moralkünstlers, um sein Recht auf ein bisschen Vertrauensseligkeit, wo man doch sonst immer schon allen misstrauen muss. Dann doch nicht auch noch jenem Führer einer friedlichen Religion (was übrigens der Islam für viele per Definition nicht ist), diesem Botschafter für den Weltfrieden und jenem Kämpfer gegen die Umweltverschmutzung, der sich, optimalerweise, nicht mit der Parteipolitik gemein macht (womit er sich stattdessen womöglich gemein machen musste, um solche Bekanntheit zu erlangen, und womit er sich gemein macht, um Einfluss zu nehmen, oder womit nicht, weshalb er ohne echten Einfluss bleibt, das wird nicht gefragt). Wird so jemand seinen Idealen untreu, will das Publikum sein Geld zurück.

Dass solche Leute Vorbilder sein sollen, ist ja auch nur so eine Redensart. Einem selbst doch nicht! Man ist doch von guten wie von schlechten Vorbildern nicht zu beeinflussen, man weiß ja, was richtig und gut ist, nur ist man eben kein Wunderkind. Wer lässt sich denn vom Verhalten der Manager seine Moral nehmen, wer schaut auf zu den Politikern auf der Suche nach moralischem Halt? Die anderen höchstens, die da, die Masse, die Ungebildeten, die Kinder. Man selbst nimmt höchstens in Anspruch, dass, wenn wieder einmal ein Heiliger entzaubert wurde, man es selbst auch ein wenig lockerer nehmen kann, denn im eigenen Fall geht es ja um viel weniger Geld, viel weniger Umweltverschmutzung, und schließlich tönt man schließlich auch nicht so laut.

Die Gesellschaft hat so viele Berufe, und es ist ja bekanntlich effizient, wenn man nicht alles selbermachen muss. Da konnte der Beruf des Moralapostels, des Anstandsvirtuosen, des ethischen Hungerkünstlers nicht lange ausbleiben. Das dient der effizienten Psychohygiene, da gibt man bestimmte Tätigkeiten gerne an den Fachmann und den begnadeten Solisten ab. Angebot und Nachfrage halten sich auch in der Moral-Branche wohl die Waage, nur gemessen an den Problemen herrscht eben oft Fachkräftemangel.

Warum Frauen im Bad zwei Stunden brauchen

Der so genannte Comedian changiert zwischen Soziologie und Vorurteil, aber dem reaktionärsten, das man sich vorstellen kann. Mann und Frau, rauf und runter, rein und raus. Er spricht Wahrheiten aus und enthüllt Verdrängungen unserer Gesellschaft, manchmal ohne es zu merken, oder er vervielfältigt eben munter alle halb-

wegs gängigen und gerade noch zulässigen Ideologien und wird dafür beklatscht, dass er sie zumindest aussprechen kann, wo anderen noch die Worte fehlen, und sie sich etwas auszusprechen traut, wo andere nicht zugeben würden, wofür sie das jeweils andere Geschlecht wirklich halten. Warum also Frauen im Bad zwei Stunden brauchen? Um der Pointe willen, die keine ist (man rufe sich nur einmal in Erinnerung, was eine Pointe ist, und wie die Comedy davon systematisch abweicht: Es gibt keine überraschenden lustvollen Verdrehungen und plötzlich sich zuspitzenden Unanständigkeiten, sondern nur ein mäßig unanständiges Aussprechen einer ohnehin augenfälligen Typologisierung oder jedem schon irgendwie geläufigen Parodie. Ein komisches Lachen ist das: über das dem Publikum bereits allzu Bekannte, mag es nun so zutreffen oder nicht).

Künstliche Intelligenz

Man möchte glauben, Intelligenz sei letztlich nicht ersetzlich oder vorzuspielen. Aber es gibt nicht nur Tests für Intelligenz (was auch immer man davon halten mag – die Kritik daran ist billig, einen besseren Vorschlag oder Argumente gegen das Konzept überhaupt vorzubringen ist nicht einfach, wenn auch möglich), sondern auch Zeichen für Intelligenz. Sie sind nicht die Intelligenz selbst, sondern Signale und Symbole, die bewusst gesetzt oder unbewusst ausgespielt werden können. Sie verfangen nicht nur bei Leichtgläubigen, die auf den Wundertätigen oder den Betrüger mit professoralem Auftreten hereinfallen, sondern auch bei Experten. In Prüfungen ist gewandte Sprache ein Zeichen, auf das man sich verlässt, teilweise sogar verlassen muss, denn die Zeit reicht nicht immer, in aller Tiefe die Fähigkeiten des Kandidaten zu prüfen, seien es nun fachliche Kompetenzen oder allgemeine analytische Fähigkeiten. Kriminelle haben es immer wieder geschafft, sich als Ärzte, erfolgreiche Geschäftsleute usw. auszugeben. Man hat diese Signale so verinnerlicht, dass man sie mit dem Gegenstand verwechselt, es ist ja sogar so, dass dieser niemals gänzlich von außen zu erfassen ist. Man kann nicht mehr tun, als Alan Turing in seinem berühmten Test für künstliche Intelligenz vorgeschlagen hat: Schafft es eine Maschine, einem Gegenüber durch sprachliche Äußerungen (etwa über Lautsprecher, Bildschirmanzeigen oder Ausdrucke) vorzuspiegeln, sie sei ein Mensch, dann handelt es sich um eine intelligente Maschine. Die wahren künstlichen Intelligenzen sind aber Prüflinge aller Art: Schüler, Studenten, Anwärter auf Professuren, Bewerber auf Stellen, Kandidaten für Wahlen usw. Sie alle verlassen sich nicht auf ihre Fähigkeiten (ganz ohne die geht es natürlich nicht), sondern legen noch einige deutliche Zeichen, äußerliche Signale ihrer Befähigung hinzu. Wer viel kann und weiß, das aber nicht deutlich rüberbringt, nicht die Symbole und

Tricks der Vermittlung kennt, hat wenig davon. Ihm fehlt die – wie einer so schön schrieb – Kompetenzdarstellungskompetenz.

Mir san die lustigen Handwerkerbuam

Sozialwissenschaftlich ist der Handwerker ein uneindeutiges Wesen, und man erforscht lieber den Industriearbeiter oder vielleicht noch die Elite in Wirtschaft und Politik, gar den Wissenschaftler selber, während der Handwerker oft nur eine Art theoretisches Gegenstück bleibt.

Es schwebt im Hintergrund das Ideal des Handwerkers als unentfremdeter Produzent: Er kennt sein Produkt und verrichtet nicht nur kleinste, einförmige Handgriffe daran, ist nicht blind für den gesamten Zusammenhang der Produktion und nicht nur eine körperliche Verlängerung der Maschinerie. Das Produkt ist sein Produkt, nach seinen Fähigkeiten und aus seinen Händen entstanden, er sieht es am Ende seiner Tätigkeit zufrieden vor sich, er nimmt dafür den Preis und handelt direkt mit dem Abnehmer.

Der Handwerker gilt aber auch als Relikt der Wirtschaftsgeschichte: Jetzt herrschen nicht mehr Stammesgesellschaft oder Agrargesellschaft, und nicht mehr Feudalismus, nicht mehr Zünfte und Stände, jetzt ist Moderne, Industrie, Fordismus und Taylorismus (oder man setze nach Belieben vor alle das noch ein „Post-" davor), Massenproduktion und Massenkonsum, oder dann Informationszeitalter, Wissensgesellschaft, Globalisierung etc. Handwerk, das ist demnach eine Vorstufe der heutigen Wirtschaftsordnung, als Familie und Betrieb noch eins waren, der Mitarbeiter in Form des Lehrlings oder Gesellen in den Haushalt eingegliedert wurden, als man Berufe noch sehr selbstverständlich vererbte, als kapitalintensive Produktionsmittel in Form von großen Maschinen und Hallen noch nicht von der Arbeit getrennt waren, als die Arbeit nicht einfach für viele ein „Job" war, als noch nicht die Bildung und Ausbildung aus dem selbstverständlichen Aufwachsen in der Familie und damit im Betrieb herausgetrennt waren.

Trotzdem gibt es die Handwerker noch, sie weigern sich, dem geschichtlichen Trend einfach so zu folgen, ja der idealtypische Handwerker ist sogar selbstbewusst. Und so stellt sich das dar, in der Zuspitzung: Er tritt in seiner Arbeitskleidung in Erscheinung, im Ladengeschäft oder in der Wohnung des Auftraggebers. Er geht damit in die Mittagspause, wo auch immer das gerade ist. Er bleibt damit nicht in der Fabrikhalle. Er weiß, wie es gemacht wird, und er kann, im Gegensatz zu einem Fabrikarbeiter, dem Kunden das auch so sagen, selbst wenn dieser es zuerst anzweifeln mag. Er ist kein Zauderer, sondern er packt die Dinge an (Zeit ist Geld; auf der anderen Seite darf man ihn nicht hetzen, er weiß genau, wozu das

führt, da darf man nicht aufs Geld schauen). Er ist somit ein richtiger Mann und als solcher das Gegenstück zur Kundin: Die Frau hat ein Problem, der Handwerker richtet es. Er kann dabei auf große Dankbarkeit hoffen, bei fachlichen Fragen aber höchstens auf den Ehegatten der Frau zurückgreifen (bei Akademikern und ähnlichen Leuten ist nicht mal das sicher). Er ist ein Fachmann, was man daran sieht, dass er Fachbegriffe hat und Spezialwerkzeug, was sich vom normalen Werkzeug unterscheidet, denn es ist Profi-Gerät. Manches davon gehört ihm selbst (auch wenn es der Meister bezahlt hat), und es darf sonst niemand benutzen (höchstens ausnahmsweise), und zu kaufen bekommt man das auch nicht so einfach im Geschäft. Auch wenn es die Arbeitssicherheit eigentlich verbietet, stellt man sich vor und sieht man es, dass der Handwerker eine Flasche Bier trinkt. Er ist auch politisch: Die Politik und die großen Firmen arbeiten gegen ihn und machen es ihm überall schwer – mit Steuern, Kosten, Vorschriften, Preisdrückerei usw. Das nimmt er persönlich. Er ist eben eine Person, eine Respektsperson, selbst wenn das nicht mehr alle anderen so sehen, ein ehrlicher Mann, der aber sehen muss, wie er auf seine Kosten kommt.

Die Gesellschaft hält den Handwerker grundsätzlich in Ehren, im Detail rächt sie sich an ihm für seine Überlegenheit und die grundsätzliche Würde seiner Arbeit, und diagnostiziert, dass der Handwerker immer mehr zum üblen Kapitalisten wird: Er arbeitet schlampig, berechnet aber alles großzügig zu seinen Gunsten, lässt Schwarzarbeiter oder Leute aus Billiglohnländern arbeiten und schindet seine Leute, ist unzuverlässig, was Terminvereinbarungen betrifft und macht überall Dreck und Unordnung; der Meister arbeitet selbst kaum, außer ein paar Handgriffe, um seine Position und seine Besserwisserei zu rechtfertigen, aber er übernimmt natürlich den Kundenkontakt, weil er seine Leute für zu ungehobelt dafür hält, ist selbst aber arrogant gegenüber den Auftraggebern und hat von Service noch nichts gehört, denn als eigentlicher Unternehmer ist er hoffnungslos rückständig. Seine überteuerten Preise (so sieht es der Kunde) trieben die Männer in die Baumärkte, und so können sie sich nebenbei auch die Befriedigung verschaffen, eigenhändig zu arbeiten, auch wenn die Qualität nicht immer optimal ausfällt. Das Werken ist das Ziel, und fertig wird man nie.

Zu den beschriebenen Tendenzen kommt die Tatsache, dass auch der Handwerker immer mehr auf fertige Lösungen, vorgearbeitete Produkte, Subunternehmer und Arbeitsteilung unter einer größeren Zahl von Mitarbeitern setzt. Man könnte jedoch diagnostizieren, dass es eine Gegenbewegung gibt, eine (Wieder-)Annäherung an das historisch nie ganz verwirklichte Ideal des Handwerkers, das ihn fast zum Künstler macht, zum angewandten Künstler. Der „neue" Handwerker, zahlenmäßig natürlich verschwindend, ist sein eigener Designer, setzt auf Handarbeit, teils als Selbstzweck, teils als Qualitätsmerkmal, schätzt die Individualität des Einzelstücks, ist zugleich wie seine treuesten Kunden Romantiker und sieht sich als

Vorreiter einer neuen alten, jedenfalls dritten Arbeitsgesellschaft, jenseits standardisierter Industrieproduktion und hektischer Massendienstleistungen. Natürlich eignet sich nicht jedes Handwerk dafür, viele werden sogar erst wiederbelebt. Das Handwerk wird intellektualisiert, entschleunigt, vermenschlicht, in Gegensatz gebracht zum oft verkitschten „Kunsthandwerk", aber meist auch hoffnungslos teuer (da mag man noch so oft betonen, wie preiswürdig das Produkt in Wirklichkeit ist). Die Bewegung schwankt zwischen rein symbolischer, vermeintlich natürlicherer Ineffizienz, und utopischer Selbstbeschränkung und Vermenschlichung. Es riecht nach Holz oder Leder, man kann bei der Arbeit zusehen, das Material anfassen, man wartet auf die Fertigstellung usw. Verlockend, aber immer in der Gefahr, übertrieben irrational statt nur sinnlich und gefühlvoll zu werden.

Handwerk ist menschlich, aber sein Menschsein ist nicht das des *homo oeconomicus*, sondern das des bauern- oder eben handwerkerschlauen Handarbeiters, ist Plackerei und Dumping, Utopie und Sinnlichkeit, ist Produktion im menschlichen Maßstab und wäre unfähig, unseren Wohlstand in gesellschaftlichem Maßstab herzustellen, ist Nostalgie und das harte Brot der Lehrjahre, ist Machotum und Alternativszene, ist eingezwängt zwischen Baumarkt und Industrie, und befreit sich daraus um den Preis eines teuren Primitivismus, ist Vorkapitalismus und käuflicher Antikapitalismus.

Unterirdische Moden

Man wird zustimmen, dass unsere Gesellschaft eine Mediengesellschaft ist, was aber noch lange nicht bedeutet, dass Medieneinflüsse in alle Winkel vordringen. Ohnehin ist die Gesellschaft zwar Mediengesellschaft dergestalt, dass sie ohne Medien nicht vorstellbar ist, jedoch wird sie keinesfalls überall in gleicher Weise durch Medien überformt oder ist auf dieselbe Weise mit ihnen verwoben, sondern es haben doch in vielen Bereichen jede Gruppe und sogar viele Organisationen ihre jeweils eigenen (Massen-)Medien, ihre eigene Medienrealität, ihre Themen – im Kulturkanal andere als in der Illustrierten, in der ADAC Motorwelt andere als in der Mitgliederzeitschrift des BUND. Es gibt unbestritten übergreifende Trends, die zwar niemals alle umfassen, aber sehr umfassend sind: bestimmte Fernsehformate, die sich in allen Programmen verbreiten (die Talkshow, die Spielshow, die Reality-Formate, die so genannten Dokusoaps und Panelshows – man muss die Namen nicht kennen, um die Formate wiederzuerkennen und die Durchdringung der Fernsehlandschaft zu bemerken), bestimmte Musikstücke, die im Radio, in der Werbung, als Hintergrundmusik zu Magazinbeiträgen im Fernsehen, in Soap-WGs, in Geschäften, auf Festen usw. laufen, bestimmte politische und gesellschaftliche

Themen, über die man gerade spricht, die man aber in einigen Monaten mehrheitlich vergessen hat usw. Es existieren jedoch Trends, die bedienten und bedienen sich nicht der Massenmedien, sondern wenn überhaupt der informellen, nicht hochorganisierten Medien, schon lange vor dem Internet: kopierte Zettel, handschriftliche Notizen, vielleicht handgemachte Zeitschriften, oder des alltäglichen Gesprächs, der direkten Erfahrung, Erinnerung und Nachahmung, in neuerer Zeit der E-Mail statt der vielbesuchten großen Websites oder bestenfalls der sozialen Netzwerke, kleiner Foren im Internet, privater Websites und unbedeutender Blogs. Es sind Moden einerseits, und oft mit großem Ernst ausgeführte Beschäftigungen andererseits, die beide in meist langsamen, aber breiten Wellen durch die Gesellschaft schwappen, vorbei an der überstilisierten Medienwelt. Dazu gehören: Powerpoint-Präsentationen mit irgendwelchen Witzen, die man mittels des Mailzugangs im Büro weiterleitet, früher noch als Kopien, die man in Büros aushängte („Wir sind auf der Arbeit, nicht auf der Flucht"), überhaupt Witze und Redewendungen aller Art, Rezepte, die kursieren, die wegen ihrer „illegitimen" Zutaten nicht im Fernsehen oder in Kochbüchern auftauchen, etwa weil sie Fertigprodukte zweckentfremden, ferner die Spiele und Späße auf kleinbürgerlichen Hochzeiten, Bücher, die weiterempfohlen wurden lange bevor sie die Medien als aufregendes Trendphänomen entdeckten, das Sammeln irgendwelcher verschrobener Dinge, ein Getränk, ein Reiseziel, eine Art neues Kunsthandwerk wie das Malen mit irgendwelchen neuen Farben, das Modellieren mit einem neuen Material. Diese Phänomene haben irgendwo ihren Ausgang gefunden, sind nicht unbedingt unkommerziell, haben sich aber ohne Aufsehen verbreitet, vorbei an den Medien, für die sie zu widerborstig, spießig, stillos, uneinträglich und unaufregend sind. Erst wenn der Trend in der Nähe seines Höhepunktes ist, und die Sache gar zu skurril wird, dann springen die Medien eventuell auf, natürlich nur bei einigen Trends, entweder ironisch-distanziert oder Begeisterung vorspielend, und ermöglichen so allerhand Trittbrettfahrerei, Kaffeesatzleserei, Geschäftemacherei, selbsternannte Experten, verbissene Wettbewerbe. Und die anfängliche Freude der vorher schon Eingeweihten über ein wenig Beachtung ist schnell dahin, denn das bisschen Freiheit, das die Freude an der Sache vorher brachte, weicht dem Hadern mit der neuen Prominenz der Beschäftigung.

Der Markt und sein unaufgeräumter Parkplatz

Auf dem Supermarktparkplatz steht ein Häuschen für die Einkaufswagen, die in zwei Reihen ineinandergeschoben sind. Ein Reihe ist meist kürzer, unmerklich manchmal, aber sobald der Unterschied einigermaßen zu erahnen ist, stellt sich die

Frage, wohin die Leute ihre Wagen bringen: Zur kürzeren Schlange, um Ordnung zu schaffen, oder zur längeren, wo sich die Wagen irgendwann bis auf den Fahrweg aufstauen, zu der Schlange nämlich, bei der man sich und den Wagen nicht weit ins Innere der engen Gasse schieben muss. Verfolgt jeder seinen Vorteil, und sei er noch so klein, indem er den Wagen zur längeren Schlange, also zu derjenigen mit dem kürzeren Weg, bringt, ergibt sich eine insgesamt unvorteilhafte Situation, sollten einmal mehr Wagen gebracht als weggenommen werden. Das System reguliert sich nur selbst, wenn neue Kunden auch immer einen Wagen von der längeren Schlange wegnehmen. Es ist reine Ökonomie: Verfolgt jeder seinen Vorteil, ergibt sich entweder von selbst ein optimales Ergebnis, oder das reine Gegenteil, je nach Lage. Und es hängt oft von kleinen Details ab, wie sich alles entwickelt: Nehmen die Kunden die Wagen exakt gleichmäßig weg, oder führen kleine Zufälle dazu, dass plötzlich eine der Schlangen kürzer ist? Gleichen sich zurückgebrachte und entnommene Wagen annähernd aus oder überwiegt des Öfteren eine der Strömungen? Ist den Leuten die Ordnung so „teuer", dass sie sich in die enge Gasse quetschen, oder wählen sie selbst dann noch den geringsten Weg, wenn sie damit schon den Fahrweg zu verbauen beginnen? Das Beispiel mag unsinnig erscheinen, aber es illustriert, wie viel man in der Ökonomik herausfinden kann, indem man einfach annimmt, dass Personen Aufwand und Ertrag grob gegeneinander abwägen: Theoriebildung geht dann vom Schreibtisch aus. Und das Beispiel zeigt, wie wenig man herausfinden kann, denn von den meisten ökonomischen Problemen gibt es zahlreiche Varianten, die sich nur in Details unterscheiden müssen, aber völlig verschiedene Ergebnisse bringen. Man muss diese Details also alle im Detail untersuchen, und zwar an Ort und Stelle bzw. im Gespräch mit dem Träger dieser Details.

Regelungswut

Die Bürokratie und alle die Vorschriften und Kontrollen sind lästig. Man ärgert sich: Alles ist geregelt, ständig wird alles überprüft, alles muss dokumentiert und überwacht werden. Im Falle eines Unglücks jedoch wird sofort gefragt: Gibt es denn da keine Vorschriften, hat denn das niemand kontrolliert? Man braucht auch einen Schuldigen (eine erwachsene Person von höherem Rang, der man eine klare Verfehlung vorwerfen kann, wie Knauserei und Habgier, Unfähigkeit und Fahrlässigkeit, Willkür und Eigenmächtigkeit), und darum wäre es natürlich wünschenswert, dass genauestens dokumentiert wäre, wer wann was getan hat und mit welchem Recht und welcher Kompetenz. Technische Mängel werden nur zögerlich akzeptiert, sofern Technik im Spiel war, und irgendwie muss dahinter ja auch jemand stecken – die Schuld muss dann mittels Gutachten und vor allem mittels moralischer Empörung zwischen Hersteller und Betreiber irgendwie verteilt werden. Ob man angesichts dieser Paradoxie überhaupt davon sprechen kann, dass man hinterher immer schlauer ist?

Phänomenologie des Querulantentums

Der Querulant handelt niemals unehrlich und unauthentisch, höchstens taktisch, wenn es nicht anders geht, aber eigentlich ist er ja im Gegensatz zu den anderen derjenige, der kein Blatt vor den Mund nimmt und kein doppeltes Spiel spielt. Er hat aus seiner Sicht recht und seine Wut ist ungekünstelt. Er verschleißt sich und verausgabt seine Mittel. Er tippt mühsam auf einer alten Schreibmaschine oder schlägt sich die Nächte um die Ohren, um im Internet per Mail oder Kommentar in irgendwelchen Foren für seine aussichtslose Sache zu streiten. Er ist kein großer Rhetoriker, aber er schreibt und redet höchst rhetorisch: Nur die härtesten rhetorischen Mittel sind ihm stark genug, er ersinnt unter größten Anstrengungen immer neue Paradoxien, grobe Analogien, greift zu den stärksten Metaphern, weist dem Gegner unter Aufbietung allen populären etymologischen Wissens nach, dass er Ausdrücke falsch verwendet und Widersinn produziert. Er ist kein großer Systematiker, aber ein großer Sammler. Er archiviert, annotiert und kommentiert zahlreiche Dokumente. Er kämpft nicht im eigentlichen Sinne allein, denn eigentlich wären die Behörden, Gerichte und Zeitungen auf seiner Seite, auch wenn sich das aus irgendwelchen Gründen, Zwängen und Interessen, wegen persönlicher Unfähigkeit derzeit nicht zeigt. Er hat den Glauben an die Autoritäten wie sie gerade herrschen verloren, aber eigentlich glaubt er an sie: Die richtigen, die idealen Journalisten, Richter, Politiker, eine wohlinformierte Öffentlichkeit müssten auf seiner Seite sein, und er gibt es nicht auf, die verwirrten und sich verschwörenden, die parteiischen und verblendeten Instanzen und Amtsträger auf den rechten Weg zu führen, damit sie ihr vorgesehenes Werk tun, für den kleinen Mann eintreten. Die Gesetze mögen gegen ihn stehen, aber sie sind nur Auswüchse und schwache Gespenster gegen die eine wahre Gerechtigkeit, die Vergeltung des Unrechts, den Seelenfrieden für den Rechtschaffenen, das natürliche oder göttliche Prinzip, die gute Ordnung, die Sitte und der Anstand, die einzige unserem Volk gemäße Lebensart. Widerwillig, aber mit großem Eifer und Selbstbewusstsein nimmt er also in die Hand, wofür es eigentlich Spezialisten gibt: Er gibt den Wissenschaftler, Juristen, Reporter, Ankläger, Archivar, so wie er sich deren Tätigkeit und vor allem deren Stil vorstellt. Notfalls muss man sich die Verantwortlichen einzeln und persönlich vornehmen und auf ihre Verfehlungen und ihren verdorbenen Charakter hinweisen, denn ein solcher ist ein Grundübel.

Aus heiterem Himmel

Eine der Paradoxien des vorherrschenden Verständnisses von Liebe besteht in der Illusion, dem bereitwillig geglaubten Ideal, der zumindest aus Taktgefühl immer wieder vorgeführten Überzeugung, dass man bei der Liebe an sich keine Kompromisse eingeht: Man liebt nicht den Zweitbesten oder die Zweitbeste, zumindest nicht zugegebenermaßen, sondern man verliebt sich schicksalshaft in denjenigen oder diejenige, der oder die im Moment richtig ist. Das hindert natürlich nicht andere daran, bei jemandem übertriebene Erwartungen zu kritisieren: Du bist ja immer so anspruchsvoll, so wirst du ewig auf den Richtigen oder die Richtige warten usw. Der oder die so Angesprochene kann natürlich nicht erwidern, falls der oder die andere eine Beziehung eingegangen ist: Und du, du warst einfach nicht so anspruchsvoll? Das wäre unanständig, das würde man nicht auf sich sitzen lassen.

Handwerkszeug

Es gibt zahlreiche Arten, in den Sozial- und manchen Geisteswissenschaften theoretisch zu arbeiten (wie es in anderen vor sich geht, kann ich mangels Erfahrung nicht beschreiben), die jedoch fast nie gelehrt werden. Man muss dabei einen Berg von Theorien und empirischen bzw. einzelanalytischen Ergebnissen überblicken, zumindest in manchen Projekten. Diese stehen nicht einfach nebeneinander, sondern es existiert eine Vielfalt von Möglichkeiten, sie ins Verhältnis zu setzen: abwägend, hierarchisierend, vermittelnd, kombinierend, das Eine in die Sprache des Anderen umformulierend. Werden die Möglichkeiten des wissenschaftlichen Arbeitens mit fremden Texten und Ideen überhaupt einmal in Form von Ratgebern für Studenten aufgearbeitet, dann geschieht das häufig unter dem Gesichtspunkt der Effizienz und der „Richtigkeit", bestenfalls mit der Einschränkung, dass dem einen diese und dem anderen jene Vorgehensweise besser liege, und deshalb effizienter sei. Das setzt jedoch voraus, dass es eine Richtung gebe, in die man arbeiten müsse, die „richtige" wissenschaftliche Arbeit, und dass demnach die Methode zu finden sei, wie man bestmöglich dahin gelangt, und zwar in der Zeit, die einem gegeben ist. Das mag für den beschränkten Kreis studentischer Arbeiten mit ihren relativ standardisierten Formen noch angehen. Es ist jedoch interessant, einmal zu betrachten, ob es nicht verschiedene Wege gibt, mit Theorien und Befunden zu arbeiten, die zu verschiedenen Ergebnissen führen, die in ihrer Art alle ihren Wert haben. Dem würde die Vorstellung von der *einen* wissenschaftlichen Arbeitsweise entgegenstehen, von der Theorie, die ungeachtet ihrer Entstehung und Formulierung zutrifft. Sicher gibt es Theorien und Theoriebausteine, die relativ losgelöst von ihrer Entstehung und konkreten Darstellung inhaltlich gelungen sind. Aber womöglich kommt man nicht zu jeder Theorie und zu jeder Perspektive mit jeder Vorgehensweise, und ist der Ausschnitt, den man erfasst ein anderer, womöglich hat man eine andere Sensibilität, je nach Vorgehensweise der Theoriearbeit. Die Reflexion über Wissenschaft hat allerdings immer die Erhebungsmethoden betont und dazu umfangreiche Lehrbücher hervorgebracht. Die Methoden des Arbeitens mit Theorie wurden darüber vernachlässigt, womöglich weil man sich von der Vorstellung leiten ließ, Theorie falle einem entweder ein oder nicht, und sei damit nicht methodisch herzustellen, oder die Theorie sei völlig neutral gegenüber dem Weg ihrer Entstehung. Die Wissenschaft verdrängt nur zu gerne ihre Abhängigkeit von der Praxis und lässt die Ergebnisse leuchtend im Raume schweben. Obwohl man nun einer Theorie nicht zu sehr inhaltlich ihre handwerkliche Herstellung und damit ihre Beschränktheit und Abhängigkeit von einer individuellen Handwerkskunst ansehen sollte (das wäre in der Tat ein Kritikpunkt, könnte man nachweisen, ein Autor habe dieses und jenes nicht erkennen können, weil er nicht die Fähigkeit besaß, Vorhandenes und einigermaßen Naheliegendes zusammenzubringen), wäre es doch angemessen, den Blick für diese Produktionsprozesse zu öffnen, nicht zuletzt um Beschränkungen zu überwinden, die dabei unweigerlich entstehen. Man gerät dabei in die Nähe der Kreativitätstechniken, wie sie in Ratgeberbüchern und kommerziellen Seminaren gelehrt werden. Das ist an sich keine Schande, muss aber dazu anregen, einmal darüber nachzudenken, zu welchem Anteil man es in der Wissenschaft mit Techniken, Kreativität, nachprüfbaren Methoden, zufälligen Ergebnissen, Einflüssen usw. zu tun hat und inwieweit man sich doch von den manchmal recht anrührend komischen Erfolgsversprechungen und Defensivstrategien der Kreativitätstechniker abhebt.

Jedenfalls nachfolgend einige Beispiele für das Handwerk der Theoriearbeit (die keinesfalls alle auf derselben Ebene angeordnet sind oder sich ausschließen). Im Falle von Niklas Luhmann hat die Arbeitsweise immer einige Bewunderung oder auch Verwunderung gefunden. Seine mit Querverweisen versehenen und wohlgeordneten Zettelkästen werden als ein pedantisches Ideal gehandelt, das heute in Softwareprogrammen nachgebildet wird. Ein Element verweist auf das andere, und man bewegt sich assoziativ von Idee zu Idee. Diese Betrachtung verschließt jedoch den Blick auf eine andere Methode desselben Theoretikers, nämlich dass er von Werk zu Werk bestimmte Gedanken immer weiter radikalisiert hat und seine Setzungen entweder beseitigt oder immer konsequenter durchgeführt, anderes immer konsequenter ignoriert oder auf arrogant-gewitzte Weise zurückgewiesen, die man als „Kritik" nur unzureichend beschreiben kann. Er hat also nicht einfach seinen Zettelkasten geplündert, sondern immer mehr Voraussetzungen weggelassen und andere immer genauer gefasst. Er hat seine Theorie überdies an immer neuen Anwendungsfeldern geschult, und dann für Grundlagenwerke innegehalten und den Stand der Radikalisierung festgehalten. Wir halten also fest: Hier kommen das Prinzip des netzartigen Verzettelns und das Prinzip der strukturellen Radikalisierung zusammen.

Wir gehen über zum Präsenzprinzip, ein sehr äußerliches, aber intensives: Die Theorien müssen ins Auge springen, sinnlich präsent sein, bestenfalls durch Lagerung in Sichtweite. Das heißt, man häuft vor sich, in Form von Notizen oder der Originaltexte alles für die eigene Arbeit Relevante auf, das man natürlich gelesen haben muss. Im Überschauen der ausgebreiteten Texte oder beim Durchwühlen von Stapeln ergeben sich Verbindungen, fällt einem früher Gedachtes wieder ein. Unterstützt wird dieses assoziative Verfahren noch durch die Verbindung von Gedanken mit ihrem äußeren Erscheinungsbild: das grüne Buch, das Layout im Stile der Siebziger, die Kopie mit dem Kaffeefleck. Es entsteht auf nicht immer kontrollierte Weise Text, der jedoch insoweit abgesichert ist, dass nichts Wesentliches vergessen wird, weil es eben nahe liegt. Größer ist diese Gefahr beim Prinzip „Brüten und illustrieren", das auf der gewagten aber potenziell mächtigen Vorgehensweise beruht, viele Gedanken in sich aufzunehmen, sie präsent zu halten und immer wieder umzuwälzen und zu verdichten. Die Chance ist groß, nämlich eine von allerhand Zufälligkeiten unabhängige Theorie, aber es sind auch die Gefahren, nämlich Vergesslichkeit und Abgehobenheit. Außerdem wird man so verfahren, dass man erst schreibt und dann belegt, was belegt werden muss. Hier holt einen das Problem ein, dass Quellen und Urheber leichter vergessen werden als Aussagen, und dass man mit den ausgefeiltesten Suchtechniken nicht unbedingt wieder die Quelle findet, insbesondere wenn es für einen Gedanken kein eindeutiges Schlagwort existiert, nachdem man suchen könnte. Es gibt eben keine Ideen-Suchmaschine.

Eine Theorie kann auch entwickelt werden oder sich weiterentwickeln, indem sie immer wieder neu erzählt, diskutiert (in der Not auch aufgeschrieben) wird. Beim Aussprechen wird sie der Erfahrung nach immer klarer, es kommen neue, teils grundsätzlichere, teils erweiternde Gedanken hinzu (vgl. auch Heinrich von Kleist, „Über die allmähliche Verfertigung der Gedanken beim Reden").

Eine wichtige, damit verwandte Strategie ist die diskursive oder entscheidungsbasierte Strategie, die Züge des „teile und herrsche" trägt: Ein Problem wird zerlegt in Entscheidungen, diese werden dialektisch erörtert, vor sich selbst im inneren Dialog oder im Gespräch, und man entscheidet sich jeweils für eine Seite. Man bewegt sich einen sich immer weiter verzweigenden Baum entlang. Nicht immer sind Entscheidungen nur in der Sache zu treffen, sondern auch nach Interesse: Behandelt man dieses oder jenes? Dies eröffnet die Chance der Verwertung von abgeschnittenen Seitentrieben, die entlastende Auslagerung in andere Projekte und Texte.

Eine andere, gewissermaßen umgekehrte Vorgehensweise ist das Ein-Text-Prinzip. Bei der Lektüre fremder Texte werden Notizen in ein großes Dokument geschrieben (das Verfahren kommt erst im Zeitalter elektronischer Textverarbeitung wirklich zur Blüte; vorher ging es auch, mit Schere und Kleber, war aber mühsam). Zunächst stehen relativ unveränderte, womöglich wörtliche Zitate nebeneinander und werden immer wieder umgestellt, um ähnliche oder entgegengesetzte Gedanken in Verbindung zu bringen, und dazu passende eigene Gedanken werden hinzugefügt. Was dann nebeneinander steht, wird zusammengefasst, aufgelöst, manchmal muss man sich auch für eine Alternative entscheiden und die andere löschen oder in eine kritische Anmerkungen verbannen, aber tendenziell arbeitet man zusammenfassend. Das Verfahren führt entweder zu Theorien, die sehr stark die Form von Sammlungen haben, oder aber die Abstraktion, die Aufhebung der Widersprüche oder die klaren Entscheidungen setzen sich durch.

Eine solche Systematik der Theoriearbeit wäre jedenfalls Voraussetzung, um Theorien ihre Entstehung anzusehen, ihre Medialität sozusagen, ihre handwerkliche Basis. Das mag nicht sonderlich ideologiekritisch sein, und zu Aussagen à la „Die Theorie im Zeitalter ihrer elektronischen Editierbarkeit" neigen, hat aber große praktische Relevanz: Den anderen auf die Finger geschaut, es anders, womöglich besser machen.

Kulturteile

Kultur, so will ich es einmal erklären, ist eine Mischung aus mehr oder weniger (manchmal gar keiner) Notwendigkeit mit Zufälligkeit, die zur Selbstverständlichkeit, zum Zwang manchmal, des Öfteren auch zum Anlass für Abschätzigkeit geworden ist. Wenn man das Weinglas am Stil anfasst, wird der Wein nicht so leicht warm (je nach Wein mehr oder weniger wichtig), klingt es besser beim Anstoßen (lautes Anstoßen ist aber nicht erwünscht) und gibt es keine Fingerabdrücke am Kelch. Alles nicht so zwingend, aber reichlich Anlass für eine kleine Entrüstung zwischendurch, wenn jemand die Rundung fest umfasst. Ob man sich in einer Gegend oder Gruppe einmal, zweimal, dreimal oder gar nicht zur Begrüßung auf die Wange küsst, ist völlig unerheblich, aber man macht es halt so, Ordnung herrscht, aufwendige Verhandlungen über Formsachen werden vermieden, Erwartungen und Deutungen stimmen überein, Irritation wird seltener, auch in wichtigeren Dingen wie dem Grüßen und Anstoßen. Wäre das alles, könnte man zufrieden sein, etwas Gelassenheit anmahnen und Kultur als mehr oder weniger nützliche Kuriosität verbuchen. Interessanterweise, manchmal muss man auch sagen: traurigerweise, erstreckt sich Kultur auf mehr, auf Folgenreiches. Vorstellungen, einseitige und vielfältige, Strafen, gesetzliche und ungesetzliche, Misshandlungen, körperliche und psychische, Ungleichheiten, große und kleine, Sitte bzw. Geschmack, guter und schlechter, usw. Das muss man den Wenigsten erklären. Die wohl grundsätzliche Notwendigkeit einer Sache wie Kultur bei fast völliger Unnötigkeit der einzelnen Teile, wenn man sie für sich alleine betrachtet, ist aber wohl einige Gedanken wert.

Torschlusspanik

Es wäre wichtig zum Ende dieser Ausführungen klarzustellen, dass eine gewisse These nicht zutrifft, die man vielleicht aus dem Vorstehenden ableiten möchte. Die These könnte lauten, dass man „das Soziale", „das Gesellschaftliche" unbedingt direkt sinnlich, in der alltäglichen Anschauung erfahren und erfassen könne. Das ist aber keineswegs ganz korrekt. Die Sozialwissenschaften mögen die Alltagsbeobachtung teilweise vernachlässigt haben, aber alle Theorie und alle Forschungspraxis, die nur darin besteht, Alltagsbeobachtungen zu erfassen und zu deuten (und geschehe das noch so unkonventionell und intelligent), schneidet einen Teil der sozialen Realität ab, blickt nicht auf das Ganze. Das gilt umso mehr, als es nicht die Stärke einer synästhetischen Soziologie ist, historisch zu denken. Sie erkundet höchstens, wie alte Dinge für uns anmuten oder wie wir uns an früher erinnern. Sie ist also nicht eigentlich historisch, indem sie nicht aus der Geschichte erklärt und überhaupt Geschichte und alte Sachen zweierlei sind, denn Historie ist eine Denkweise, nicht eine Ansammlung von Gegenständen.

Es gibt also Zusammenhänge, die sind nur im Überblick, sozusagen in der gesellschaftlichen Vogelperspektive zu erfassen. Gewiss sind wir Teil dieser Zusammenhänge und erfahren ihre Auswirkungen, aber wir kennen sie nur dann ganz, wenn wir uns auf diejenigen Beobachter verlassen, die noch eine andere Perspektive einnehmen: die Statistiker in den Wirtschaftsforschungsinstituten, die Wahlforscher, diejenigen, die nach der Wahl auszählen, die soziologischen Statistiker, die Computer, welche die Börsenkurse berechnen usw., und wenn wir diese Ergebnisse zur Kenntnis nehmen, sei es aus wissenschaftlichen, sei es aus kommerziellen Veröffentlichungen, aus den Medien. Wir erfahren da über das Auf und Ab der Konjunktur, die Arbeitslosenquote, den Wechsel der politischen Stimmungen, teilweise sogar von langsamen Veränderungen unserer Kultur. Wir sind dergestalt Teil dieser Zusammenhänge, dass sie unser Handeln und unsere Erfahrungen beeinflussen – man findet leichter oder schwerer einen Arbeitsplatz, die Preise für eine Ware steigen oder fallen, unser Umfeld hat diese oder jene Wahlabsichten; das ist ein wichtiger Aspekt der Phänomene, aber nur ein Teil davon, denn zweitens sind wir Teil dieser Zusammenhänge, weil wir sie minimal beeinflussen: Wir sind ein Teil derjenigen Massen, die das Phänomen erst bildet, wir nehmen den erstbesten oder den besten Job an, wir kaufen oder kaufen nicht, wir wählen so oder so; wir beeinflussen das Ergebnis minimal, aber eben doch. Unsere Erfahrung ist aber nicht der ganze Vorgang, er geht über uns hinweg oder durch uns durch, er ist der Fluss, in dem wir schwimmen, und der uns, trotz individueller Anstrengungen, ein wenig oder sehr stark in diese oder jene Richtung treibt. All dies sind unzureichende Bilder, aber in der Tat fließen jedes Jahr Ströme, von Schülern, Studenten, Berufstätigen und Arbeitsuchenden, von Heiratswilligen, Gebärfähigen, Migranten und Flüchtlingen, von Geld und Wählerstimmen, und sie fließen nicht zufällig, aber wohin genau, das weiß selbst derjenige, der mittendrin steht, nur wenn er sich darüber erhebt oder jemanden fragt, der einen Überblick hat.

Beide Perspektiven haben ihre Berechtigung und Richtigkeit; man nehme nur das Beispiel einer Börsenpanik. Sie besteht aus Börse und Panik. Man mag den Angstschweiß riechen, falls es das noch gibt, und sich über die Kaltblütigkeit einiger Händler und insbesondere der Computer wundern, man sieht Panikverkäufe und gelassene Strategieentscheidungen, aber die Preise entstehen aus Angebot und Nachfrage, aus den großen Geldströmen, die wiederum von vielen Einzelnen beigesteuert werden (aber oft nicht durch Einzelne ganz alleine gesteuert werden), die in Panik sind oder auch nicht, etwas mehr oder etwas weniger, aus dem Zusammenspiel aller, die nie das Ganze überblicken, wenn sie womöglich auch schon eine Vorstellung haben, wohin die Geldströme als nächstes fließen werden. Wie sehr manchen der Überblick fehlt, zeigen die Metaphern, welche die Börse mit einem Kasino gleichsetzen, so nämlich, dass das Verhalten der anderen im Grenzfall für einen zufällig erscheinen muss; und selbst wenn das übertrieben wäre, so ist doch etwas Wahres daran, kann doch niemand ganz sicher sein, dass er nicht verliert – bei völliger Sicherheit gäbe es auch gar keine Börse, zumindest nicht in der bekannten Form.

Die höchst individuelle Erfahrung der Arbeitslosigkeit kann, ganz ähnlich, nicht verneint werden mit Blick auf größere Zusammenhänge, ist aber genauso andererseits eine Folge des Zusammentreffens von Wünschen und Zielen eines Einzelnen, seinen Entscheidungen und den Zufällen, die ihm begegnet sind, mit den lokalen Ausläufern eines „großen Ganzen", der Konjunktur, der Lohnentwicklung, der geburtenstarken oder -schwachen Jahrgänge, des technischen Fortschritts, der Handlungen gewählter Politiker und ungewählter Unternehmer und Manager usw. Man liest aber auch wiederum in der Zeitung von der Arbeitslosenquote, und denkt sich: Ich sollte, die Politik sollte, ich wähle, ich bewerbe mich, ich habe keine Hoffnung mehr usw. Entscheidungen werden verlangt, wo es nichts zu entscheiden gibt, zumindest nicht in der gegebenen Ordnung.

Die Gesellschaft macht es nicht leicht, in Teil und Ganzes zu unterscheiden, in Allgemeines und Besonderes, in Wichtiges und Unwesentliches. Man kann es ja trotzdem versuchen. Es ist modern, von Individualisierung, Flexibilität, Multioptionalität, Wertepluralismus usw. zu reden. Demgegenüber sprachen die Klassiker der Soziologie von der Gesellschaft als einem kollektiven Gewissen, das größer ist als die einzelne Person, einem Wesen, das uns alle überdauert und schon von Anfang an umfängt (Durkheim), von ihrem gegenwärtigen Geist als einem stahlharten Gehäuse (Weber), und Karl Marx nannte jenes unfertige, dicke Buch nicht „Der Kapitalist", sondern „Das Kapital", nicht nach einem „Entscheidungsträger", einem geistreichen „Entrepreneur" und wie das heute so heißt, sondern nach einer anonymen Macht, die dorthin geht, wo sie sich vermehren kann. Wir mögen das jeweils ein wenig differenzierter sehen, aber man sollte das nicht als Gerede alter Herren von gestern abtun, wohl aber als Aufforderung, erst zu analysieren, und dann zu agieren, und auch einmal aufs große Ganze zu zielen.

Dritte Lieferung, das sind überwiegend Diskussionen und Rechthabereien, dahingeworfene Kritiken und Ratschläge

Für J.M.R.

Der Streit der Fakultäten

> *„Daher müssen die obern Facultäten am meisten darauf bedacht sein, sich mit der untern ja nicht in Mißheirath einzulassen, sondern sie fein weit in ehrerbietiger Entfernung von sich abzuhalten, damit das Ansehen ihrer Statute nicht durch die freien Vernünfteleien der letzteren Abbruch leide. "*

(Immanuel Kant, Der Streit der Facultäten)

Dass man bereits in der Schule, auf dem Gymnasium, sich auf gewisse Fächer spezialisieren könne, das war manchen zu viel Relativismus, zu viel Beliebigkeit, und sie gingen daran, die Stellung der höchst grundlegenden und oberwichtigen Hauptfächer Deutsche und Mathe wiederherzustellen. Mit gewichtigen Begründungen: Deutsch sei immerhin die Muttersprache, und Mathe sei derart grundlegend für alle Fächer, da man dort das logische Denken lerne. Das haben wir irgendwo schon einmal gehört. Hieß es nicht, dass das Erlernen der lateinischen Sprache, die besonders systematisch sei, das logische Denken schule und grundlegend sei für das Erlernen der Grammatik jeder anderen Sprache, selbst der Muttersprache? Freilich waren solche Begründungen Anzeichen für Abwehrgefechte, denn trotz verschiedener zwischenzeitlicher Aufschwünge bei der Wahl von Latein als Schulsprache befand sich das Fach doch historisch gesehen auf absteigendem Aste. Hießen nicht früher die höheren Schulen insgesamt „Lateinschulen", galt nicht das Lateinische fraglos, ganz ohne Zweifel als wichtig? Vorbei. Gegenüber dieser Stellung, als das Fundament abendländischer und jeder Bildung überhaupt, mutet die zitierte Begründung kleinlich an. Vielleicht ist es ein Fortschritt, dass wir das logische Denken nunmehr der Mathematik zuschreiben, wo es sicher besser aufgehoben ist.

Aber Logik im eigentlichen Sinne wird auch da nicht recht gelehrt, und nebenbei: Warum, wenn schon Logik, dann nicht auch Epistemologie, Ontologie, Ästhetik usw., Philosophie insgesamt (wie sie stellenweise, aber nicht durchgängig als Fach existiert)? Genauso mit dem Deutschen: Muttersprache, mag ja sein. Geht es aber nicht vielmehr um die Pflege eines Literaturkanons, der von Zeit zu Zeit von einem Anti-Kanon abgelöst oder ergänzt wird, der selbst wieder ein Kanon ist, und um das Schreiben von außerhalb der Schule unbekannten Textgattungen, ohne das einem jemand so recht erklärt, wie man diese Aufsatztypen wirklich schreibt, also um eine Zurschaustellung und Benotung der sonstwo, außerhalb der Schule, erworbenen sprachlichen Gewandtheit? Textkompetenz: gut, wenn man sie hat (am besten schon vorher). Andererseits: Wovon sind denn die Medien voll: von Bildern und von Musik! Nun soll der Deutschunterricht auch einen kritischen Blick auf die Medien liefern, gesellschaftliche Probleme diskutieren, für historische, theologische und philosophische Fragestellungen begeistern, Parallelen zur Kunstgeschichte und Musik aufzeigen. Keine schlechten Ideen, aber eine ständige Überforderung, zumal wenn das betroffene Fach (die Musik, die Kunst usw.) als Original ausbleibt, die Verknüpfung der Fächer nicht funktioniert und die didaktische Kompetenz fehlt.

Es scheint, als blähten sich Fächer, wenn sie in der Phase sinkender Sterne sind, noch einmal auf und versuchen in vollem Glanz zu strahlen, der aber nur ein Abglanz ihrer früheren (sicher auch immer etwas fahlen) Strahlkraft ist (apropos: Warum nicht mehr Astronomie in der Schule?). Sicher verschwinden viele Fächer nicht und sind Deutsch und Mathematik aktuell nicht vom Untergang bedroht, aber der Gang der Streitigkeiten über die Wichtigkeit von Fächern in der Vergangenheit lehrt uns doch, an unserer gegenwärtigen Hierarchie mehr zu zweifeln und weniger zu hängen. Wie fremd, gar absurd muten uns heute die Einteilungen der Antike, des Mittelalters, die der Aufklärung, selbst des Gymnasiums der Jahrhundertwende an! Vielleicht sind wir schlauer geworden, aber ob wir schon der Weisheit letzten Schluss erreicht haben? Das einzelne Fach als eine besonders wichtige Schule des Denkens zu begreifen, und allerhand Nützlichkeiten über seinen Gegenstand hinaus zu behaupten, strapaziert es übermäßig, lässt es nicht aus eigener Kraft zu seinem Recht kommen und stellt eine Machtphantasie dar, die wiederum zu zehrenden symbolischen Machtkämpfen führt, so dass man sich über Generationen mit dem Ringen um Bedeutung und dem Stürzen von Götzen beschäftigt statt mit der Bildung. Forderungen nach noch mehr Fächern (an denen es nicht mangelt), mögen im Einzelfall überzeugend klingen, bringen jedoch wohl nur zusätzliche Beliebigkeit, an der sicher auch derzeit schon kein Mangel ist. Vielleicht brauchen wir weniger Fächer, dafür mehr verschiedene Gegenstände, weniger Kanons, dafür mehr Denkmethoden, weniger Hierarchien, dafür mehr Kompetenzen, weniger Werte, dafür mehr Maßstäbe. Und dergleichen Sonntagsworte mehr.

Nebenbei: Wer schreibt denn nach der Schule noch Gesinnungsaufsätze (außer ich gerade diesen hier)? Sollte man da die Schule dem Leben anpassen, oder das Leben mal der Schule?

Es gibt kein falsches Leben im richtigen

Die linken Denkschulen und Bewegungen zerfallen heute in mehrere Strömungen, je nach ihrer praktischen Haltung zu gesellschaftlichen Problemen, die ich, ein wenig polemisch, wie folgt zusammenfassen und in Erinnerung bringen will (Zu welchem Zweck? Jeder mag seinen eigenen Nutzen daraus ziehen!):

Unzufrieden mit der Gesellschaft als (schlechte) Ganzheit, der man nicht entkommt, bildeten sich Initiativen, um eine kleine Teileinheit zu schaffen, in der es besser sein sollte, ja das Bessere anfangen sollte. Das war jedoch manchmal nur der Rückzug ins Kleine bis Kleinste, das „politische" Private. Man verlagerte sich oft auch auf andere Formen der Ungleichheit jenseits der großen materiellen und Bildungsungerechtigkeiten, bis hin zur unbesehenen Verherrlichung jeglicher Unterschiede (ein paar Restgruppen, wie Börsenspekulanten und Manager mögen davon ausgenommen sein; sie sollen ihre Eigenart nicht behalten, sondern verschwinden, wohin auch immer), ferner klagt man über die Symbole bzw. Symptome und beschließt für sich das „gute Leben", weitgehend ungeachtet des Lebens der anderen und ungeachtet der Verallgemeinerungsfähigkeit des eigenen Lebensstils: Kann man diesen überhaupt auf andere übertragen, und auf wie viele, und ergibt sich dann eine Lösung eines gesellschaftlichen Problems? Das gleitet nicht selten in einen reinen Genuss der Andersartigkeit ab, in eine Parallelwelt aus Bio, Bildungsreförmchen und Buddhismus (Verzeihung den damit zu Unrecht Gescholtenen). Oft genug begeistert man sich für eine gewisse Lösung, einen gewissen Lebensstil, eine moralische Einsicht, bleibt aber höchst defensiv: Ein paar Freunde mögen sich anschließen oder auch nicht, viele möchte man eigentlich gar nicht so gern dabei haben.

In ihrer Beschränktheit entkommt so diese Bewegung teilweise von außen betrachtet wirklich nicht der gesellschaftlichen Realität insgesamt, verändert sie nämlich nicht allgemein, entkommt ihr höchstens subjektiv und persönlich, indem man sie außen vor lässt und lokal eine Alternative aufbaut: ein Erfolg!, und ein Scheitern. Das lädt außerdem andere ein, das „bessere Leben" den Moralvirtuosen zu überlassen und selbst nur auf Besuch oder in Gedanken mal dort vorbeizuschauen (Urlaub auf dem Biobauernhof, zum Kiffen nach Christiania) oder die Produkte solcher Projekte fertig und zahlungskräftig mitzunehmen, aber sonst nichts.

Nicht besser andererseits die Arroganz der Gesellschafts-Großkritiker (Parade-beispiel wäre Theodor W. Adorno, den man zwar nicht auf eine solche Karikatur beschränken sollte, dessen Spruch jedoch stellvertretend für diese Haltung stehen kann: „Es gibt kein richtiges Leben im falschen"), die entweder glauben, dass nur ein übermächtiger Staat Besserung bringen kann (auch in der populistischen Vari-ante, indem er großzügig Geld verteilt und Ungerechtigkeit einfach verbietet), oder eher noch eine Revolution (selten gewordene Spezies, die das vertritt!), oder ei-gentlich gar nichts, und man nur über die Unentrinnbarkeit der Gesellschaft philo-sophieren kann. Publizistisch z. B. lässt sich davon manchmal gut leben, manchmal aber auch gar nicht. So verneint man gänzlich, dass man irgendwo anfangen könne mit dem besseren Leben, oder sich selbst daran beteiligen. Seltsam gleichen sich da manchmal die völlig entgegensetzten Seiten: Der Marktradikalist und der Radikal-marxist (oder die jeweiligen Schwundformen davon) können auf verschiedenen Lehrstühlen womöglich derselben Uni sitzen, innerhalb des jeweils zu überwin-denden Staates (der erste hat nur vielleicht mehr Drittmittel und ein Unternehmen nebenher).

Andere fangen auch schon mal an, ein paar Sachen kaputt zu machen, die wer-den zwar repariert und (oft mit unfreundlicher Unterstützung der Versicherung) ersetzt, aber vorläufig mal wieder ein schlechter Stern weniger auf deutschen Stra-ßen, ein Kick ins Fenster der Luxusboutique, etwas Farbe (in Beuteln) ins Grau(en) des Kapitalismus. Macht kaputt, was euch – nicht gefällt?

Die Kunst der zusammenhängenden Utopie hat ein wenig gelitten in letzter Zeit, dafür läuft aber manches Projekt gut, manche beängstigend gut, andere einfach nur gut. Auch ist nicht überall, wo solche Politik Politik im engeren Sinne wurde, nur Kompromiss und Kompromittierung herausgekommen (manchmal aber Klientelpo-litik). Anderen reicht es, „Kapitalismus", „Großkonzerne" und ähnlich Worte feh-lerfrei auszusprechen, d.h. mit dem richtigen verächtlichen Ton. Manche Projekte sind zu Kleingewerben geworden, zur (Schein-)Selbstständigkeit, und damit manchmal zur Selbstausbeutung, die ihren Grund einerseits im Markt findet, in der Unerbittlichkeit oder schlicht Unwissenheit der Geschäftspartner und Kunden, die natürlich auch nicht mehr bezahlen wollen als nötig, bzw. weniger verlangen, oder wenn sie mehr bezahlen oder weniger verlangen wollen (den politischen, den soli-darischen Preis), dann nicht unbedingt so viel mehr. Andererseits ist es schon des-halb nicht unbedingt einträglich, weil man sich ja nicht bereichern will, auch nicht die eventuellen Angestellten ausbeuten, und weil es für die gute Sache ist. Nicht als Arbeiter oder Angestellter versauern wollte man, dafür vertrocknet man manchmal als Selbstständiger, wenn das Geld nicht recht fließt.

Aber es war und ist nicht alles schlecht – nicht drüben, meine ich (davon hier nichts), sondern links, wo viele nur den Marsch durch die Institutionen gesehen haben und nicht die neuen Institutionen und die vergangenen alten. Manche sind die Leute geworden, vor denen sie die Eltern immer gewarnt haben, und manche diejenigen, vor denen man andere am Beispiel der Eltern immer gewarnt hat. Manche Kritiker der Elche waren früher selber welche (und wenn schon!), aber manche Kritiker der Schweine sind selber wirklich keine.

Man wird nicht umhinkommen, wenn man an linken Bestrebungen teilhaben möchte, selbst zu bestimmen, wo man das richtige Leben für alle schaffen kann, wo man zumindest für sich das Falsche außen vor lassen kann, und wo wenig Aussicht besteht, dass man im allgemeinen Schlechten noch was Gutes veranstalten kann – die Rede von Richtig und Falsch, Gut und Schlecht ist hier mit Absicht gewählt, gegen die defensive Haltung, dass man irgendwie schon recht hat, aber dann aus Toleranzgründen doch fast alles andere gleich gut ist: Man kann schon zu seiner Haltung stehen, ohne gleich dogmatisch zu sein (ein schlimmes Schimpfwort!) und nicht in Betracht zu ziehen, dass sonstjemand recht haben könnte, und ohne zu übersehen, welche Schwierigkeiten schlaueste Personen bei der Bestimmung des guten Lebens hatten, sondern einfach mal über seinen Standpunkt sagen: Ich glaube, dass ich richtig liege (und nenne es einfach mal „links"), beweis mir das Gegenteil!

Stilfragen

Ein einfaches Stilmittel, das ziemlich aus der Mode gekommen zu sein scheint: westlichen Wohlstand und das Elend der Welt zu kontrastieren, Fun und Massaker, aberwitzigen Luxuskonsum und Hungerkatastrophe, Urlaubsparadies und Slum, Bierbäuche und tödliche Epidemien.

Rechtschreibung ist weitgehend Unsinn, Kinderquälerei (und Erwachsener ebenso), eine Sache für querulantische Leserbriefschreiber. Schreibung ist Zweckmäßigkeit oder Ästhetik, Tradition oder Assimilation. Kolumnen und Bücher voller orthografischer oder grammatikalischer Besserwissereien und dünkelhafter Verarschung von Personen mit geringeren Kenntnissen der obwaltenden Sprach- und Schreibkonventionen sind ein Hohn angesichts zahlreicher Jahrhunderte blühender Dichtung ohne Orthografie und ohne Bevormundung durch selbsternannte oder offiziös-offizielle Sprachpolizeien – und angesichts des weltweiten Analphabetentums.

Die Engel werden ausgehen / Vnd die Bösen von den Gerechten scheiden / vnd werden sie in den Fewr ofen werffen / Da wird heulen vnd zeenklappen sein

(Mt 13, 49-50, Luther)

Welcher Text, welche Rede ruft heute noch Heulen und Zähneklappern hervor? Man könnte sagen: Zum Glück keine; der Glaube an die Hölle ist selbst bei den Gläubigen nicht mehr so, wie er früher einmal war, zumal man sich mehr für den Himmel bestimmt sieht. Bußpredigen lösen höchstens mäßige Zerknirschung aus: Wir Sünder (und was für welche: Steuersünder, Umweltsünder, Kalorien-Sünder!), so ist der Mensch eben, Amen. Die Hölle, die bringen heute die anderen: Sexualstraftäter, Terroristen, Verbrecherbanden; ferner Tsunamis und Tierseuchen. Nicht die moralische Verfehlung, der ungenügende Glaube ist Anlass für Heulen und Zähneklappern, sondern das weltliche Unheil in den genannten kanonischen Formen, verkündet etwa von wohlmeinenden Journalisten und sachverständigen Kommissionen: Wir haben euch gewarnt!

„Vnd den vnnützen Knecht werfft in die finsternis hin aus / Da wird sein heulen vnd zeenklappen" (Mt, 25, 30)

Wer dagegen Visionen hat wie Fletcher, soll zum Arzt gehen. Dabei ist an Verschwörungstheorien manches wahr, außer dass die Zahl der Verschwörer zu gering und ihre Macht zugleich zu groß und zu klein angesetzt wird (es gibt so viele Netzwerke, und so viele Wähler, die nur zu gut wissen oder ahnen, was sie tun, wenn sie ihre Stellvertreter, bzw. die Stellvertreter der Mächtigen, wählen). Wer religiöse Visionen hat von Gottes Strafe und Teufels Anstiftung, der muss heute in die Kleinkirchen und Sekten gehen, oder in die Provinz der Großkirchen, fernab Roms und den Stammländern der Reformation; waschechte Apokalyptiker und Bußprediger sind der deutschen Bischofskonferenz und dem Rat der EKD fremd (seltene Ausnahmen bestätigen die Regel, und werden, wenn sie denn ausreichend bekannt werden, durch die Medien ihrerseits zu Buße und Reue genötigt).

„Des menschen Son wird seine Engel senden / Vnd sie werden samlen aus seinem Reich alle Ergernisse / vnd die da vnrecht thun / Vnd werden sie in den Fewr ofen werffen / Da wird sein heulen vnd zeenklappen" (Mt 13, 41-42)

Manchmal scheinen unsere Unmoral und drohendes Unheil noch zusammen zu hängen: Klimakatastrophe, Terroristen, die man am eigenen Busen genährt, Extremisten, deren Anfängen man nicht gewehrt hat. Eine seltsam archaische Rhetorik ist das allerdings: Wenn die Moral nicht mehr hilft, dann soll es der Schrecken richten. Dessen Objekt ist allerdings reichlich diffus, und der Weltuntergang ist abgenutzt, fahl geworden (kein nuklearer Overkill, kein stummer Frühling, kaum noch die Rede von Überbevölkerung, die RAF ist Pop, selbst 9/11 für die meisten Deutschen ein Fernsehstandbild und ein: Ich weiß, was ich in jenem Herbst getan habe, an jenem Tag). Bußprediger kommen im Zwirn der Altpublizisten und Altpolitiker: Zeugt mehr Kinder, die Renten sind unsicher; wirtschaftet klug, sonst kaufen euch die Chinesen; oder: bildet die Ausländer, sonst wird Deutschland desintegriert... Nur vom Rande her, vom Ausland, dem Bodensatz und den Grenzgebieten des Parteiensystems, von den Boulevardmedien und den geduldigen Seiten des vielblättrig-rauschenden Feuilletons, lugen bisher die Populisten hervor und ihr vornehmeres Pendant, die ergrauten publizistischen Berufsprovokateure, malen den Teufel an die Wand, oder versuchen, den Untergang des Abendlandes herbei zu schreiben und so gleichzeitig das Abendland in den Morgenhimmel zu heben (freiheitlicher! demokratischer! grundordentlicher! als all diese muselmanischen Despotien. Welch eine Neuigkeit...)

> *„So wird der Herr des selben Knechts komen / an dem tage / des er sich nicht versihet / vnd zu der stunde / die er nicht meinet / vnd wird jn zuscheittern / Vnd wird jm seinen Lohn geben / mit den Heuchlern / Da wird sein heulen vnd zeenklappen" (Mt 15, 50-51)*

Barnabas ist ein Büttenredner für die sechste Jahreszeit, die Starkbierzeit, geworden. Wer könnte die glaub-würdigen Bußpredigen unserer Zeit schreiben? Nur noch die Kabarettisten, wenn auch nicht die derbleckenden, die entlassen werden, wenn ihr Humor wehtut?

Oder der Wissenschaftler und Intellektuelle, der zum Prediger gewendet, unheilvolle Prophezeiungen ob der Unmoral oder Unbedachtheit seiner ungläubigen Gemeinde ausstößt? Er ist hin- und hergerissen zwischen der Hoffnung auf die Selbstzerstörung der Prophezeiung und seinem Ansehen, seiner behaglich-unheimlichen Überlegenheit. Wie Jona mag er deswegen verdrossen werden, gar hoffen und wünschen, er sei nicht mehr da, wenn seine Prophezeiung sich nicht bewahrheitet, gar dadurch, dass er sie selbst in die Welt gesetzt hat und tatsächlich einmal Buße, Reue und Umkehr eintraten, denn seine Existenz als Seher des Nieder- oder Untergangs ist latent bedroht, wenn er Wahrsagereien in die Welt entlässt, die sich als selbstzerstörend bewahrheiten:

> *„Vnd ein jglicher bekere sich von seinem bösen wege vnd vom freuel seiner hende. Wer weis? Gott möcht sich bekeren vnd rewen / vnd sich wenden von seinem grimmigen zorn / das wir nicht verderben. DA aber*

Gott sahe jre Werck das sie sich bekereten von jrem bösen wege / Re-
wete jn des Vbels /das er geredt hatte jnen zu thun / vnd thets nicht.
Das verdros Jona fast seer / vnd ward zornig." (Jona 3, 8-10 und 4,1)

Andererseits wird seinesgleichen, der Untergangsprophet, immer gebraucht, das Publikum zahlt (ob Eintritt, gebundene Buchpreise oder Steuergelder), und ist tendenziell vergesslich. Wenn nicht dieses Unheil, dann ein anderes.

„Aber die Kinder des reichs werden ausgestossen in das finsternis hin-
aus / Da wird sein heulen vnd zeen klappen" (Mt 8, 12)

Kafkas Prozess und Strafkolonie, Guantanamo und Co. sind für die Mehrheitsdeutschen jedoch keine Drohung; der Untergang und die Strafe kommen zwar womöglich irgendwie über „uns" (es gibt genügend Anlässe); das aber heißt eigentlich: die anderen, über mich höchstens ein bisschen, und erst später. 1984 ist irgendwo weit weg, draußen im Internet, in irgendwelchen Datenbanken und Geheimdienstzentralen, aber nicht im Alltag angekommen, oder es ist ohnehin auf 2084 verschoben, wenn die Bio- und Computertechnologie vermutlich ausreichend fortgeschritten sein werden. Der Klimawandel findet in Grönland und in Kyoto-Kopenhagen-… statt. Höchstens lauert der Sexualmörder auf dem Nachhauseweg. Dafür gibt es Genbeweise und, so hofft der brave Bürger (oft vergebens), Lebenslänglich. Zum Glück wird ansonsten, wenn überhaupt, die Sicherheit am Hindukusch verteidigt, und überwacht werden nur die Pädophilen und die Islamisten, letztere werden am besten ausgewiesen (aus den Augen, weil macht für uns keinen Sinn):

„Jch sage euch. Jch kenne ewer nicht / wo jr her seid / Weichet alle
von mir jr Vbeltheter. Da wird sein heulen vnd Zeenklappen" (Lk, 13,
27-28)

Für die Tonne

Ich stellte einmal fest – ich weiß nicht mehr so genau, ob mit Verwunderung oder eher ohne, wahrscheinlich aber mit ein wenig Amüsement –, dass Hausmüll fast überall gleich riecht, in vielen Haushalten, privaten Tonnen, im Urlaubsland wie zu Hause, und wenn man hinter dem Müllauto herfährt, vor allem mit dem Rad (auf einer Mülldeponie war ich noch nie). Ich frage mich, ob dieser einheitliche, charakteristische süßlich-faulige Geruch uns zu denken geben kann. Vor einigen mehreren Jahren hätte man sich die Gelegenheit nicht entgehen lassen, anhand dessen über unsere Wegwerfgesellschaft, die Vereinheitlichung und Vergänglichkeit im Konsum zu sinnieren und hätte sich vielfach wohlfeile Zustimmung einhandeln können. Das erscheint irgendwie unzeitgemäß, und eine alternative eingängige und gleichwohl elegante Deutung fällt mir nicht ein, so dass ich – vielleicht ein Merkmal unserer Zeit – das Problem auf eine höhere Ebene hebe, ins Abstrakte: Das Müllthema scheint uns weit weg, wir trennen eifrig, das Dosenpfand führt zur Rücknahme von Behältnissen im Einzelhandel (die teilweise stinkend in größeren Behältnissen auf den Abtransport warten), es wird verbrannt, rezykliert und kompostiert, aber wer weiß schon wirklich, mit welchem Erfolg?, will heißen: Wie wandelbar sind doch die Besorgnisse um die Umwelt, wie schwierig ist es doch, die Relevanz von Problemen ins Verhältnis zueinander zu setzen, angesichts der Einebnung der Größenordnungen durch die journalistische Zerstückelung der Wirklichkeit und die politischen Themenkonjunkturen: das Müllproblem im Verhältnis zur starken Begrenztheit mancher Metalle, Feinstaub im Verhältnis zu saurem Regen, Überfischung im Verhältnis zum Wassermangel infolge des Anbaus von Pflanzenfasern in Entwicklungsländern für den Export, die Klimafolgen des Flugverkehrs im Vergleich zu denen der Landwirtschaft, und so weiter, entlang der Liste vergangener, abgearbeiteter oder vergessener Probleme und der heute aktuellen. Eine Liste der Umweltprobleme nach Wichtigkeit und Dringlichkeit ist illusorisch (weil immer strittige Fragen der Gewichtung und Bewertung zu klären sind), und es ist billig, Politik und Medien für ihre begrenzte Aufmerksamkeitsspanne und ihren fehlenden Sinn fürs Ganze zu kritisieren. Aber ein wenig Vielfalt der beachteten Probleme, ein paar Ratschläge und Maßnahmen auch rund um die gerade verdrängten Themen wären doch nett, die Auswahl ist groß: Flächenverbrauch und Verbauung der Landschaft, der gute alte Regenwald, der mit nur wenig verminderter Rate schwindet, drohender und herrschender Wassermangel in verschiedenen Gegenden, ein paar zusätzliche Klimaschutzmaßnahmen außer neuen Glühbirnen, Autos und Kraftwerken. Man muss die Begrenztheit der Gesellschaft einsehen, was die Problembearbeitung betrifft (dauernd werden Vorschläge gemacht und Probleme entdeckt, ja: produziert, in der Wissenschaft und in Initiativen, von Privatpersonen und sogar Journalisten; der Großteil dieser Problemproduktion wandert aber in die Tonne, weil sie nicht ins Schema passt, weil sie keinen Abnehmer findet). Aber man könnte sich trotzdem vorstellen, diese Kapazität zur Problemwahrnehmung und -bearbeitung ein wenig zu erhöhen.

Also, zurück im Konkreten, einmal eine alternative Liste der Umweltschutzratschläge für die Endverbraucher: weniger Fleisch verzehren, kein (Öko-) Häuschen im Grünen bauen (oder zumindest nur in Baulücken), Leitungswasser trinken statt Mineralwasser in Flaschen durch die Gegend zu fahren, seltener Handys, Computer und ähnliche Geräte erneuern, den Verbrauch an Baumwolle stark einschränken usw. (für eine Rangordnung nach Einfluss auf relevante Umweltprobleme konsultiere man entsprechende Studien, aber das wäre eine andere Arbeit). Der Müll darf übrigens ruhig stinken, insbesondere der Verpackungsmüll, denn Auswaschen ist Unsinn (dieses Stilmittel, noch einmal zum Aufhänger der Geschichte zurückzukehren, nimmt im Journalismus überhand – es verlangt nur minimal rhetorische und erzählerische Fähigkeiten, funktioniert fast immer und gibt dem Leser das gute Gefühl, dass der Kreis sich schließt, man eine runde Sache vor sich und das Problem seine Grenzen hat; wohlportionierte Realitätsbeschreibungen eben; in wissenschaftlichen Publikationen herrscht übrigens oft das gegenteilige Ritual: zahlreiche Verweise in alle Richtungen noch am Schluss, man könnte noch dieses und jenes untersuchen, alles hängt mit allem zusammen, und man drückt sich so um ein endgültiges Urteil).

Post-Nerds, Polit-Hacker, Piraten

Eine Bewegung, die Kritik an herrschenden Regelungen, Machtverhältnissen und Vorstellungen rund um Informationsinfrastruktur übt und auf die eine oder andere Weise dagegen vorgeht, gibt es schon länger, wie auch immer man sie nennen mag, Hacker zum Beispiel. Da liegt ein Stück politische Prophetie nahe, zugegebenermaßen nicht ganz so mutig, da andere auch längst diese Diagnose sich zu eigen gemacht haben: Informatiker und Internet-Kreative als politische Avantgarde (ich meine damit nicht die öden Kommentare, welche die Piratenpartei am Schema der etablierten Parteien messen und an ihren Wahlerfolgen herumdeuteln). Da geht es um freie Software, an der jeder mitschreiben, die jeder gebrauchen, die jeder studieren und verändern kann, da geht es um freie Kultur, freies Wissen, die von jedermann verbreitet und genutzt werden können. Da bahnen sich Allianzen mit Teilen der Kulturszene und der Wissenschaft an. Da wird Misstrauen gegen Autoritäten, Herrschaft, sei es durch Staat oder Bosse, und vor allem gegen Bevormundung kultiviert, und Mündigkeit jedes Einzelnen postuliert: Er (seltener: sie) wird schon mit denjenigen zusammenfinden, sich vernetzen wie es so schön heißt, die mit ihm an der gleichen Sache arbeiten wollen. Er will aus freien Stücken daran arbeiten und das Ergebnis soll ein Geschenk an alle sein, eine wertvolle und nützliche Gabe. Er wird sich schon seine eigenen Gedanken zu allem machen, was an Meinungen und Ideologien verbreitet wird, er duldet keine Zensur, nicht für seine Rede und nicht für das, was ihn an Reden erreichen könnte. Er will wissen, welches Wissen es gibt, welche Daten an verschiedenen Stellen vorliegen, nicht nur, aber auch über ihn selbst. Geheimhaltung nur für sein Privates, nicht für Tätigkeit derjenigen, schalten und walten und Wissen horten. Seine Persönlichkeit soll sich an freier schöpferischer Tätigkeit und freiem Gedankenaustausch formen, aber nicht durchleuchtet werden. Der Rechner ist das Heiligtum jener Freiheiten, er soll die universelle Maschine bleiben, ohne uneinsichtige proprietäre Software, die mit ihm macht, was ihre für den Benutzer unzugänglichen Codezeilen wollen, und ohne dass der Computer zu einem „hardwired censor" (James Boyle) wird, einer Maschine, die ihren Nutzer überwacht und seinen Nutzen aus dem Computer auf das beschränkt, was Staat und Kultur- und Softwareindustrie dulden.

Dabei ist selbst die Kritik am Cyber-Libertarismus als „Kalifornischer Ideologie" (Barbrook und Cameron) schon recht alt: Sie sei blind für ihre ökonomische Basis und für die entscheidenden politischen Frontlinien (Ist Freiheit im Internet anarchisch-genossenschaftlicher Wissenskommunismus oder eine Art Markt ohne Eigentum, Wettbewerb aus Eigenliebe, der Abbau aller Solidaritäten und Verpflichtungen in Richtung privater „Freiwilligkeiten"?). Sie betreibe letztlich die Verschleierung der (Selbst-)Ausbeutung der neuen kreativen und technokratischen Klasse, die sich gerne schlauer und flexibler gibt als ihre Eltern, seien diese nun herkömmliche Kleinbürger, 68er, Hippies oder was immer gewesen. Die in der Hackerszene proklamierten Freiheiten mussten sich nie wirklich an einer Masse von Subjekten bewähren, die keine Exit-Option hat (wie es in der modernen Gesellschaft doch im Wesentlichen der Fall ist), sondern nur in esoterischen Zirkeln: Man arbeitete entweder für sich, oder unterwarf sich freiwillig der charismatischen Führung eines Projekt-Gurus, und wenn man keine Lust mehr hatte oder es Ärger gab, dann stieg man aus oder machte eine Gegen-Sekte auf. Aus dem Projekt Gesellschaft lässt sich nicht so leicht aussteigen. Geld verdienten einige wenige als Vortragsreisende, als Wanderprediger der Bewegung, die meisten mit schnöder Arbeit in der Softwarebranche, und sei es im Auftrag von Konzernen quelloffene Software zu schreiben: Freiheit für den Nutzer, Lohnarbeit und tendenziell Weisungsgebundenheit für den Programmierer.

Man würde somit eventuell behaupten, die Phase des utopischen Blicks auf die neuen Technologien sei schon vorübergegangen, das große Zeitalter der Rechner-Anarchisten vorüber, die Propheten mit ihren Memoiren oder dem Wiederholen von Mantras beschäftigt, und deshalb seien keine besonders radikalen und keine politisch wirksamen Einwürfe und Aktionen aus jener Szene mehr zu erwarten, nur einige kleine, pragmatisch definierten Erfolge, und Meilensteine mit Versionsnummern in den einzelnen Projekten, oder eben Parteibildung. Vielleicht ist aber auch inzwischen aus jenen oft so amerikanischen Träumereien und letztlich auf den Zirkel der Schaltkreise beschränkten Allmachtsphantasien der Jungs vor dem Rechner ein wirklich politisches Bewusstsein hervorgegangen. Die Grenzen der Freiheit im Internet wurden erst wirklich bewusst, werden sie nun vonseiten des Staates oder irgendwelcher Konzerne und insbesondere Verwertungsgesellschaften gesetzt (während man früher nur gegen die Post und die Herren der Rechenzentren kämpfte, und das Reich der Freiheit winkte, wenn man erstmal „drin" im Netz oder dran am Rechner war, oder als der Rechner schließlich der eigene war). Nicht in der Verkündung einer utopischen, aber letztlich elitären Gemeinschaft der Hacker, im reinen Proklamieren der Freiheit derer vor den Bildschirmen, lag die Bewährung und das mobilisierende Potenzial der Bewegung, sondern im Kampf um Filesharing und Sampling, für Datenschutz und gegen Überwachung, für offene Infrastruktur und gegen Zensur und Zugangsbeschränkungen; kurz in der Umsetzung in praktische Politik und Mobilisierung, und im Zusammentreffen mit dem, was bisher Politik heißt. Man wird natürlich beobachten und vielleicht darauf drängen müssen bzw. seine Gedanken spielen lassen, ob denn im Zuge dieser neuen Bewegung nicht ein paar weitere soziale und ökologische Probleme mehr irgendwelchen innovativen Lösungen zugeführt werden könnten, ohne freilich das Rad neu zu erfinden. Das wäre ein wesentlicher Test für die Relevanz dieser Bewegung. Die Freiheit der Computerbesitzer und den freien Fluss von Wissen und Kultur zu verteidigen reicht da nicht aus, das dringt teilweise schon zu Bewusstsein. Und der Computer befreit auch nicht diejenigen, die keinen haben, oder die die Computer zusammenschrauben. Aber andere Bewegungen haben auch klein angefangen, und am Ende reichte es für vollständige Parteiprogramme im Sinne der üblichen Politikfelder. Dass ihre Auflistung niemals abschließend ist, zeigen die neuen Aktivisten, und dass neue Organisationsformen der Politik, oder auch neue Nicht-Organisationsformen möglich sind, zeigen sie ebenfalls. Vielleicht kommt sogar irgendwann noch die richtige, die wahrhaft utopische Verallgemeinerung, eine große Theoretisierung dieser Widerstands- und Organisationspraktiken, die über bekannte politische Standpunkte und bekannte utopische Systeme hinausgeht, eine praktische Philosophie und philosophische Praxis des politischen Nerdtums, jenseits eines platten Libertarismus in den Bereichen, wo es wenig wehtut: Das Schreiben freier Software wurde von der Softwareindustrie lange belächelt, dann ein wenig beschimpft, und schließlich eingemeindet. Irgendwann geht es aber um Eigentum insgesamt (die eigentliche Kulturindustrie, so viele Manifeste da auch geschrieben werden, ist ein winziger Teil der Gesamtwirtschaft), um Krieg und Frieden, um Ökologie usw. Ansätze sind erkennbar, die Kriege in Afghanistan und im Irak wurden durch Befreiung von Daten erhellt und beeinflusst, in welcher Art auch immer; aber: freie Software, freies Wissen, freie Daten, freie Kultur schön und gut, darin mag sich eine neue Produktionsweise, eine neue Form der Arbeit, der Bildung, womöglich gar des kosmopolitischen Bürgersinns usw. andeuten (die vor allem nach links anschlussfähig ist: Man denke etwa an André Gorz' „Wissen, Wert und Kapital"), was aber wäre unter freier Gesundheit zu verstehen, freiem Finanzwesen, freiem Verkehrswesen, sofern frei nicht nur umsonst heißt? Wie lassen sich die Sozialsystem hacken, wie die Verkehrsnetze umprogrammieren, ohne die umweltfeindliche Drohung der freien Fahrt für freie Bürger wahr zu machen? Die Parole von der Freiheit des Wissens und der Daten, die Zirkulation von vormals geheimen Dokumenten des Machtmissbrauchs im Internet mag zu Enthüllungen führen, was im bisherigen System an Bugs, ja an Verbrechen steckt, eine Systemalternative ist das noch nicht.

Jedenfalls könnte aber in der Tat eine endgültige Ablösung der Milieus bevorstehen, die den sozialen Wandel vorantreiben, oder vielmehr ein Milieu in die Lücke stoßen, die seit Jahren herrscht, nachdem die neuen sozialen Bewegungen teils Opfer ihres Erfolgs, teils ihrer Ermüdung oder derjenigen der Restbevölkerung und der etablierten Politik, teils der Bürokratisierung ihrer Anliegen geworden sind und die entsprechenden Milieus doch erheblich ruhiger geworden sind: die Akademiker einer bestimmten Generation, die Lehrer und Sozialarbeiter, Ärzte teilweise. Nur einige Rechtsanwälte (die waren auch früher schon mit von der Partie) fechten auch heute wieder an der Seite von Bloggern, Filesharern und Internet-Aktivisten und vor den Gerichten gegen Einschränkungen von Bürgerrechten und schreiben Entwürfe für ein Copyleft, das das Copyright ersetzen könnte.

Man darf aber nicht den Anteil der Aktiven überschätzen („das Internet" ist nicht politisch, es gibt keine nach Erlösung lechzende oder bereits im digitalen Eden lebende „Internetgemeinde", wie längst festgestellt wurde), aber die Aktionen von wenigen und die irgendwann nicht mehr ignorierbare Sympathie vieler (die man auch leicht überschätzt; auch 68 war im Kern zahlenmäßig ein relatives soziales Kleinphänomen) bringen politische Wahrnehmung auch bei den etablierten Kräften.

Man darf ferner nicht theoretische Arbeit und Substanz einerseits und konkrete Mobilisierung andererseits verwechseln, sondern der Wandel kommt sozusagen durch wechselseitige Vermehrung und Reibung: das Mögliche sehen und anstreben, das noch weiter Gehende hoffen, durch Praxis erkennen und das Erkannte in die Praxis umsetzen, Rückschläge ins Theoriegebäude einbauen, das mögliche Scheitern einbedenken, ohne sich davon irre machen zu lassen. Es gilt, die folgende „Dialektik" zu denken: Wie kann Freiheit gelingen, wenn Soft- und Hardware zuverlässig, regelmäßig, eben deterministisch-starr arbeiten, ein System bilden; denn selbst wenn sie offen sind fürs „Umschreiben", so müssen sie doch auch arbeiten, das ist ihr Zweck, und dann arbeiten sie unerbittlich, strenger als jede Tagesordnung, jeder Stundenplan, jedes Organigramm, jedes bürokratische Verfahren. Social Software (und Hardware) ist in Code und Silizium gegossene Ordnung. Sie offen zu halten, sie neutral zu halten gegenüber den immer neuen, den kreativen und widerständigen, und auch den vergangenen, aufzuhebenden, konsensuellen Inhalten, und zugleich kollektiv-intelligent ihre Zuverlässigkeit, Sicherheit und Effizienz zu steigern, sie gar eine Eigendynamik entwickeln zu lassen, das ist die Aufgabe. „Anarchie und Quellcode", so ein Buchtitel, müssen zusammenkommen, sich in menschlicher Organisation immer wieder gegenseitig aufheben – um es zum Schluss noch ein wenig hegeln und marxen zu lassen.

Stillgesessen!

Die heutige Auffassung der klassischen Musik ist höchst rational, und ritualisiert (gleichsam religiös), so ist verschiedentlich auch schon bemerkt worden. Stille und Konzentration sollen herrschen, optimale Klangqualität der Aufnahmen, eigens für die Musik erbaute Säle (und wehe, der Klang wird nicht als optimal empfunden: Sprengt ihn, den Saal!), systematische Studiengänge und detaillierte wissenschaftliche Auslegungen der Stücke, und vor allem: im Grenzfall kein anderer Zweck als die Musik selbst: Man mag sie bei Staatsakten, an Festtagen und anderen Anlässen spielen, aber das Konzert ist doch gerade keine Krönungsfeier, kein Gottesdienst (eben trotz der Missa solemnis), keine Totenmesse (eben trotz des Verdi-Requiems oder des Deutschen). Es ist (heute!) die Feier der Musik selbst, höchst zweckmäßig und ohne weiteren Zweck zugleich, von einer zurückhaltenden, aber doch entrückten Feierlichkeit und Stilisierung eines Rituals. So weit, so bekannt: Die Fräcke, das Auftreten (oder: der Auftritt) des Dirigenten, die von vornherein eingeplanten Zugaben, der Applaus zur rechten Zeit, jedoch von einer Ekstase suggerierenden, aber nicht so recht variierbaren Dauer (es mag Unterschiede geben, aber wann hat man zuletzt einen kurzen, gerade nur höflichen Applaus vernommen, oder gar von einem Ausbleiben desselben gehört; höchstens mal einige Buhrufe bei Operninszenierungen) usw.

Das war nicht immer so. Man stritt um den Wert der Werke, die heute Klassiker sind, Haustiere (wie einer einmal schrieb), Perlen auf der geschlossenen Schnur – ein Rosenkranz für die göttlichen Genies; Repertoire, das heißt: Vorrat (für Konzertprogramme, und an Schönem, Wahren und Gutem für vermeintlich so schlechte Zeiten wie unsere). Man stritt, man buhte, man pflegte auch nicht eigentlich den heute immer noch vorherrschenden Klang, jenen vollen Mischklang mit Vibrato und in der Lautstärke der modernen Instrumente und Wagner-Erprobter oder zumindest für die dicken italienischen Opern geschulter Stimmen. Man improvisierte, man lag im Wettstreit (im direkten auf der Bühne, zwei Virtuosen gegeneinander, oder im allgemeinen, stilistischen, und, nicht zu vergessen, um Popularität, Beliebtheit, Applaus!). Dagegen pflegt man heute ein Solistentum, das zwar gelegentlich exzentrisch ist und fotogen, Interviews gibt und für Platten- und Magazincover posiert, auch im Konzertsaal gerne schauspielert, und sich auch gegen üppige Bezahlung nicht wehrt, aber sich trotzdem immer ergeben zeigen muss, sich nicht nur vor dem Publikum verneigen, sondern vor den Titanen der Musikgeschichte. Früher dagegen schrieb man für den Solisten, auch mal für einen dilettantischen Herzog oder Freunde und Familie, für wichtige und weniger wichtige Anlässe, und spielte fürs Publikum (seine Freude, seine seelische und moralische Erbauung), nicht mal so sehr für den Komponisten (dem man immerhin noch einen Gefallen tut mit der erneuten und wiederholten Aufführung), und noch weniger für eine abstrakte „Bildung", die „Kultur" als stockernster Tempeldienst und „Highlight" für das Stadtmarketing. Man komponierte früher freilich auch zur Verherrlichung dieser und jener Macht, und zwecks der Entfaltung ihrer Pracht. Jedenfalls aber musizierte man anders, als es heute überwiegend der Fall ist, nach Instrumentarium, Vortragsweise, Anlässen, Aufstellung und manchem anderen.

Man sollte das historische Argument aber nicht überbewerten: Nur weil etwas früher so war, muss es heute noch lange nicht so sein; man kommt nicht um die Frage herum, *warum* man es gerne *wie* hätte mit den Aufführungen. Nur als Beispiel: Ist die relative Unaufmerksamkeit in früheren Opernhäusern und die Geschwätzigkeit und das sonstige Getue in manchen früheren Jazzclubs der Maßstab für heutige Darbietungen; oder der wohl damals sicher schon vorhandene Wunsch der Komponisten und Musiker nach Aufmerksamkeit, sowie die Struktur der Werke, die Bezüge zwischen und innerhalb der Sätze, die Variationen innerhalb des Jazzstücks und die Beziehungen zwischen den Spielern, die allesamt nur der Aufmerksame wahrnimmt und die in früheren Konzerten eben nicht immer ganz zur Geltung kamen? Ist die Praxis der Gelegenheitsmusik, wie sie früher geschaffen wurde und bei der ein Werk nach seiner Aufführung teilweise für immer verschwand, nicht unfreundlich gegenüber einem neugierigen, potenziell weltweiten und potenziell über zahlreiche Generationen verstreuten Publikum, und gegenüber einem Komponisten, der auch auf ein wenig Nachruhm hoffen mag, oder ist es vielmehr nicht weiter traurig, dass Massen mittelmäßiger bis schlechter Werke in den Archiven oder gar im Ofen verschwanden – eine Vergänglichkeit, die den Komponisten allzu bewusst war, wenn sie Opern für eine Saison und Divertimentos für einen oder wenige Abende schrieben, weshalb sie gerne alte Ideen wiederverwerteten und heiteres Geklimper in Masse produzierten?

Manche mögen durchaus gerne die früheren Zustände wiederhaben, oder richtiger, und weniger gemein formuliert: sich dem annähern, was zur Zeit, da ein (hoffentlich einigermaßen gelungenes) Werk komponiert wurde, als Ideal galt (denn früher wurde selten bis zur Perfektion geprobt, und auch nicht bis zur relativen Perfektion auf der Musikhochschule studiert). Das ist bekanntlich die historische Aufführungspraxis. Das ist legitim, höchst interessant, höchst heilsam für den Klassikbetrieb und längst Teil desselben, wenn auch in vielen Teilbereichen lange nicht der vorherrschende. Nicht zuletzt entreißen manche historisch Praktizierenden die Klassiker aus jenem leeren Raum, in dem höchstens ihr Heiligenschein über ihnen schwebt, und stellen sie in ihre Zeit zurück, neben die vielen anderen Komponisten und Werke, die erst das Bild einer Epoche ausmachen. Freilich um den Preis, dass manche „Entdeckung" und Ehrung eines „unbekannten Komponisten" (der natürlich durchaus namentlich bekanntgegeben wird; nur sagt einem der Name nichts) nur Staub in den Archiven aufwirbelt, den Hörer jedoch nicht sonderlich mitreißt: Man weiß dann, welche Ware damals auf dem Markt war, der noch keiner im heutigen Sinne war. Mehr dann aber auch nicht. Und manchmal gelingt dann eben doch die Entdeckung, die in ein neues Land führt.

Wenn die historische Aufführungspraxis nun gründlich probiert, dokumentiert und verbreitet wurde (das ist sicher noch nicht für alle Epochen bzw. wichtigen Komponisten der Fall), und auch weiterhin im Angebot bleibt, wer nimmt dann die unhistorische neu für sich in Anspruch? Wer führt die Klassiker mit eigenem, nicht durch Geschichte oder Tradition (was durchaus nicht dasselbe ist) legitimiertem Stil auf? Wer breitet einen Satz gründlich aus, indem er das Tempo extrem zurücknimmt, ohne dass das historisch verbürgt wäre oder bereits in einer Aufnahme dokumentiert wäre? Wer lässt andere Stimmen in einem Werk hervortreten, die bisher kaum wahrgenommen wurden, ohne die rechtfertigende Behauptung, das sei so gewollt, sondern nur um die Orchestrierung zu verdeutlichen oder weil es gefallen könnte? Wer verkleinert das Orchester gerade auch bei solchen Werken, die sicher für ganz große komponiert wurden? Wer spielt klassische Stücke auf derart gestimmten Instrumenten, dass aus Ganztonschritten Halbtöne werden und aus Halbtönen Vierteltöne, oder irgendeine andere verfremdende Stimmung mit neuen Abständen? Wer kombiniert Sätze aus verschiedenen Sinfonien zu einer aufgeführten neuen?

Frei nach Leibniz lässt sich also feststellen, dem es natürlich bei dem nachfolgenden Satz um Religion und nicht um Klassik (und sei sie noch so sehr Religion) ging: „Erfüllte man jede Zeit und jeden Ort [hier: mit Musik, d.h. im räumlichen Sinne: die Platzierung von Musiker und Publikum im Raum, oder die vielen Arten der Raumüberwindung mit Medien, und zeitlich: der Ablauf der Konzerte, die Tempi, die Wiederholbarkeit von musikalischen Ereignissen usw.], es bleibt dennoch wahr, dass man sie auf unendlich viele Arten hätte erfüllen können und dass es unendlich viele [oder zumindest recht zahlreiche] mögliche Welten [hier: der Klassik] gibt." Leibniz hat bekanntlich die existierende, von Gott geschaffene, als die beste aller *möglichen* Welten angesehen (das Schlechte in dieser Welt ist Teil dieser bestmöglichen, sie ist nur so möglich, mit ihrem Guten und ihren Möglichkeiten, ihrer Perfektion, den Möglichkeiten der Perfektion, dass es darin auch das Schlechte geben kann). Ist aber die Welt der heutigen Klassikreligion die beste aller möglichen? Lasst uns also die möglichen Welten klassischer Musik erkunden. Wir könnten etwa auf die folgenden Szenarien kommen, natürlich unter vielen anderen möglichen:

Tracks ohne Virtuosen: Man spielt die Werke insgesamt technisch-synthetisch ein; bei ausreichend komplexer Computertechnik und Programmierung ließe oder lässt sich in gewissem Maße bereits die Klangfarbe für jeden Einzelton und jedes Instrument, auch die wechselnden Betonungen, leichten Variationen der Notendauern und Tempi usw. festlegen, anschließend simulieren und mischen. Oder man setzt echte Instrumente ein, aber technisch-präzise gesteuert, was im Falle des Klaviers und der Orgel bisher wohl am besten funktioniert hat: das rein mechanische Reproduktionsklavier mit Walzen oder Lochstreifen, oder ein elektronisch gesteuertes (aber auch das Orchestrion als Nachbildung eines ganzen Orchesters hat seinerzeit einiges Aufsehen erregt). Ein Künstler könnte sich auch im Konzert von solch einem Klavier begleiten lassen: Nur der Solist auf der Bühne, kein begleitender Pianist; dessen Part äußerst zuverlässig eingespielt wie vorher im Detail programmiert. Die Alten schrieben noch für Musikapparate, und einige Moderne komponierten für das Reproduktionsklavier, oder gleich gänzlich elektronische Musik, all das ist aber heute die Nische der Nische (die „Klassik" im diesem erweiterten Sinne ja ohnehin ist; und in dieser Nische der Nische wiederum ist die neue elektronische Musik eine – Nische).

„Beethoven wäre heute...": Vielleicht Rockmusiker, vielleicht Rapper, aber darauf soll es nicht ankommen, sondern inwieweit er die technisch erzeugbaren Klangfarben von heute für seine Werke geschätzt hätte (immerhin schrieb er für das innovative Hammerklavier die gleichnamige Sonate): ein noch viel mächtiger klingendes Klavier, mikrofonverstärkte Stimmen, E-Gitarren, überhaupt jede Art synthetisch erzeugbarer Klänge.

Wagner und Anti-Wagner: Die Unsichtbarkeit der technischen Apparatur, wie Wagner sie forderte, das unsichtbare Orchester, dessen Klang mit den Gesangsstimmen vermischt aus dem Raum dringt. Würden der Opernfilm, oder die Lautsprecher-Oper, wo die vorher aufgezeichnete oder per Mikrofon aufgenommene Musik (vor allem die des unsichtbaren, vielleicht räumlich weit entfernten Orchesters) durch geschicktes Arrangement von Lautsprechern wirklich von überall kommt, dem nicht entsprechen? Ein Mittel jedenfalls gegen allzu schauspielerische Dirigenten oder sogar Orchestermusiker. Entspräche es dem Gedanken des Wagnerschen Gesamtkunstwerks und der Zukunftsmusik, wenn ein singender Siegfried dreidimensional vor einen projiziert würde, ja, gar ein ganzer Wald nebst Höhle usw. um einen her, und die Musik käme von überall, als echter Raumklang, und von nirgendwo? Ich fürchte, die Wagnerianer würden das nicht mitmachen, oder kurz: Ich fürchte die Wagnerianer. — Vielleicht sollte man aber die Musik und ggf. den Dirigenten noch näher ans Publikum rücken, mit Projektionsleinwänden, was sicher nichts Neues ist (Filmaufnahmen leisten das ja auch außerhalb des Konzertsaals), oder indem das Publikum inmitten des Orchesters sitzt, so dass jedem Musiker ein oder zwei Beobachter in unmittelbarer Nähe beigesellt sind (oder das jede Person im Publikum vor Beginn einen Musiker auswählt und ihn mittels einer Kamera über das gesamte Konzert hinweg beobachtet).

Wettkampf: Bekannte Komponisten und Virtuosen früherer Epochen (was oft zusammenfiel) beteiligten sich des Öfteren an Wettbewerben, wo sie sich in Technik und Einfallsreichtum der Improvisation überboten. Man variierte Themen, imi-

tierte den anderen, übersteigerte dessen typische Figuren, führte eigene Spezialitä-
ten vor und stellte schlicht die eigene Fertigkeit zur Beherrschung des Instruments
zur Schau. Solche Wettkämpfe tauchen in populäreren Genres immer wieder auf
(auch der Jazz hatte eine Blütezeit solcher Wettbewerbe), sind jedoch aus der Klassik praktisch verbannt. Die Wettbewerbe sind zu Anlaufstationen für Jungvirtuosen
geworden, die vor überkritischen Juroren das eigene und/oder das vorgeschriebene
Repertoire abspielen. Echte Publikumsbeteiligung (außer womöglich einer Konzes-
sion in Form von „Publikumspreisen"), mit auffordernden Rufen, spontanen Entscheidungen mittels Akklamation usw., findet nicht statt, die Darbietungen sind
unspontan und uninteraktiv, es wird nicht variiert, auf den Konkurrenten und auf
das Publikum reagiert, erfunden und überboten, gespielt im engeren Wortsinne:
nicht abgespielt, vorgespielt, sondern mit dem Material gespielt, miteinander gespielt. Ein wenig ist der Mangel an solchen Wettkämpfen verständlich, denn die
Musikhochschulen in West und besonders auch Ost produzieren brillante Techni-
ker; und diese in Stilen improvisieren, variieren und wettkämpfen zu lassen, die
eigentlich gar nicht mehr richtig am Leben sind, sondern „Repertoire", „Klassik",
eine „Epoche", scheint irgendwie vergeblich – könnte man sich solche Wettbewerbe auf dem Gebiet der Neuen Musik vorstellen? Den entscheidenden Rest gegen
diese Form der Veranstaltung besorgt aber die Klassikreligion, die mit dem Sport-
lichen und einem miteifernden Publikum überhaupt nicht vereinbar ist.

Freie Musik: Ist die ältere Musik an sich nicht mehr urheberrechtlich geschützt,
so nützt das zunächst nur denen, die sich gerne in (digitalisierte) Partituren vertie-
fen (auch die Druckvorlagen der Digitalisierung müssen älter sein, damit sie nicht
mehr geschützt sind, oder jemand muss sich dransetzen und die Werke in eine
Software eingeben). Wenn nun aber diejenigen öffentlichen Einrichtungen, die
klassische Musik produzieren, im Wesentlichen die Sinfonieorchester der Gebiets-
körperschaften und der öffentlichen Rundfunkanstalten, ferner auch die Musik-
schulen und Musikhochschulen, daran gingen, diese Musik auch als öffentliche zu
produzieren, sie für alle und jeden freizugeben (was bisher nur einige wenige
Künstler und Ensembles tun)? Das wäre natürlich eine Revolution auf dem Klas-
sikmarkt, ja das Ende des Klassikmarktes, wie wir ihn kennen, das Konzertwesen
einmal ausgenommen. Es wäre der Anfang eines Zustandes, wo „unser" kulturelles
Erbe Klassik uns wirklich gehört, nicht nur schriftlich, sondern auch akustisch. Es
wäre das Ende der künstlichen Verknappung des unendlich kopierbaren Gutes
klassische Musik und zugleich des – für die Masse der Künstler oft reichlich prekä-
ren – Marktes für Tonträger.

Goulds Paradies: Keine Konzert mehr, nur noch hochkonzentrierte und detail-
versessene Aufnahmen im Studio. Die Stereoanlagen sind heute gut, die Konzerte
für die öffentliche Hand teuer, und Spontaneität ist nur eine Scheinrechtfertigung
für eine professionelle Aufführung vor Publikum, in Wirklichkeit will man Perfek-

tion. Die bekommt man im Studio, zumal wenn ausgiebig eingespielt und geschnitten werden darf.

Raus aus dem Museum: Im Museum hängen die alten Bilder an der Wand. Mag es sich um ein Altarbild, ein privates Andachtsbild, ein Herrscherporträt für eine Residenz oder ein Stillleben für die Räume wohlhabender Bürger handeln, alle hängen sie gleich da, ohne Kirche, Wandelhalle und Boudoir drumherum, und ohne Gebet, Andacht oder die Repräsentationszwecke des Patriziers. Im Konzertsaal (und auch in praktisch allen anderen Räumen, die dazu dienen) hängt die Musik selbst in der historischen Aufführungspraxis wie im Museum. Die Hüter der reinen Lehre (und trotz des platten Wortspiels: Leere) mögen es für Kostümspektakel, für Mummenschanz und Disneyland halten – aber in welche Sphären eine historische Aufführungspraxis vordringen könnte!: Beginnend bei der Auswahl der Räume und der Sitzordnung (bzw. Stehordnung) von Orchester und Publikum, was ja durchaus noch Konsequenzen für den Klang hat, weiter aber auch über die Kleidung, die Beleuchtung, die Festtage mit ihren zugehörigen Zeremonien als Anlässe der Aufführung, historisch verbürgte Erfrischungen, bis hin zum dilettierenden Mäzen (oder Lokaltalent) als persönlicher Schüler des Kapellmeisters, der eine einfache aber effektvolle Stimme im Ensemble oder einen Solopart übernimmt (das Klavier in Beethovens Tripelkonzert!).

Klassik-Lounge: Statt der strengen Sitzreihen von Sesseln oder einer lieblosen „Bestuhlung" einer Halle wären tiefe Sofas lose gruppiert, oder der Boden mit dicken Teppichen belegt, mit verstreuten Sitzkissen allenthalben. Die Besucher lagerten dann höchst gemütlich hie und da, in legerer Kleidung, und lauschten ergriffen der Musik (eine Ahnung davon geben Konzerte im Freien mit ihrer Picknick-Atmosphäre). Das wäre ein schönes Ritual, und es herrschte eine gute Konzentration, mit der Musik und der Erbauung der Hörer als einzigen Endzwecken.

Sisyphus als Gärtner und die Rache des Marktes

Stellen wir uns Sisyphus vor, wie er in seinem Garten immer wieder Unkraut jätet, das seine Beete stets aufs Neue überwuchert. Stellen wir uns vor, es sei ein Gemüsegarten, auch Nutzgarten genannt. Je nach Wetterverlauf in einem Jahr ist die Ernte üppiger oder kärglicher: Mal ist die Arbeit fast umsonst, mal sind die Knollen, Stauden, Köpfe oder was immer prächtig, oft gleicht sich das auch so über die Sorten aus: Ein Gemüse gedeiht gut, ein anderes schlecht. Jedes Jahr wiederholen sich die Arbeiten: säen und pflanzen, ernten und umgraben, jäten und hacken. Stellen wir uns vor, dass Sisyphus einen großen Nutzen aus dem Garten zieht: Er ernährt damit sich und seine Familie, wenn auch nur zum Teil (er ist kein Bauer oder

Selbstversorger, das Wort kennt er eventuell noch nicht einmal). Stellen wir uns Sisyphus etwa als meinen Großvater vor, der eine neunköpfige Familie (ihn selbst eingeschlossen) zu ernähren hatte. Im Hauptberuf Eisenbahner, schuftete er vor und nach der Schicht im Garten, den wir Enkel als eine fast parkartige Rasenfläche mit einigen Blumenbeeten, Sträuchern und Obstbäumen kennen, der damals jedoch praktisch gänzlich mit Kartoffeln und mit Gemüse bepflanzt war. Er grub, so wird erzählt, am frühen Morgen und am Abend, vor und nach der Arbeit, den Garten um, oder erntete etwa die Kartoffeln. Das war nötig, denn nur so war es möglich, dass die ganze Familie vom recht bescheidenen Gehalt eines Bahnbeamten leben konnte. Eingekellerte Äpfel und Sauerkraut sorgten für die Gesundheit im Winter. Kartoffeln waren nicht irgendwie ein Grundnahrungsmittel, sie waren *das* Nahrungsmittel. Stellen wir uns nun Sisyphus in einer Zeit vor, in der die Lebensmittelpreise, gemessen an einem normalen Arbeitseinkommen, erheblich gesunken sind, in der Zeit der Lebensmittel-Discounter. Er bekommt dort ein Säckchen Kartoffeln (zweieinhalb Kilo) im Angebot für unter einem Euro, den Kohlkopf für 60 Cent. Selbst wenn er wollte, er könnte nur wenig einsparen, indem er solche Grundnahrungsmittel im Garten anbaute. Wenn er in derselben Zeit, wie er den Garten umgraben oder Kartoffeln ernten würde, einem auch nur einigermaßen erträglich bezahlten Zweitjob nachgeht, hat er weitaus mehr davon. Entweder tut er das, setzt sich lieber vor den Fernseher oder geht anderen Hobbys nach, weil es auch so reicht, oder er hat es ohnehin nicht nötig. Die teuren Lebensmittel sind andere, die baut man nicht nebenbei hinter dem Haus oder in der Gartenkolonie an; Miete, Heizkosten und Telefonrechnungen lassen sich nicht durch Gartenbau senken. Gärtnern, um die Familie zu ernähren, das ergibt keinen rechten Sinn mehr. Entweder ist Sisyphus schon etwas älter, Rentner vielleicht, und bestellt nach wie vor seinen Garten, vielleicht gegenüber früher etwas verkleinert, aus Gewohnheit, aus Pflichtgefühl (Gartenarbeit muss eben gemacht werden, wenn die jeweilige Zeit gekommen ist), damit man noch etwas zu tun hat. Vielleicht hat Sisyphus die Gärtnerei auch erst entdeckt, ist mit der jungen Familie aufs Land, oder zumindest aus der Stadt heraus gezogen, liebt irgendwie die Natur, und warum das Gemüse aus Spanien oder dem holländischen Treibhaus kaufen? Sisyphus ist Dilettant im besten Sinne; das Gemüse schmeckt, und zwar genau *weil* es aus dem eigenen Garten ist, auch wenn das im Supermarkt besser aussieht (das kann man ja immer noch jederzeit kaufen), und das beim Nachbarn irgendwie größer ist. Man kann sich beim Nachbarn ja Ratschläge holen, aber dann erzählt der von früher, wie er da in seinem Garten... Das Fleckchen Erde ist jedenfalls seines, und was darauf wächst, ist Sisyphus' Stolz. Manchmal fragt er sich allerdings, was er mit zehn Kohlrabi anfangen soll, wenn die ausgewachsen sind. Das Unkrautjäten ist manchmal auch lästig: Schon wieder sprießt es überall, während die gesäten Kräuter nicht zu erkennen sind. Naja, das ist Natur, und ein bisschen Wildnis ist nicht schlimm, auf ein paar Unkräuter (Unkraut gibt es ja eigentlich gar nicht!) mehr oder weniger kommt es nicht an. Man macht es ja nicht, weil man muss, wegen des Geldes, sondern weil's Spaß macht, irgendwie gesund ist (wer will schon diese Dinger aus dem Discounter, die alle gleich aussehen; die sehen gar nicht aus, als ob sie jemals an einer grünen Pflanze hingen). Oder aber Sisyphus, selbst wenn er finanziell notleidend wäre, hat keinen Garten. Der Arbeiter, der nebenbei, und zwar aus Notwendigkeit Kleinbauer ist, ist ausgestorben. Es brächte ihm eben auch finanziell nicht viel. Der Markt, das System der Supermärkte, hat die Lebensmittelpreise gedrückt. Nicht so weit, dass sie für manche nicht immer noch hoch genug wären, aber gerade so weit, dass man sich deswegen nicht neben dem Knochenjob die Gartenarbeit aufhalsen muss (oder selbst dann nicht, wenn man arbeitslos wäre), zumal man dazu einen Garten bräuchte; das kostet ja auch irgendwie, wenn man nicht schon lange ein Eigenheim hat oder irgendwo in der Einöde ein Haus gemietet hat, wo es den Garten praktisch umsonst dazu gibt. Sisyphus überlegt sich's zweimal, ob er gärtnern soll für den Lebensunterhalt, oder vielmehr: Er überlegt sich's erst gar nicht. Es bringt nichts. Was im Garten gut wachsen würde, das wächst bei der Agrarindustrie umso besser und zuverlässiger, und ist deshalb umso billiger (vielleicht, im günstigsten Fall, hätte ein Arbeitsloser mit viel Zeit, bei guter Gesundheit, der viel Gartenfläche hat, einen gewissen Vorteil; er müsste sich aber so manches aneignen: Wenn er große Mengen erntet, dann müssen die auch haltbar gemacht und gelagert werden). Sparen lässt sich nur noch beim Einkaufen, so paradox das klingt. Aber wenn er gärtnert: Müssen wir uns dann Sisyphus als einen glücklichen Gärtner vorstellen?

> *„,Ich weiß auch', sprach Candide, ,dass wir unsern Garten bestellen müssen.' [...] ,Lasst uns arbeiten, ohne zu vernünfteln', sprach Martin, ,das ist das einzige Mittel, sich das Leben erträglich zu machen.'"*

> (Voltaire, Candide)

Kritik der fußballerischen Urteilskraft

Wer schaut denn so Fußball, dass er rein die Technik, die Strategie, die Schönheit des Spiels beider Seiten bewundert, interesseloses Wohlgefallen an der gelungenen Form des Spiels erfährt, ohne auf Vorteil und Nachteil, Sieg oder Niederlage der einen oder anderen Mannschaft zu hoffen, sondern nur auf guten, auf ästhetischen Fußball? Gelingt das nicht einmal den Journalisten und Kommentatoren, bzw. diesen auch immer weniger? Die teleologische Urteilskraft sieht natürlich zu Recht im Fußballspiel den Zweck des Gewinnens (des Unterhaltens durch Wettstreit, des

Geldverdienens durch Erfolg usw.), vielleicht nicht um jeden Preis, aber als deutlich zu Erhoffendes. Trotzdem ist der Mannschaft, die schön spielt, eine gewisse Sympathie sicher, oft achselzuckend eingestanden: Es gibt keine Schönheitspunkte, zumindest nicht auf dem Platz, vielleicht noch in den Sportsendungen, -seiten und - zeitschriften. Fußball ist Wettbewerb, sicher, aber in einer Form, die der Natur des Wettbewerbs Regeln gibt, und fußballerisches Genie ist diejenige Befähigung, die sich innerhalb dieser vorschreibenden Regeln eigene schöpferische Regeln gibt, nämlich die Regeln eines verkörperten Wissens und Improvisierens rund um die geschickte Behandlung des Balles und die taktisch kluge Bewegung im Raum, ein Wissen, das zumindest variantenreich, wenn nicht teilweise neu und ungesehen ist. Diese Regeln, als Bewegungsabfolgen, Spielzüge, Zusammenspiel und als intuitive Beherrschung der Gesetze der Balltechnik, bilden einen Stil, dessen Regelmäßigkeiten man erahnt, aber manchmal doch nicht ganz begreift oder zumindest in Worte fassen kann, zumal er diese Regeln nicht nur verkörpert als ein Repertoire, sondern eine Grammatik für immer neue Wendungen. Ferner sind es die verinnerlichten Regeln dessen, was man darf und wie weit man gehen kann, und idealerweise erlaubt die fußballerische Kunst, dass man über den Vorschriften steht, sei es, dass man so viele Möglichkeiten kennt und ständig neu erschafft, dass man sich gar nicht an den Rändern des Regelverstoßes entlangarbeiten muss, sei es, dass dem Künstler manche Regelübertretung, manche Provokation verziehen wird, ja, dass das als zur Kunst zugehörig angesehen wird. Die Kontemplation beim Betrachten eines Fußballspiels ist nicht langweilige Analyse von Rasenschach, sondern das Stadion ist ein Amphitheater, ein Opernhaus (die einzige würdige Alternative wäre: der Hexenkessel), und das Spiel hat seine Dramatik: etwa eine Tragik, bei der die Protagonisten nicht alleine Herren (Frauenfußball eingeschlossen) ihres Schicksals sind, sondern Teil eines höheren Spiels. Die Spieler sind zumeist sehr eins mit ihrer Rolle, aber manchmal fallen sie auf die allermenschlichste, oder die allerfremdeste Weise heraus.

Erst wenn das Wohlgefallen interesselos ist, nicht auf Sieg oder Niederlage einer Mannschaft hofft, deren Spieler austauschbar sind, sondern wenn der einzelne Fußballkünstler oder das Kollektiv von Virtuosen als Schöpfer eines ästhetischen Gutes, einer dramatischen Handlung bewundert werden, dann sind beliebige Wechsel von Fußballern von einer zur anderen Mannschaft wirklich gerechtfertigt, wenn dadurch produktive Ensembles (mit oder ohne Solisten) zusammenkommen. Dann sind auch Nationalmannschaften gerechtfertigt, sofern man in deren Spiel einen Nationalstil erkennen kann, ein künstlerisches Erbe, oder eine aufsteigende neue Schule, die sich in einer nationalen Fußballkultur verfestigt hat.

Es ist in fast allen Kreisen schick geworden, Fußball zu mögen, zu schauen, und darüber zu reden. Der Fan als kongenialer Mitschöpfer der Atmosphäre eines Spiels könnte damit verlorengehen, und der Fan als ästhetischer Betrachter und

Kritiker bleibt trotzdem aus. Die proletarische Fußballkritik ist oder war von herber Sprache, nicht interessiert, sondern passioniert, mit Leib und Seele von Leidenschaft durchdrungen, verfluchend und leidend, vergötternd und (bier-)selig – sicher nicht interesselos; die kleinbürgerlich-bürgerliche Fußballguckerei ist unkritisch, jubelnd oder bedrückt, manchmal auch nur in einem Sinne interessiert, wie man das Wort „interessant" als kleinstmögliches, bestenfalls höfliches, oft nicht recht aufrichtiges Lob verwendet, oder desinteressiert, wenn man in den Lounges, welche die modernen Arenen für das zahlungskräftige Publikum unterhalten, nur seine Geschäftsbeziehungen und Gesellschaftskontakte unterhält. Das intellektuelle Schreiben über Fußball ist größtenteils anbiedernd, den Populismus der modischen Fußballbegeisterung, den Politiker und Medien vorexerzieren, wortreich oder wortarm überhöhend. Die Arena nutzt der wahre Fan als Bühne, um sich mithilfe des Fußballs zu inszenieren, und sie wird da zu einem nicht länger mit Leben erfüllten, entweihten Festspielort, wenn sich Krethi und Plethi (Herr und Frau von und zu Krethi und Plethi, sowie der Inhaber der Firma Krethi & Co. eingeschlossen) den farbigen Schal überwerfen und mit Begeisterung Fußball schauen und bejubeln gehen, als Publikum, das weder recht mitspielt noch innig beschaut. Wenn der Mensch nur da ganz Mensch ist, wo er spielt, dann besteht ein Teil der ästhetischen Erziehung des Menschen darin, sich schöne Spiele anzuschauen. Es muss aber der Sinn für ihre Schönheit geweckt werden, und mit ein wenig Sinn für Ironie kann man das Vorstehende als Abhandlung und Anleitung zu diesem zweckbefreiten und doch so befreienden Zwecke lesen.

Lob des Zufalls

Der Zufall gilt allgemein als recht zwiespältige Sache: Ob man hier oder da im Leben landet, ob man den Richtigen oder die Richtige findet usw. – alles nicht so genau vorherzusagen; am besten wäre, alles ginge entweder geplant seinen guten Weg oder das Unvorhergesehene, Unvorhersehbare bleibt bestenfalls positive Überraschung, die negativen Überraschungen werden aufgefangen oder in positive verwandelt. Mancher glaubt an Vorsehung, an einen Endzweck, auf das sich dieses oder jenes hinbewegt, an (bisher oder immer) verborgene Zusammenhänge hinter den Zufällen (Einstein meinte zur Quantenmechanik, in der bekanntlich manche Zustände bislang als streng zufällig angesehen werden müssen: „Jedenfalls bin ich überzeugt, dass der Alte nicht würfelt"), aber was hilft's?, vieles tritt uns eben doch als solche, nämlich Zufälle, gegenüber. Wir müssen das Beste daraus machen. Hierüber dieses kleine Stück.

Manchmal finden wir den Zufall ja auch gerecht: Wenn nicht entschieden werden kann, ob der einen oder der anderen Person etwas zufallen soll, und keine sachlichen Gründe für die Entscheidung vorliegen, dann lässt man das Los entscheiden, und das entspricht immerhin der edlen Vorstellung, dass alle Menschen gleich seien. Die alten Athener bestimmten eine Zeit lang so wichtige politische Ämter. Und in der Tat ist das mit den Ämtern so eine Sache: Man wählt Programme und bekommt – Politiker. Oder man wählt Politiker und bekommt die so genannten „unpopulären Maßnahmen" und „schmerzhaften Einschnitte", für die jetzt die Gelegenheit sei, wenn mal gerade keine Wahlen bevorstehen etc., und von denen vor den Wahlen keine Rede war. Da liegt es doch nahe, dass wir alle gleich selbst (potenzielle) Politiker werden: Dann fallen Programm, Wählerwille, Charakter, Amtsübernahme und Handeln im Amt nicht länger auseinander. Wenn alle mitentscheiden, dann ist das bekanntlich direkte Demokratie. Da das aber aufwändig ist, könnte man auch immer nur einen Teil der Bevölkerung abstimmen lassen, der zufällig ausgelost wird. Entweder bestimmen diese Personen über eine längere Dauer die Politik, und können an ihrem Amt wachsen und darin lernen, ohne auf eine Wiederwahl zu lauern, oder man wechselt für jede Entscheidung die Entscheider durch neue Auslosung aus. Ein solches Losparlament, zufällig bestimmt, ist so repräsentativ wie sonst nichts (wenn sich keiner vor dem Einzug drücken kann, oder wenn zumindest für jeden ausreichende Anreize bestehen, den Sitz auch wirklich einzunehmen), und man kann genau berechnen, wie groß die Wahrscheinlichkeit ist, dass die Meinung im Parlament durch zufällige Abweichungen von derjenigen in der Bevölkerung verschieden ist (Lerneffekte während der Zeit im Parlament einmal außen vor gelassen). Je größer, desto repräsentativer. Vielleicht setzt man aber gerade auch mehr auf die Lerneffekte und zunehmendes Expertentum, vor allem aber auch auf die Diskussionen in einem solchen Parlament, das wirklich etwas zu diskutieren hätte, weil die Abgeordneten nicht durch Partei- und Fraktionsdisziplin oder sonstigen Erwägungen vorwiegend nur solche Dinge von sich geben, die recht erwartbar sind, und dann doch so abstimmen, wie man es erwarten konnte oder von ihnen erwartet wird.

Dieses Verfahren ist wie erwähnt keineswegs neu, und auch in jüngerer Zeit öfter vorgeschlagen worden. Es hat noch einen anderen entscheidenden Vorteil: Es gibt oftmals zwei oder mehr Parlamente, Räte oder wie auch immer sie heißen, die miteinander zusammenhängende Entscheidungen treffen, oder gar über dieselben Dinge entscheiden: Bundestag und Bundesrat oder Repräsentantenhaus und Senat oder wie das auch immer je nach Land heißt, ferner z. B. die Rundfunkräte in den Landesmedienanstalten (Bayerischer Rundfunk, NDR usw.), die die Gesellschaft vertreten und über das Geschehen in den Sendern wachen sollen, und auf der anderen Seite die Landtage, die über die Medienpolitik in ihrem Land bestimmen, die nicht selten einen größeren Teil der Mitglieder der Rundfunkräte wählen, und deren Mitglieder genau diejenigen Politiker sind, über die die Medien (unter anderem die Sender der Landesrunfunkanstalten) dann berichten. Ähnliche Verbindungen finden sich auch andernorts. Da liegen natürlich Klüngelei, Parteiräson, Versorgung altgedienter Parteisoldaten mit Ämtern, Spezitum usw., wie auch immer man es nennen mag, nahe, weil auf beiden Seiten Vertreter derselben Parteien sitzen (oder der Form halber Leute, die nicht in einer Partei sind, aber mehr oder weniger treu auf Linie), und noch näher miteinander verbundene Leute. Sobald man eines oder beide Gremien nun per Los besetzt, löst sich das Problem auf: Niemand kann damit rechnen, dass ein zufällig ausgewählter Bürger genau derjenige Gschaftlhuber ist, den man gerne auf der anderen Seite sähe. Der Bürger mag zwar auch eine Lieblingspartei haben oder sogar einer angehören, allzu leicht vor deren Karren wird er sich aber nicht unbedingt spannen lassen, und persönlich verbandelt wird er in der Regel mit keinem Politiker (oder einem gleichfalls ausgelösten Bürger im anderen Gremium) sein – das wäre ein äußerst seltener Fall, auf den niemand seine verfilzten Pläne aufbauen kann. Der Zufall ist der Freund des politisch mündigen Bürgers (und desjenigen, der sich im Losparlament politisch weiterentwickelt), bzw. desjenigen Demokraten, der alle Bürger für prinzipiell mündig hält, und der Zufall ist der Verhinderer von Seilschaften über diejenigen Gremien hinweg, die sich eigentlich kontrollieren oder unabhängig voneinander sein sollten.

Krank zu werden ist ein sehr unglücklicher Zufall, und darum gibt es Versicherungen, oft auch solche, wo jeder solidarisch (bzw. zwangssolidarisch) einzahlt und durch die keiner wegen erhöhter Wahrscheinlichkeit einer Erkrankung benachteiligt werden darf. Aber das ist hier nicht das Thema. Vielmehr: Der Zufall ist der beste Helfer der Medizin, nämlich in dem Stadium, wo noch unsicher ist, ob eine Behandlung wirklich eine Besserung bewirkt. Deshalb sollten Ärzte und Patienten dem Zufall zu seinem Recht verhelfen, auf dass mehr medizinische Erkenntnisse entstehen. Wie hilft nun der Zufall bei deren Entstehung mit? Gemeint sind nicht die Zufallsentdeckungen, die ein Forscher macht, indem er einen Einfall hat oder etwas Unvorhersehbares bemerkt. Vielmehr wird der Zufall zentral auch da eingesetzt, wo man eine konkrete Hypothese hat: Eine Behandlung ist besser als eine andere (zum Beispiel ein Medikament einem anderen überlegen), was es zu beweisen gilt. Nun zeigt man das nicht, indem man diejenigen vergleicht, die „zufällig" das eine oder das andere Medikament bekommen oder genommen haben, um dieselbe in Frage stehende Krankheit zu behandeln. Hier handelt es sich nämlich um keine tatsächlich zufällige Gruppenbildung, zumindest keine, von der man genau wüsste, dass sie zufällig ist, denn die beiden Gruppen könnten sich in mehr unterscheiden als in dem eingenommenen Medikament. So könnte ein Medikament als pflanzlich, natürlich gelten, das andere als chemisch, synthetisch. Haben die Patienten eine gewisse Wahl zwischen den Medikamenten (indem beide frei erhältlich sind, oder indem die Gruppen zu je einem anderen Typus Arzt tendieren, der je eines der beiden Medikamente bevorzugt), so werden sich die beiden Gruppen in ihrem Lebensstil, vielleicht auch ihrem Alter und womöglich noch manchem anderen unterscheiden, was Einfluss darauf hat, wie schnell sie sich von der fraglichen Krankheit erholen. Gesundet eine der Gruppen aufgrund solcher Einflüsse schneller, so wird das den Unterschied zwischen den Medikamenten kleiner oder größer erscheinen lassen, als er in Wirklichkeit ist, oder sogar einen Eindruck hervorrufen, der genau umgekehrt ist wie es der Wirkungskraft der Mittel entspricht.

Man bräuchte also zwei genau vergleichbare Gruppen, denen man dann je ein Medikament verabreicht, um einen sicheren Vergleich zu haben. Nun könnte man mühsam Gruppen zusammensuchen: so viele Frauen, so viele Männer, so viele Alte, so viele Junge, so viele mit gesundem, so viele mit ungesundem Lebensstil usw. Beschwerlich ist das und letztlich keine sichere Sache. Besser geht es, indem man alle Personen, an denen man das Medikament erproben will, zufällig in zwei Gruppen einteilt, also gleichermaßen für jede Person auswürfelt, in welche Gruppe sie kommt; und so wird es auch in guten Studien gemacht. Zwar können sich durch den Zufall der Einteilung die Gruppen dann doch unterscheiden, aber das wird umso unwahrscheinlicher, je größer die Gruppen sind (das ist das so genannte Gesetz der großen Zahl), und vor allem kann man genau berechnen, wie groß die Wahrscheinlichkeit ist, dass der Zufall bei der Gruppeneinteilung sehr einseitig war. Bedeutet: Unterscheiden sich die Gruppen nach der Gabe der jeweiligen Arzneien in ihrem Gesundheitszustand, dann liegt es in erster Linie an den Medikamenten, und in zweiter Linie an zufälligen Ungleichgewichten zwischen den Gruppen. Und man kann dann genau ausrechnen und sagen: Die Wahrscheinlichkeit, dass der Unterschied nicht auf die Medikamente zurückzuführen ist, sondern auf zufällige Unterschiede der Gruppen (dass in eine der Gruppen also einfach zufällig mehr gesunde, zur schnelleren Genesung neigende Personen hinein eingeteilt wurden) beträgt ein Prozent, oder ein Zehntel Prozent, oder was auch immer man als eine ausreichend kleine Wahrscheinlichkeit ansieht. Mit noch einigen anderen Vorkehrungen macht man *so* gute medizinische (und andere) Studien – man nennt sie „randomisierte" Studien. Nun ist es aber immer mühselig, so eine Studie zu organisieren. Deshalb haben einige vorgeschlagen, dass immer dann, wenn ein Patient zu einem Arzt kommt, und dieser eine Krankheit feststellt, von der man nicht weiß, welches von zwei oder mehr Medikamenten besser wirkt, der Arzt dem Patienten eines der Medikamente zufällig verschreibt, den weiteren Verlauf beobachtet, und aufzeichnet, dass er jenes Mittel verschrieben hat und ob und wie schnell der Kranke gesund wurde. Diese Daten würden dann gesammelt, und wenn sie in ausreichender Menge vorliegen, ausgewertet. Bei verbreiteten Krankheiten kämen so in kürzester Zeit zwei oder mehr riesige Gruppen zusammen, die man vergleichen könnte.

Dazu braucht man keinerlei weitere Daten von den Patienten zu erheben, denn es reichen alleine Angaben dazu, welches Medikament verschrieben wurde (oder welche andere Behandlung angeordnet wurde), und wie der weitere Verlauf war – kein Name, kein Geburtsdatum, keine Adresse, nichts dergleichen (man kann natürlich weitere Daten über den Gesundheitszustand oder den Körper des Patienten erheben, denn ein Medikament könnte je nach Zustand oder bestimmten körperlichen Faktoren anders wirken, so dass dies in die Auswertung einzubeziehen wäre). Natürlich müsste das unter strengster Kontrolle ablaufen: Nur wenn wirklich Unklarheit besteht, welche Behandlung besser ist, nur Medikamente, von denen vorher die Unschädlichkeit festgestellt wurde – kein Arzt dürfte einfach so eine Studie beginnen, sondern das müsste von Expertenseite festgestellt werden, und einer solchen Studie an der Masse der Patienten müsste durchweg kleinere Erprobungen vorausgehen, aber solche Massenstudien wären eben dann unschlagbar, wenn es um den letzten Nachweis der Überlegenheit geht.

Dieser Vorschlag mag vielleicht Unbehagen auslösen: Werden wir dann nicht alle Versuchskaninchen? Aber wir sind ja es ohnehin, indem uns womöglich noch lange Zeit zwei Medikamente verschrieben werden (bzw. „zufällig", aber eben doch nicht wirklich zufällig, je eines davon), von denen man nicht weiß, welches besser ist, und das, ohne dass unser Krankheitsverlauf auf dieses Erkenntnisziel hin ausgewertet würde. Wir nehmen alle dauernd sozusagen an Experimenten teil, die niemand auswertet. Und wenn einmal eine neue, vielversprechende Therapie recht riskant ist, dann kann man immer noch entscheiden, der Masse der Patienten die bisherige Behandlung zukommen zu lassen und die neue an kleineren Gruppen Freiwilliger zu erproben. Für viele Krankheiten und Behandlungen wäre jedoch eine solche große, randomisierte Studie an der Masse der Patienten, ein schneller und sicherer Weg zur Erkenntnis über die Wirkung von Therapien (und jeder Statistiker, der Studien auswertet, leckt sich die Finger nach so großen Gruppen: Da sind die Ergebnisse bombensicher). Der Kranke wäre so nicht nur hilfsbedürftig, sondern Helfer – Helfer der Erkenntnis und zukünftiger Kranker, die von dem neu erworbenen Wissen ihren Nutzen haben. Eine Frage der Gerechtigkeit wäre es überdies: So würde jeder an Studien teilnehmen und nicht, wie es in Ländern der Fall ist, wo nicht jeder eine Krankenversicherung hat, vor allem diejenigen, die sonst keinen Zugang zu bestimmten Behandlungen hätten, oder überhaupt diejenigen, welche die „Aufwandsentschädigung" für die Teilnahme an einer Studie dringend gebrauchen können.

Ob man gesund ist oder krank wird, das hängt zu einem nicht unerheblichen Teil vom Zufall ab, ja weiter: In welchem Körper man geboren wird, in welche Zeitumstände, in welche Familie, das steht bekanntlich außer unserer Macht. Die einen sind aus wohlhabendem Hause, oder eben: sind sozusagen zufällig dort hineingefallen, erben womöglich auch beizeiten reich, während andere kaum Zeit ihres Lebens auf den redensartlichen grünen Zweig kommen, ganz zu schweigen von weiten grünen Ländereien oder was sonst die modernen Äquivalente zu einer üppigen

Bodenrente sind. Ob dieser Lotterie des Lebens, der Verschiedenheit des menschlichen Loses, ist denn auch Gerechtigkeit danach bestimmt worden, welche Gesellschaft man sich wünschen würde, in der dieses Los für jeden erträglich werden kann (denn keinesfalls ist ja alles blinder Zufall, und selbst manches, welches uns so gegenübertritt, ist reines Menschenwerk, ist Boshaftigkeit oder eben blindes Walten der Menschen an anderer Stelle, blind, geblendet oder mit geschlossenen Augen, so dass sie nicht sehen oder sehen wollen, welche Wirkungen ihr Tun hat, oder es auch ihnen fälschlicherweise als zwingende Konsequenz unabänderlichen Zufalls oder gesetzesmäßiger Notwendigkeit erscheinen will). Da wir aber alle bereits irgendwohin geworfen sind, und so das blinde Walten des Zufalls und anderer gespürt haben, müssen wir uns aus dieser Position herausbegeben, sie vergessen und uns fragen (so nach John Rawls): Wenn ich nicht wüsste, wohin mich das Leben verschlägt, wie müsste dann die Gesellschaft aussehen, in der ich es an jeder Stelle erträglich wenn nicht behaglich fände? Wie müssten, unter anderem, der Reichtum und die menschgemachten Gelegenheiten des Lebens, die Ausgleiche für erlittene zufällige Nachteile usw. beschaffen und verteilt sein? So kommen wir zu einer dritten Nutzungsmöglichkeit des Zufalls, wo, Zufall gegen Zufall wirken soll, hier: der Zufall des Erbens ausgeglichen werden soll.

Das mit dem Erben ist so eine Sache: Irgendwie scheint dem Erben das zuzustehen; die Sachen und Gelder bleiben in der Familie, wir haben uns so daran gewöhnt, dass es uns als ganz natürliche Sache erscheint – wie die Abstammung ja auch eine biologische ist, deren Wirkung allerdings im Testament teilweise außer Kraft gesetzt werden kann, und dann mittels des Pflichtteils wieder in das Erbrecht hereingeholt wird. Irgendwie missfällt uns das Erben aber auch: Es schenkt grundlos noch mehr oder eben noch ganz anderes, als einem aufgrund seiner natürlichen Abstammung geschenkt ist oder nicht, nämlich die Gene, der Körper, die Familie, in der man aufwächst (wobei das natürlich auch andernorts als bei den biologischen Eltern geschehen kann), die Umstände, in denen man zur Welt kommt usw., sondern darüber hinaus auf einmal Geld- und Sachwerte, die einem plötzlich ganz alleine gehören. Und bekanntlich hat man für diese nichts, oder zumindest nicht in der sonst üblichen Weise gearbeitet (ob man nun in irgendeiner Weise dem Erblasser geholfen hat, sein Vermögen zu mehren, oder nicht), daran ändern auch so schöne Worte nicht, wie: Verpflichtung, Familientradition, oder „Erwirb es, um es zu besitzen". Der Meritokrat, und womöglich nicht nur der, müsste fordern: Was du erbst von deinen Vätern (oder was du zu vererben hast), verschenke zufällig oder gleichmäßig an alle, oder organisiere einen Wettbewerb darum, wer es bekommen soll. Manche haben das konsequentermaßen vertreten, aber diese Auffassung hat sich in dem Maße durchgesetzt, wie es sich aus verbreiteten Meinungen ergeben müsste, die „Leistungsgerechtigkeit" fordern. Der überzeugte Kapitalist weiß manchmal nicht so recht, ob er das Erbe wie jedes Eigentum maximal schützen und die Abschaffung der Erbschaftssteuer fordern soll, oder ob er sie nicht kräftig erhöhen würde, um nur selbst erarbeitetes Eigentum und Einkommen in seinem System zuzulassen. Warum aber Erbschaftssteuer, warum dem Staat geben, was genauso jedem anderen sein könnte, wie man auch jeder beliebigen Person etwas vererben kann? Wie wäre es dann, einer zufälligen Person etwas zu vererben? Nicht alles, schon aus zwei Gründen nicht: Kleine Erbschaften, das berühmte Häuschen von Oma, in dem die Kinder oder Enkel wohnen können, sollten möglich sein, vielleicht auch die Weitergabe eines kleineren Familienbetriebs, falls sich in der Familie überhaupt jemand findet, der darauf Lust hat (obwohl vielen nie im Leben ein Haus oder ein Familienbetrieb in den Schoß fallen wird, ob sie sich nun bereits von klein auf um einen solchen verdient gemacht haben oder nicht). Ferner: Alles, bzw. alles was über eine kleine Erbschaft hinausgeht, zufällig einer einzelnen Person zu vererben, das schaffte große, sinnlose Ungerechtigkeit, trotz Zufall und prinzipieller Gleichheit aller vor dem Los.

Die Alternative wäre: Den Überschuss großer Erbschaften nicht beliebig fein verstreuen, einem Einzelnen schenken oder an den Staat fallen lassen, sondern in kleinen, aber bedeutsamen Paketen, in der Größenordnung von Tausend Euro oder ein kleineres Vielfaches davon, zufällig verteilen (besteuern kann man dann immer noch zusätzlich, wenn man will), so dass damit ein deutlicher Effekt für den einzelnen verbunden ist, und damit die Verteilung bestimmter Arten von Vermögen überhaupt machbar wird. Geldbeträge könnten natürlich in beliebig kleinen Stückelungen verteilt werden, Sachwerte, Unternehmensanteile und bestimmte Geldanlagen jedoch nicht. Insbesondere bei Unternehmen und Sachwerten würde so der Einzelne durch eine größere Stückelung gerade erst wirklich beteiligt, er würde ein richtiggehender Anteilseigner, wie er in der Losdemokratie Politiker, Parlamentarier, Gremienmitglied usw. würde. Natürlich stünde es jedem frei, seinen Anteil zu veräußern oder diejenigen anderer aufzukaufen, insbesondere um so in den Besitz eines größeren Anteils zu gelangen, und unteilbare Vermögenswerte könnten mit Mehrheitsbeschluss der Erben im Ganzen veräußert werden (Einstimmigkeit wäre wünschenswert, ist jedoch bei sehr wertvollen Vermögensgegenständen, mit sehr vielen Anteilseignern, wohl oft nicht zu erzielen) – andernfalls teilen sich eben die Erträge unter den Eignern auf, soweit aus dem Gegenstand welche anfallen. Durch ausreichend große Stückelung entstünde der Effekt, dass die Erben wirklich ein Interesse daran haben, ihre Interessen wahrzunehmen (ein Unternehmen mit Anteilseignern, von denen jeder nur mit wenigen Euro beteiligt ist, wäre diesen Einzelnen nicht sonderlich wichtig), wenn die Stückelung wiederum ausreichend klein ist, käme praktisch jeder einmal in den Genuss einer Erbschaft, wenn immer wieder größere Vermögen verteilt werden. Es wäre abzuwägen, ob man bereits Minderjährigen eine Erbschaft erlaubt, und ihnen im Laufe ihres Heranwachsens immer mehr Verfügung darüber zubilligt (und wer in der Zwischenzeit ihre Interessen vertreten soll), ob gar anfallende Erbschaften unter den Neugeborenen desselben Jahrganges verlost oder – was wegen der begrenzten Zahl dann auch möglich wäre – gleichmäßig aufgeteilt werden sollten, damit jeder mit einem Grundstock an Vermögen ins Leben startet, oder ob jeder Bürger gleichermaßen erbberechtigt ist, oder nur bis zu einem gewissen Alter, unter einem gewissen Einkommen und Vermögen, usw.

Ein solches System bliebe kapitalistisch, es ist nur eine Reform, keine ganze Revolution; den einen mag es bereits zu radikal, den anderen zu wenig erscheinen; ja, dieses System wäre sozusagen noch „kapitalistischer", weil alle die Chance hätten, kleine Kapitalisten zu werden, mit der Frage, wie das auf den Charakter durchschlägt: Würden die Tugenden oder die Untugenden „des Kapitalisten" verbreitet (welche auch immer das im Einzelnen sind), würden alle mehr von dem durchschauen, was wir Kapitalismus nennen, oder entstünde ein Kapitalismus der noch weniger aufgeklärten Kapitalisten? Wie dem auch sei, jeder hätte das gleiche Recht zu erben, gilt ein jeder doch prinzipiell als mündig zu jeder Art von Geschäften, und wie mündig die heutigen Kapitalisten und ihre Manager sind, fragt auch selten einer (bzw. wird gelegentlich gefragt, aber ohne Konsequenz). Wer nicht Kapitalist sein will, kann entweder verkaufen und das Geld für andere Dinge verwenden, verschenken, oder für eine sozusagen antikapitalistische Umgestaltung „seines" Unternehmens eintreten. Ein solches System wäre auch zunächst nationalstaatlich (daran denkt man selten: dass reiche Nationen sich ihren Reichtum meist selbst vererben), und wäre nur dann eigentlich gerecht, wenn die Erben in allen Erdteilen zufällig gefunden würden.

Zufall ist gleichermaßen, wenn rohe Kräfte sinnlos walten, gesellschaftliche und natürliche Kräfte, und wenn der Würfel lautlos auf den samtenen Tischen des Casinos kullert, oder mehr noch, die Bits im Zufallsgenerator eines Rechners oder dem Terminal des Brokers unhörbar und unsichtbar schnell flitzen und switchen. Nützlich ist der Zufall, wenn daraus Demokratie, Gesundheit und Gerechtigkeit entspringen. Die Losdemokratie ist so womöglich ein heilsames Experiment, die verallgemeinerte randomisierte Studie eine gerechte und demokratische Mitwirkung aller an der Erkenntnis, und das zufällige Vererben womöglich Vorzeichen eines gesunden demokratischen Gemeinwesens.

Pferderennen und Buchhaltung

Das Prinzip Pferderennen: Dinge werden erzählt als Wettkampf, als Vorbeiziehen, als Gerangel um die besten Plätze. So kann man auch manche soziale Praxis begreifen. Ganz falsch ist das nicht: Nur die besten x Bewerber bekommen einen Job, es gibt nur eine(n) Bundeskanzler(in), beim Sport gewinnt man nicht durch viele Tore und schnelles Laufen, sondern nur durch mehr Tore und schnelleres Laufen. Aber das macht gerade den Reiz, ein wenig aber auch die Absurdität des Sports aus: Man hat es nicht in der Hand, sondern die Tagesform des Gegners entscheidet, aber es ist eben so spannend.

Vieles lässt sich so beschreiben: Die Politik als Machtkampf und Taktik. Die Bewertung von Städten, Regionen, Unis, Schulen usw. als Rankings. Die Charts im Musikbereich werden erzählt als ewige Bewegung von Aufstieg und Sinken, vom Scheitern vor dem Erreichen des Gipfels, vom Durchhaltevermögen oder den Eintagsfliegen. Usw.

Buchhaltung dagegen ist langweilig, aber notwendig: Man muss Inventur machen und sehen was man hat. Was können die Schüler denn nun wirklich? Wie viele Studenten betreut denn ein Professor? Was wird in einem Bildungssystem denn mit dem Geld angestellt, und was kommt im Einzelnen dabei raus (in den einzelnen Fächern, wie viele Aufstiege durch Bildung, wie viele Schulabbrüche usw.), jenseits eines Platzes in der Länder-Rangliste (die sich angesichts der internationalen Rangliste schnell relativiert)? Was verdient denn die Plattenindustrie noch an den Stars, und wie viele Leute kaufen denn eigentlich die Platten einer mittelmäßig bekannten Band? Was haben wir eigentlich vom ständigen Hype um neue Popstars, wie kommt denn die Kreativität in den Musikzirkus, wie entstehen Bindungen von Fans und wie Stile? Aber das ist schon fast wieder ein altes Lied, das man bereits problemlos nebenher ablaufen lassen kann, während man Hitparaden als eine spannende Erzählung vorträgt, die selbst so wenig Orientierung über das Musikgeschäft bietet. Wenn man nicht genug Hitparaden hat, dann schafft man sich neue, lässt die Leute anrufen, abstimmen, und schon hat man ein spannendes Rennen bei minimalem Erkenntniswert.

Nebenbei erinnert: Konstruktionen wie die Charts, die Arbeitslosenquote, die Rankings lassen ihre Produktion vergessen und verleiten dazu, sie mit der Realität zu verwechseln: Etwas *ist* das Zweitbeste, man hat sich (oder etwas) verbessert, soundsoviele *sind* arbeitslos usw. Paradoxerweise gilt schon fast: Je komplizierter die Daten, desto eher macht man sich bewusst, wie sie entstanden sind und wie man damit sinnvoll und vorsichtig umgehen kann. Je einfacher dagegen die Daten: erster, zweiter, dritter Platz, desto weniger denkt man oft über Messmethoden und den Sinn des Vergleichens nach.

Zum Abschluss vielleicht noch ein statistisches Argument: Man soll die Realität vereinfachen, aber nicht ohne Not Information verschenken – Ranglisten vernichten die Rohwerte, also die absoluten Größenordungen, und die Abstände zwischen den Rangplätzen werden eingeebnet. Bei geringen Abständen bewirken kleine Änderungen große Sprünge in der Rangliste. Die gute buchhalterische Tabelle enthält einfach mehr Wissen als die nummerierte Liste, bei gleicher Datenmenge: ein Objekt, eine Zahl. Nur dass es sich im Falle der Tabelle um die ursprünglichen Größenordnungen handelt, die in der Rangliste hinter einer relativ willkürlichen Rangziffer verschwinden.

Bedingungslose Grundbeschäftigung

Der Staat sorgt sich rührend um die Arbeitsmoral, ja er wartet gar nicht auf die Herausbildung einer entsprechenden Moral bei jedem, sondern verhängt gleich eine Arbeitspflicht. Wer nicht arbeitet, hat nichts verdient, und da man von nichts nicht leben kann, bekommt man eine minimale Finanzausstattung, weil man von der Allgemeinheit lebt, wie es so schön heißt. Auf Kosten der Allgemeinheit leben, das macht man nicht. Auf Kosten der Eltern, des Ehepartners, eines Mäzens, seines Erbes, seiner Unternehmensbeteiligungen und der Mitarbeiter des Unternehmens usw., das geht. Das sind aber andere Leute, die haben ja eine andere Moral, die man ganz grundsätzlich vielleicht irgendwie auch Arbeitsmoral nennen könnte, wie jene, die eben auf Kosten der Allgemeinheit leben.

Arbeit sei notwendig, heißt es. Wir sind aber nicht Robinson Crusoe, der genau das produzieren muss, was er gerade und als Nächstes braucht und sonst untergeht, und nur das konsumieren kann, was er eben herstellen kann. Der Vorteil der Arbeitsteilung ist gerade, dass niemand nur von dem leben muss, was er selbst produziert, und der Vorteil von Geld ist, dass man es gegen verschiedene, selbst zu wählende Dinge eintauschen kann, die man nicht hat. In einem guten Staat gilt das auch für Steuern, da bestimmt man über den Einsatz von Geld für gemeinschaftliche Güter und Leistungen. Geld ist in diesem Sinne Freiheit. Der Vorteil der Arbeitsteilung ist auch eine gewisse (wenn auch oft sehr eingeschränkte) Auswahl, welche Tätigkeit man genau ausführt. Der Vorteil der Arbeitsteilung ist schließlich, dass auch während der eigenen Freizeit die Arbeitsleistung anderer genutzt werden kann, nicht nur die aufgehobenen eigenen Produkte. Die Tätigkeit des Produzierens und des Konsumierens müssen sich nicht streng entsprechen und abwechseln.

Die Frage ist doch, ob man nicht ein wenig mehr Freiheit durch Geld für alle, ein wenig mehr Wahl zwischen Arbeitstätigkeiten *und* freier Zeit, also ein wenig mehr freie Wahl durch bedingungslos gewährtes Geld schafft. Wo immer gute Arbeit und noch mehr Geld warten, kann man solche Arbeit ja annehmen. Dabei werden Leistungen vollbracht, die – Segnung der Arbeitsteilung und der hohen Produktivität – auch andere nutzen können, auch diejenigen, die (gerade) nicht im gleichen Sinne arbeiten, und diejenigen mit geringerer Produktivität – diese ist ja nicht nur eine Frage des guten Willens.

Das eigentliche Idealziel des bedingungslosen Grundeinkommens ist es ja nicht, eine geteilte Gesellschaft hervorzubringen, in der ein Teil dauerhaft bei großer Produktivität gegen Geld arbeitet und der andere Teil gezwungenermaßen nie oder so gut wie nie. Aber womöglich schon solange dieser Zustand besteht, sollte bereits größtmögliche Freiheit geschaffen werden zum Ein- wie zum Ausstieg in und aus der Arbeit. Auch ist der Sinn nicht die Förderung der Faulheit, sondern die Abschaffung des Arbeitszwangs und die Schaffung eines Sinns für Arbeit.

Ein Missverständnis, das zwar niemand explizit so vorbringt, das aber vielfach mitgemeint ist, lautet, dass die Wirtschaft den Zweck habe, Arbeitsplätze zu schaffen, als Versorgung der Menschen mit Arbeit im gängigen, bezahlten Sinne. Wenn man es gut meint, hat die Wirtschaft den Zweck, knappe, nützliche Dinge und Leistungen in der Gesellschaft zu erstellen und zu verteilen. Wenn man es näher betrachtet, ist der Zweck der Wirtschaft bekanntlich oft eher, diesen Nutzen nur für den Einzelnen (und seine Familie und wen er sonst noch teilhaben lässt) zu erzielen. Wenn einige, recht strenge Bedingungen erfüllt sind, dann führt, das sei zugestanden, das Streben auf individueller Ebene zu Wohlstand insgesamt, und zwar zu einer recht effizienten Schaffung desselben (aber nicht unbedingt zu einer gerechten Verteilung und nicht unbedingt unter optimal menschenwürdigen Bedingungen für alle). Die Menge an Arbeit, die dabei optimal ist, steht dadurch in keiner Weise fest. Vielleicht sollte man sie sogar noch über das Marktergebnis hinaus herabsetzen. Produziert wird ohnehin ziemlich viel, ohne jetzt Urteile darüber abzugeben, ob das alles notwendig ist (darüber nachzudenken schadet nicht – man muss ja nicht gleich fundamentalistisch werden und dem anderen nicht das gönnen, was man selbst nicht mag).

Arbeit sei mehr als bezahlte Arbeit, heißt es. Unbezahlte Arbeit, als Ehren-Arbeit geadelt (wenn's nichts zu verteilen gibt, gibt's als Ersatz immer Ehre) und nicht unbedingt der öffentlichen Ehrung wegen verrichtet, wird allenthalben gelobt, aber nur bei denen, die es sich auch leisten können, unbezahlt zu arbeiten, denn ganz ohne Geld im Stande der Arbeitslosigkeit ist auch auf dem Feld der Ehre oft wenig zu holen. Derzeit werden öffentliche Leistungen, die nicht am Markt erbracht werden können oder sollen, im Wesentlichen dann bereitgestellt, wenn sich entweder eine Mehrheit dafür findet (oder jenseits von Abstimmungen ein politischer Wille der Regierenden) oder wenn genügend wohlhabende Personen sie finanzieren oder erbringen. Der Rest hat nur seine beschränkte Arbeitskraft, um seine eigene Vorstellung öffentlicher Güter zu verwirklichen. Ihm mehr Zeit zu geben und nicht zu anderer Arbeit zu zwingen wäre vielleicht ein gerechter Ausgleich dafür, dass derjenige nicht zum Mäzen oder Sponsor werden kann.

Arbeit erfülle erst den Menschen gemäß seinem Wesen, heißt es, er erkenne sich in seiner Arbeit etc. Das kann aber zu einem Missverständnis verleiten, denn jene

Autoren, die das schrieben, meinten damit sicher nicht jedwede real existierende Arbeit, sondern Arbeit als Idee, als menschliche Fähigkeit.

Bleibt das rein psychologische Argument: Man verfalle ohne Arbeit in einen unguten Zustand der Antriebslosigkeit, ein Gefühl der Sinnlosigkeit, der erlebten Eintönigkeit und Verantwortungs- und Nutzlosigkeit. Die Beschreibung passt bruchlos auch auf viele Arbeitsverhältnisse, und sonst ist der Staat auch nicht so um das geistige Wohlbefinden besorgt. Vielleicht wäre es aber im Sinne dieses Wohlbefindens, die Angst vor einer Entwürdigung durch Verlust der Arbeit zu mindern. Ob die Verpflichtung zu Arbeit freilich wiederum die dringendste Form der Pflege der psychischen Hygiene darstellt, kann man bezweifeln. Sie ist eher ein Ausdruck des Mangels an Vorstellungskraft (wo es sonst noch überall an Wertschätzung und Erfüllung mangelt!) und an moralischen Alternativen zur Arbeitsmoral. Aber: Wenn die Gesellschaft es nicht schafft, allen gutes Geld für gute Arbeit zu bieten (und die Möglichkeit, Fähigkeiten für gute Arbeit zu erwerben), dann muss sie (so könnte man moralisch fordern) zumindest ein wenig gutes Geld bieten, ohne allerhand Zwänge, Überwachung und Herabsetzung. Naiv, möchte man annehmen, aber naiv ist es zu glauben, dass es nur die eine Art des Umgangs mit Arbeit und Geld in einer Gesellschaft gebe.

Lebensweisheiten

Die alte Vorstellung, das Wissen um bzw. die Erinnerung an die Endlichkeit des Lebens (aller Wahrscheinlichkeit nach auch des eigenen – Wittengenstein: Dass die Sonne morgen aufgehen wird, ist nur eine Hypothese) soll dazu Anlass geben, besser zu leben. Unklar aber, wie das eine das andere garantieren soll. Man könnte sich auch einen Knoten ins Taschentuch machen: Denke daran, besser zu leben!

Vgl. auch Adorno über Heidegger: Eine Hütte im Schwarzwald und dass man mit Bauern befreundet ist (setze stattdessen alles Mögliche ein), garantiert keine gültige Philosophie (setze ein: Kunst, Politik etc.).

Ein Theologieprofessor sagte einmal: Wie soll Jesus im Mittelpunkt des christlichen Glaubens stehen, der ist ja schon lange tot!

Oder mit Klaus Kinski – was Jesus getan hätte: „Er hätte eine Peitsche genommen und dir in die Fresse geschlagen, das hätte er gemacht, du dumme Sau."

Nach Wittgenstein lebt der ewig, der in der Gegenwart lebt. Unter den heutigen gesellschaftlichen Bedingungen allerdings unter sehr bescheidenen Bedingungen. Da ist ja alles reichlich auf die Zukunft ausgelegt.

Wenn, zumal in wissenschaftlichen Untersuchungen, von Lebensstil die Rede ist, spricht man davon, ob jemand ins Theater oder ins Kino geht, von „Hobbies", von „Werten", davon ob Leute Singles sind, aber praktisch nicht von der Möglichkeit, zumindest nicht so genau, im Unterhemd vor dem Fernseher zu sitzen, zu rauchen, Kaffee, Bier oder Limonade zu trinken (meist jeweils die Handelsmarken der großen und günstigen Supermarktketten; das findet sich vielleicht irgendwo in Marktforschungsstudien), oder an der Bushaltestelle auf dem Dorf zu stehen und die Zeit totzuschlagen, indem man die Wände beschriftet, mit dem Moped eine Runde dreht und mit seinem Handy spielt.

Wenn das ganze Leben ein Quiz ist, dann sind nicht alle nur die Kandidaten, sondern irgendjemand steckt doch die Werbeeinnahmen und die Telefongebühren (der Bewerbungshotline) ein, und irgendjemand muss auch die Betreiber des Ratespiels gegen allzu große Gewinne versichern und die Trostpreise stiften (oder heißt es etwa: Dabeisein ist alles?). Die Spielregeln werden dauernd geändert (zumindest die Details), oder sind gar ein Teil des Rätsels.

Überhaupt mal neue Metaphern für das Leben zu erfinden, nicht immer die Jahreszeiten oder Tagesverlauf, das Spiel, das Buch usw., neuerdings vielleicht die Schachtel Pralinen („Man weiß nie, was man bekommt") – wie wäre es mit Folgendem (der Leser ist aufgefordert, dieser wahllosen Sammlung von Begriffen je eine humorvolle oder ernste Analogie zu unterlegen): ein Computer, ein Messer, ein Computerspiel, ein Brathähnchen, ein Campingurlaub, ein Telefongespräch, eine Gießkanne, ein Rasenmäher...

Frei nach Marx: Der Geist der Lebenden lastet wie ein Alp auf dem Andenken der Verstorbenen.

Werbepause

Eine der wirksamsten Werbungen ist offenbar die Werbung für Werbung. Die Zuständigen in den (potenziell) werbetreibenden Unternehmenden, die dort die Werbebudgets verwalten, die Werbeagenturen und die Medienunternehmen bestärken sich gegenseitig darin, dass Werbung sein müsse, und maximieren oder sichern wenigsten ihre jeweiligen Budgets (In der Krise nicht an der Werbung sparen! Antizyklisch denken! etc.). Sie liefern sich gegenseitig Argumente und Pseudoargumente in die Hand, Studien und Pseudostudien. Um Wirkung geht es dabei selten, die gilt als zu schwer zu beweisen (Lehrbuchweisheit für Marketing-Seminare!). Eher maximiert man Reichweite, optimiert die Zielgruppenabdeckung, misst höchstens mal das Image, und Erinnerung (an die Werbung!, seltener an das Produkt), am Abverkauf muss sich die Werbung selten messen. Und überhaupt, es gibt ja Beispiele, wo es offenbar funktioniert hat.

Lediglich die Konsumenten und die Buchhalter der werbetreibenden Unternehmen stehen dem entgegen, aber die ersten werden nicht gefragt und haben sich zwischen Ignoranz und mehr oder weniger zweifelnder Markengläubigkeit arrangiert, die letzteren sind ohnehin knickrig und knauserig (*déformation professionnelle*), ihnen muss man die Budgets dann abhandeln: In der Krise nicht...

Selbst wenn man nicht so recht überzeugt ist, die Konkurrenz jedenfalls wirbt umfangreich, und wenn nur eine geringe Aussicht besteht, dass das eine Wirkung haben könnte, muss man mithalten, möglicherweise weit über jenen Einsatz hinaus, den einem der vermutete Effekt wert ist. Die Konsequenz aus der Tatsache, dass es immer mehr Werbung gibt, ist, dass man immer mehr Werbung machen muss, denn wenig Werbung bringt sicher nichts, und gar keine kommt für die meisten nicht recht in Frage (wenn man partout kein Geld ausgeben will, kann man sich immer noch überlegen, wie man kostenlos dasselbe bekommt, etwa indem man Journalisten, irgendwelche Internetkommentatoren, Videobastler oder Hausfrauen propagandistisch für einen arbeiten lässt). Den Gestalter kümmert das ohnehin nicht – Frédéric Beigbeder hielt fest: Man macht nicht Werbung für den Konsumenten, sondern für die zwanzig Leute in den wichtigsten Agenturen, die einen einstellen könnten. Also eine geklaute Pointe, könnte aber stimmen.

Wir sagen und Ich meinen...

...sei eine der ausgesuchtesten Kränkungen (Adorno). Wir sagen und Ihr meinen, oder Wir sagen und nichts meinen ist aber oft ebenso unsinnig und unverschämt. Das erste betrifft die Rhetorik, sich demonstrativ in eine bestimmte Kritik einzubeziehen, um dann umso besser dazustehen und damit eigentlich alle anderen außer einem selbst der Dummheit zu bezichtigen, wobei die anderen dann nicht widersprechen können, ohne das scheinbar solidarisch und gemeinschaftliche gemeinte Wir zu verlassen und wiederum selbst als besserwisserisch dazustehen. So wird gerne in politischen Diskussionen geäußert, „wir" hätten in der Vergangenheit diesen oder jenen Fehler begangen (meistens geht es um Entscheidungen, häufiger um Untätigkeit, ohne dass der Sprecher oder der Hörer bzw. Leser irgendeine größere Verantwortung dabei getragen hätten) oder „wir" hätten dieses oder jenes Problem:

„Wir" werden immer dicker, „wir" werden eine Gesellschaft von X und Y (irgend-etwas Anrüchiges), „wir" stellen uns nicht ausreichend dem Problem Z. Gemeint sind oft nicht einmal so sehr die anwesenden Mitdiskutanten, sondern die blöden Politiker insgesamt oder vor allem die träge Masse der Bevölkerung, die überhaupt kein Problembewusstsein zeigt. Das mag sein, aber dann kann man es auch so sa-gen, oder es ist der Versuch der Konstruktion eines Scheinproblems vom Stand-punkt der Überlegenheit.

Der zweite Fall, die Sinnlosigkeit des Wir, scheint in dem Satz auf, dass Kinder unsere Zukunft seien. Ich begreife nur schwer den Sinn des Satzes: Meine Zukunft (ganz gleich, ob ich Kinder habe oder nicht)? Ich bin irgendwann tot, und dann bleiben wahrscheinlich Kinder übrig, wenn nichts dazwischenkommt, meine oder andere, und sie sind irgendwie die Zukunft, aber nicht meine und nicht unsere, ab-gesehen von einer überschneidenden Phase des Zusammenlebens, aber das ist of-fenbar nicht gemeint. „Wir" kann hier also nur ein ominöser, abstrakter Volksge-danke sein – wenn wir nicht genügend Kinder bekommen und sie gut behandeln, dann ist das irgendwie schlecht für das deutsche Wesen, oder wenn man es aufge-klärter will: das europäische, oder irgendwie die Menschheit, was die kleinen schwarzen Kinder in Afrika freundlicherweise einschließt. Aber wieso dann „wir", reichen die Kinder denn nicht als Grund? Womöglich aber ein anderes Abstraktum: die gesellschaftliche Ordnung, so wie wir sie kennen, und vor allem die ökonomi-sche Prosperität, der Standort Deutschland (das ja keine Rohstoffe habe, und des-halb gebildete Kinder produzieren muss, so als brauche man keine Bildung, wenn man Öl hat), oder der Standort Welt. Dass man Kinder gut behandeln solle und ihnen gute Bildung angedeihen lassen, ein Gemeinplatz. Was hat das mit „uns" zu tun? Aber wer wird schon etwas gegen Maßnahmen und Argumente sagen, die nicht nur „uns" zugute kommen, die wir die Vergangenheit sind, das Alte, das nicht mehr so Wichtige, sondern sogar der Zukunft, den Kindern, in denen wir unser besseres Wesen verwirklichen können, weil es „unsere" sind? Man muss manchmal befürchten, dass der Satz, die Kinder sollten es einmal besser haben, eine Drohung ist, für die Kinder oder für den Rest.

Innerer Dialog

Ohne aktuellen Anlass beschreibe ich einen Typus von Veranstaltung, einer Podi-umsdiskussion, genauso vielleicht nicht geschehen, aber ich behaupte: sehr gut vorstellbar. Es treffen sich, z. B. in einem Theaterfoyer, ein oder zwei Altpolitiker (alte „Realisten", Prototpyen: Dohnanyi oder Helmut Schmidt, oder Parteiheilige, Prototypen: Geißler und Eppler – erstaunliche Wandlungen übrigens bei den letz-ten beiden gegenüber früher), nicht mehr im aktiven Leben oder noch tätig, aber nicht mehr fürs Grobe zuständig, sondern fürs Intellektuelle. Dann vielleicht jemand aus einer der großen Kirchen, aus dem Kreise der jeweiligen Medienbischöfe, ein Unternehmer, eher nicht so ein Jungdynamiker (der geht höchstens als Provokateur durch, so einen erleben die meisten Anwesenden nicht regelmäßig im Alltag), sondern eher Industrieadel, und/oder auch jemand von den Gewerkschaften, je nach Thema. Für die etwas verschwurbelte „Außenansicht", den Bereich der „Kultur", ein Schriftsteller mit einigen Preisen, vielleicht auch ein bekannter Theaterregisseur. Bildende und musizierende bzw. komponierende Künstler sind nicht so sehr Menschen des hier verlangten Wortes und deshalb weniger gefragt, wenn sie auch gelegentlich auftauchen. Ferner existiert noch die Kategorie der „Publizisten", also Leuten, die sich nicht einfach Journalisten, Sachbuchautoren oder Verleger nennen wollen. Die Moderation übernimmt der Chefredakteur einer „Qualitätszeitung", einer Wochenzeitung oder eines Nachrichtenmagazins, vielleicht auch ein Edel-Talker aus dem Fernsehen, das weibliche Geschlecht jeweils nicht unbedingt ausgeschlossen. Ohnehin muss mindestens eine Frau anwesend sein, damit die Männer auf dem Podium diese Berücksichtigung loben können (fehlen Frauen, kann das auch als „bezeichnend" angemerkt werden: Dieser oder jener Gesellschaftsbereich sei „leider immer noch" „Männerdomäne"; es droht immer die naive Annahme, die körperlich-personell verstandene Entmännlichung eines Gebietes ziehe eine Besserung der Sitten nach sich).

Diskutiert wird auf einer Bühne vor älterem, gebildetem Publikum, ein mittelaktuelles Thema, sagen wir irgendwas mit Islam, dann wäre vielleicht der Autor ein türkischstämmiger Erfolgsschriftsteller oder eine -schriftstellerin, oder etwa ein entsprechender Politiker türkischer Abstammung (bzw. türkischen Namens) zugegen.

Man diskutiert, jeder kommt mal dran, wenn auch nicht gleich lang und oft, das Publikum darf eventuell Fragen stellen, und man muss noch nicht einmal so pessimistisch sein, dass sich nicht auch einmal das bessere Argument durchsetzt, und nicht nur die Schlagfertigkeit. Eher besteht das Problem in der fehlenden Verankerung der Argumente: Die wirklich relevanten Informationen sind auf die Schnelle nicht zu beschaffen. Man kann alles Mögliche über die Gesellschaft behaupten, ohne dass Widerlegung droht, es sei denn durch die störrische und meist ebenfalls unbelegte Einzelerfahrung des Zuhörers: Das kann nicht sein, bei mir und bei den Leuten, die ich kenne, ist das anders. So unschön das Amt des „Betroffenen" ist und so wenig dessen Perspektive manchmal zur Erhellung eines Problems beiträgt, so ist ihr überwiegendes Fehlen in solchen Debatten auch ein Zeichen mangelnder Verwurzelung in der Erfahrung. Es wäre ja auch nicht damit getan, eine Reinigungsfachkraft türkischer Herkunft einzuladen, denn wie sollte sie sich in diese Form einpassen? Ohnehin bräuchte nicht jeder Einzelstandpunkt vertreten zu sein, solange die Fähigkeit gegeben wäre, sich in viele Standpunkte zu versetzen, und damit sind nicht nur Meinungen, sondern gerade auch Lebenserfahrungen gemeint. Das ist aber den Teilnehmern solcher Veranstaltungen nur begrenzt gegeben, sondern man denkt großzügig in der Weise für andere mit, als man von ihnen allerhand Bewusstseinswandel und Anpassungsfähigkeit einfordert. Der Gegenstand kann in alle Richtungen ideologisch ausgewalzt werden, empirische Sachverhalte können nach Bedarf eingeführt und von anderen wieder bestritten werden, oder ganz gleich außen vor bleiben in einträchtig-polemischer Abstraktion oder abstrakter Einigkeit. Man muss sich nicht auf irgendeine gemeinsame Basis so recht festlegen, sondern kann aneinander vorbei das eigene Weltbild ausbreiten, sich auch attackieren, aber nichts verpflichtet zu Verbindlichkeit außer der eigene Standpunkt: Dass man den gerade nun in dieser Diskussion ändern würde, das wäre doch zu unwahrscheinlich. So aber hat sich am Ende ein geschlossener Zirkel, einschließlich Publikum, in diesem „Dialog" seiner Wohlgesonnenheit, Kultiviertheit und Weitsicht versichert, wichtige „Werte" beschworen, im Abstrakten oder im Konkreten, der Realität wieder einmal ordentlich auf den Zahn gefühlt, und man kann zwar nichts schwarz auf weiß nach Hause tragen, aber trotzdem zufrieden heimgehen.

Realität hacken statt Autos anstecken

Es lassen sich neue Arten von Aktivismus ausmachen, die neben oder anstelle der alten militanten Sachen (irgendwas anzünden, bei Veranstaltungen pfeifen usw.) treten, auch neben das einfache Demonstrieren und Blockieren: den öffentlichen Raum umfunktionieren, SUVs mit Schlamm übergießen (wenn schon die Autos nicht zu den Schlammbergen kommen, denen sie zugedacht sind und stattdessen wenig artgerecht in der Stadt umherfahren und vor allem -stehen müssen, kommen die Schlammberge eben zu ihnen), das Hacken im engeren Sinne ohne kriminelle Vorteilssuche und Beschädigungen, das Adbusting, d.h. das Umfunktionieren von Werbung in sinnfällige Anti-Werbung etc. Ist diese Wahrnehmung nur eine Frage der Generation und Sozialisation, oder steht da nicht ein neue, unverkrampfte Art, die, so will mir scheinen, mehr Spaß bei weniger Schaden und mehr gewitztem Effekt bringt, gegen eine Verbissenheit, die sich an der eigenen Illegalität erfreut? Für gewisse Voreingenommenheiten und eine einseitige Sozialisation spricht natürlich, dass ich mich selbst bei Sympathie für manche der neuen Aktivismen ein wenig fürchte, es selbst zu tun, außer wenn es wirklich ganz und gar erlaubt und relativ risikofrei ist (schon Unannehmlichkeiten und Ärger ohne rechtliche Konsequenzen schrecken den Wohlerzogenen ab). Das deutet nicht gerade auf Konsequenz und Radikalität, aber ebenjener Wettlauf um die grimmigste Kompromisslosigkeit ist auch kein Wert an sich. Deshalb könnte die Devise sein, wenn man denn einschlägige Positionen vertritt und mal was Politisches tun will außerhalb der keineswegs gänzlich verachtenswerten Teilnahme am etablierten parteipolitischen Geschehen: Realität hacken statt Autos anstecken (das schließt technische Realität ein, beschränkt sich aber nicht auf diese). Je legaler gegen die Intention von Gesetz und Konvention arbeitend, je gewitzter, je lustvoller, je befreiender, desto besser.

Lange Hochschulleitungen

Manche Leute sind der Meinung, man müsse alle möglichen Organisationen und gesellschaftlichen Bereiche, etwa die Universität und somit die Bildung, nach dem Vorbild des Unternehmens umgestalten. Wie einfallslos zu glauben, es gebe nur diese eine Schablone, die für alle Zwecke passend ist. Warum das Unternehmen, warum nicht die Kirche, der Kindergarten, die Rockband, die Familie, die Mafia, das Sinfonieorchester, die psychiatrische Anstalt, die Agora als Vorbild? Aber im Ernst, welche Einfallslosigkeit und historische Blindheit.

Das ist natürlich schon an vielen Stellen diskutiert worden. Hier einmal eine kleine Analyse zur Universität und einem speziellen Gremium, das sich innerhalb derselben durchzusetzen scheint, dem Hochschulrat, auch nicht im Ganzen neu, aber vielleicht mit der einen oder anderen netten Zuspitzung.

Im demokratischen Staat muss was nicht als privat gilt (darüber freilich kann lange debattiert werden), sondern von öffentlicher Hand geschieht, demokratisch legitimiert werden. Man begnügt sich dabei, zu Recht oder Unrecht, oft mit Umwegen: Das gewählte Parlament wählt wiederum eine Regierung, die dann handelt, oder so ähnlich. Bei der Universität gibt es zwei denkbare Wege der Legitimation, die sich nicht ausschließen: Durch ihre Angehörigen (die schließlich auch die Freiheit von Forschung und Lehre genießen und damit interne Demokratie verlangen können – Professoren, wissenschaftliche und nichtwissenschaftliche Mitarbeiter sowie Arbeiter und Studierende) und durch Wahlen und Abstimmungen im Rahmen der institutionalisierten Politik (denn die Universität forscht und lehrt zum Wohle der Allgemeinheit, und wird dafür finanziert; von Studiengebühren und Drittmitteln wollen wir hier einmal nicht reden). Außerdem fluktuiert die demokratische Basis der Universität teilweise schnell, was Dilemmata auftreten lässt, wer denn das Interesse zukünftiger (und womöglich vergangener) Angehöriger vertreten solle, deshalb legitimerweise ein gewisses Mitspracherecht der Allgemeinheit, oder die Herausbildung von Langzeit-Berufs-Studentenvertretern. Der Hochschulrat ist nun ein exzellentes Mittel, die Wege der demokratischen Legitimation zu verlängern. Indem in seine Einsetzung oft die Ministerialbürokratie einbezogen ist, fügt man der genannten Kette: Volk wählt Parlament usw., noch ein Glied hinzu.

Sofern der Rat hochschulintern besetzt wird und etwas zu sagen haben soll (davon gehen wir aus), tritt er als Umweg zwischen Uniangehörige und wen auch immer er zu wählen, zu kontrollieren, oder worüber er abzustimmen hat (z. B. die Unileitung, die strategische Ausrichtung der Hochschule). Das Bildungssystem gilt als träge und durch den Wähler kaum zu beeinflussen, und das schon teilweise zurecht, weil immer erst Jahrgänge zur Gänze hindurch geschleust werden müssen, bevor tiefgreifende Änderungen geschehen können, und die Regierungen schneller wechseln als die Lernenden – Hochschulräte konnte man freilich je nach Bundesland und Universität im Federstreich einführen, und damit zugleich die lange Leitung, auf der die Bildungspolitik steht, noch ein wenig verlängern. „Autonomer" und schlagkräftiger sind die Unis dadurch eher nicht geworden, außer man schlägt den nicht immer entscheidungs- dafür manchmal aber recht diskussionsfreudigen und zur Lagerbildung neigenden Senaten und ähnlichen Gremien viele Kompetenzen aus der Hand und überträgt sie den Räten – die freilich der verlängerte Arm der Bürokratie sind (womöglich auch für eine Politik stehen, die man sich dort nicht offen zu vertreten traut), oder eben von den Senaten gewählt (man kann diese aber z. B. zwingen, den Rat im Block abzusegnen; das ist ein geeignetes Mittel, unbequemen Repräsentanten Zustimmung zu einem Gremium abzunötigen, siehe EU-Parlament und Kommission). Man kann auch die Amtszeit der Hochschulleitungen, am besten durch die Räte gewählt, verlängern und jene mit mehr Kompetenzen ausstatten, nach dem Prinzip: Bitte nicht stören, hier wird demokratisch regiert.

Der Aufsichtsrat eines Unternehmens kontrolliert nun treuhänderisch die Unternehmensführung, im Namen der Anteilseigner und womöglich der Arbeitnehmer – indirekte Aktionärs- und innerbetriebliche Demokratie. Wen aber vertreten die Mitglieder des Universitätsrates, etwa die dort vertretenen Vertreter von Großunternehmen? Die Großunternehmen, „die Wirtschaft", die Gesamtheit der ältlichen Herren im deutschen Großbürgertum? Erinnert nicht die Tatsache, dass in manchen Hochschulräten Vertreter anderer Unis sitzen fatal an die Verflechtung von eigentlich konkurrierenden Unternehmen über Aufsichtsratsposten?

Was passiert mit den Ergebnissen dieser Kontrolle, wem gelangen sie zur Kenntnis? Die alte Frage: Quis custodiet ipsos custodes?, oder ganz einfach: Wozu das alles, wenn hinten nichts rauskommt, im Wortsinne, sondern alles drinbleibt in diesem Gremium, in seinem Sitzungszimmer, und nicht öffentlich Bericht erstattet wird? Der Aufsichtsrat berichtet über die Ergebnisse seiner Prüfungen bekanntlich der Hauptversammlung und kann diese einberufen. Beim Hochschulrat vielfach: nichts dergleichen. Er kontrolliert und schweigt, gemäß dem Schild an der Tür von Professorenbüros oder Hörsälen: Prüfung – bitte nicht stören.

Wenn schon unternehmerische Hochschule, dann richtig. Wenn schon bürokratische Hochschule, dann richtig. Wenn schon demokratische Hochschule, dann richtig. Der Hochschulrat steht aber auf der ohnehin langen Leitung der demokratischen Legitimation, wird teilweise von Bürokraten bestimmt, die Unternehmertum simulieren, und ist eine schlechte Parodie auf einen Aufsichtsrat, oder anders: ein Musterbeispiel an (interessenbedingter?) Phantasielosigkeit bei der Konstruktion von Institutionen mit Anspruch auf Legitimität und Effizienz.

Die Kunst der Bürogärtnerei

Man könnte einen neuen Trend ausrufen, und zwar dazu, genießbare Pflanzen in Büros anzubauen. Nennen wir es Office Gardening (ein Blick ins Internet verrät, dass einige andere auch diese Idee hatten, teilweise bezeichnet der Ausdruck auch einfach übliche Topfpflanzen im Büro; das soll uns jeweils hier nicht weiter stören). Es mag vor allem da auf Anklang stoßen, wo sich die romantische Sehnsucht nach Natur, nach „Handgemachtem" jenseits der Mittelmäßigkeit und Undurchsichtigkeit des bestehenden Lebensmittelangebots usw. verbreitet hat. Es kann auch jene ansprechen, die sich dies nur ironisch zu eigen machen, wissend, dass die Trennung von Arbeit und Selbstversorgung, Lebensraum, freier Landschaft und Arbeitsraum nicht einfach rückgängig zu machen sind. Wieder andere denken womöglich schlicht an die Möglichkeit, bestimmte Pflanzenteile frisch zur Hand zu haben, die schwer zu beschaffen sind und die man ob des (eingebildeten oder wirklich) besseren Geschmacks schätzt. Ausgeschlossen wären all jene, die als Büronomaden umherziehen oder die schlicht keinen eigenen „Arbeitsplatz" – im räumlichen Sinne – haben.

Ein Ratgeberbuch oder ein Artikel in einem Lifestyle-Magazin zum Thema müsste also zunächst behandeln, welche Pflanzen wie zu kultivieren wären: Zum einen bieten sich Pflanzen für Kräutertees an, Pfefferminze, Salbei oder Zitronenmelisse, die man abpflückt und sofort aufgießt. Ihnen wird teilweise eine jeweils anregende oder beruhigende, Stress abbauende Wirkung nachgesagt, das verträgt sich mit dem Trend zur so genannten Wellness, auch und gerade am Arbeitsplatz (wir unterstellen das entsprechende Publikum und denken nicht an diejenigen, die das exakte Gegenteil erleben, wo die betonten Bemühungen des Unternehmens ums Wohlbefinden der Mitarbeiter nur mühsam andere Praktiken und Ziele verdecken oder über die als selbstverständlich angesehene Selbstausbeutung der Mitarbeiter hinwegtäuschen). Als Salat verwertbare Pflanzen und dazu passende Kräuter und Keimlinge wären dann zu nennen, um schließlich auf die hohe Kunst einzugehen, essbare Früchte und Gemüse zu kultivieren. Zum Beispiel bietet ein Kumquat-Strauch, bei entsprechenden Umweltbedingungen, pro Ernte eine Handvoll wohlschmeckender kleiner exotischer Früchte. Ein Stück einer Ingwerknolle, leicht herausstehend eingepflanzt, bildet schilfartige Pflanzen und die Knolle, richtiger: das

Rhizom, wächst weiter und kann nach einiger Zeit geerntet werden. Sie ergibt etwa einen Tee, kann mit Zitronensaft und Wasser zu einer Limonade angesetzt werden oder würzt verschiedene Speisen. An sehr sonnigen Standorten lässt sich aus dem Kraut einer Ananas eine neue Pflanze ziehen, die im Idealfall auch wieder eine Frucht ausbildet. Allerlei Ausführungen zu Standorten, Licht, Bewässerung, Behältern, Substraten usw. müssten folgen, mit Tipps für das ökologische Gewissen, wie die Vermeidung von Torf.

Der soziale Aspekt wäre natürlich zu erörtern: Man tauscht sich aus, man gärtnert gemeinsam, sei es organisiert oder spontan. Ein gemeinsames Mittagessen, ein Salat aus den Erträgen der verschiedenen Büros, verbindet doch ungemein, so wäre festzuhalten. Zu unterscheiden ist natürlich derjenige Büromensch, der aus eigener Initiative die eine oder andere genießbare Pflanze anbaut, und das Unternehmen, dass sich aufwändige vertikale Gärten, ausgefeilte Entwürfe für Dachterrassen, exotische Orangerien, komplexe Bewässerungssysteme und durchgeplante Kochevents leistet. Wie so vieles kann auch das Office Gardening im Wettbewerb geschehen (falls das im Sinne der Unternehmenskultur ist): Wer erntet die meisten Früchte aus derselben Menge Samen, wer hat die köstlichsten Gewächse etc.? Kann, muss es aber nicht.

Mein und Dein

Was Meines und Deines ist, das muss jedes Kind lernen. Um dem nachzuhelfen, auch mit Blick auf die Erwachsenen, die Ihres in mehr oder weniger großer Fülle bereits haben und sich eine Meinung gebildet haben, was ihnen zusteht, soll Meines und Deines hier mit Blick auf Eigentum und Arbeit besprochen werden (und mit Blick auf Unvertretbarkeit, also was nicht einfach von „Meinem" zu „Deinem" werden kann). Es geht also um eine ökonomische Theorie der Gerechtigkeit und ihre Voraussetzungen in einer gesellschaftlichen Ordnung. sowie gewisse Voraussetzungen in unserem Verhältnis zu uns selbst und den Dingen um uns, mit denen wir arbeiten und unsere Bedürfnisse befriedigen. Hier scheinen manche Haltungen vorzuherrschen (von manchen werden sie explizit formuliert und sehr energisch vertreten, wie den libertären Naturrechtlern), dass es bestimmte „natürliche" Bestimmungen dessen geben könne, was mein und dein sein sollte. Hier soll nur (und die Argumente sind nicht alle neu) gezeigt werden, dass solche einseitigen Setzungen keinen Vorrang beanspruchen können, sondern dass jeweils abgewägt werden muss. Es handelt sich hier also um einige Argumente gegen ein einfaches individualistisches Apriori, also dagegen, dass von Natur aus oder als Denknotwendigkeit in den meisten wenn nicht allen Fällen davon ausgegangen werden müsse, dass dem Einzelnen etwas zukommt und zusteht und dies mit eigentlich fragloser Berechtigung so sein und bleiben müsse.

Eine gängige Auffassung in Bezug auf Eigentum lautet, dass was mir gehört mir auch bleiben soll, womöglich bis auf einige schwerwiegende Ausnahmefälle. Eigentum hat sicher seine Vorzüge: Es bietet Sicherheit (die Dinge stehen auch morgen noch zu meiner Verfügung, ich kann damit planen) und Komplexitätsreduktion (ich muss nicht jedes Mal neu aushandeln, wer nun eine Sache nutzen darf). Was mir gehört, überhaupt die Einrichtung von individuellem Eigentum, entzieht die Dinge aber dem Zugriff anderer (polemisch formuliert ist das das Argument „Eigentum ist Diebstahl"). Das ist begründungsbedürftig, und wenn man Eigentum nur als Mittel, nicht aber als Zweck betrachtet (und diesen nur im Individuum selbst sieht, in seinen Bedürfnissen, und das Eigentum der effizienten Organisation ihrer Befriedigung streng unterordnet), dann steht keinesfalls fest, dass dem Behalten der Vorrang vor dem Abgeben oder Teilen (im Sinne von gemeinsamem Benutzen) gegeben werden müsse. Es ist eine zu verhandelnde Frage: Wie viel Privateigentum, wie viel gemeinschaftliches, welche Pflichten des Abgebens und Teilens usw.?

Eine weitere Auffassung ist, dass meines sein soll, was ich mit „der eigenen Hände Arbeit" erschaffen habe. Erstens: Woraus aber habe ich es geschaffen? Diese Arbeit beruht, direkt oder indirekt, auf „ursprünglichen Ressourcen", also solchen, die der dinglichen und natürlichen Umwelt entnommen wurden (also Bodenschätze, Wasser, Luft etc.), zumindest solange wir keine perfekte Kreislaufwirtschaft haben, und selbst dann stellt sich die Frage, wer etwa die Energie von Meereswellen nutzen darf, wer wo Solarzellen anbringen, wer wo ein Kern- oder Fusionskraftwerk errichten (wenn überhaupt) und die Abfälle daraus lagern usw. Schließlich entstehen auch Abfälle oder zumindest Belastungen (Lärm usw.), die verteilt werden müssen. Wer soll sich diese Ressourcen aneignen dürfen, die vorher niemandem gehören? Hier kann auch offenbar keine Festlegung vorweg, gleichsam „natürlich", bestehen, es ist darüber zu verhandeln. Man könnte das nach Positionen regeln. „Natürliche" Positionen wären sowohl der Ort, an dem sich jemand befindet, zunächst räumlich (man könnte das das Anwohner- bzw. Ureinwohner-Argument nennen, weil es mit Bezug auf letztere öfter gebraucht wird), als auch der gesellschaftliche Ort: Wer in einer bestimmten gesellschaftlichen Position ist, z. B. qua Geburt, dem steht die Verfügung über die Ressourcen zu (man könnte vom Feudalherren-Argument sprechen). Das Letzte erscheint uns veraltet und sinnlos, war aber früher die „natürliche" Position (und lebt im Erbrecht weitgehend ohne Standesunterschiede fort). Ferner könnte auch derjenige ein Vorrecht haben, der sich die Ressource als erster aneignet, der am schnellsten ist oder der sich in irgendeinem Wettkampf durchsetzt (ein Eroberer-, Recht-des-Stärkeren- oder Trek-Argument). Schließlich könnte die Ressourcen an den Meistbietenden gehen (Auktions-Argument), aber dazu braucht es ja vorheriges Eigentum, das geboten werden könnte oder man legt sich auf ein Kreditsystem fest (wozu es aber Eigentumsgarantien braucht), und es muss geklärt werden, an wen der Betrag geht und was damit geschehen soll (an alle, und wenn ja, in welcher Verteilung, an „den Staat" usw.). Keine dieser Auffassungen kann offenbar einen ungefragten Vorrang beanspruchen, und sie stehen im Widerspruch zueinander. Es muss anders, neu verhandelt werden, indem jede Lösung zunächst gleichermaßen ins Auge gefasst wird.

Zweitens: Diese Arbeit ist oft Produkt einer unteilbaren Arbeitsteilung. Ein Möbelträger alleine kann nicht ein Viertel eines Klaviers die Treppe hinauftragen, sondern gar keins, sofern man Klaviere nicht zerlegen kann bzw. will. Es bedarf, aber das soll hier nicht weiter erörtert werden, einer Regel, in welcher Verteilung die Produkte solcher Arbeit, wenn überhaupt, angeeignet werden dürfen.

Wir wenden uns der Vertretbarkeit und Unvertretbarkeit des Einzelnen zu. Dazu einige einfache Behauptungen (die Aufzählung mag unabgeschlossen und anfechtbar sein, sie soll nur Gedanken anregen).

Es ist eine Binsenweisheit, dass in der Arbeit eigentlich jeder irgendwie vertretbar sei. Es lebt auch eigentlich nicht jeder von seiner eigenen Hände Arbeit, sondern von der anderer, im Tausch für die eigene Arbeit bzw. ihre Produkte, vermittelt über Geld. Es besteht also keine Notwendigkeit, dass jeder genauso viel erarbeitet, wie er zum Leben braucht oder will. Das mag gerecht erscheinen, muss aber gegen jede andere Alternative abgewägt werden. Schließlich stimmen Arbeitsfähigkeit und Bedürfnisse nicht unbedingt überein, manchmal würde die Arbeitsfähigkeit nicht einmal für die Sicherung des Überlebens reichen. Das bedeutet aber, dass nicht jeder arbeiten muss, schon gar nicht jeder in Lohnarbeit, und es steht vorweg nicht fest, wie viel jemand arbeiten muss. Solange menschliche Arbeit nicht vollständig zu ersetzen ist, besteht zwar eine kollektive Notwendigkeit zur Arbeit (irgendjemand muss arbeiten), aber wer und wie viele ergibt sich daraus nicht, also keine individuelle Notwendigkeit zur Arbeit: Je mehr arbeiten, desto mehr gibt es wahrscheinlich zu konsumieren, aber viel Arbeit heißt wenig Freiräume für Konsum oder was man so Nichtstun nennt. Auch steht nicht fest, wie die Produkte der Arbeit zu verteilen sind. Bestimmten Gruppen (Ehegatten, Kindern, Rentnern, Rentiers usw.) billigen wir Versorgung ohne Arbeit zu, anderen nicht oder nur bedingt („arbeitsfähige" Arbeitslose) – wobei es natürlich verschiedene Meinungen darüber gibt.

Aber zur Unvertretbarkeit: Ein anderer kann nicht an unserer Stelle unsere Bedürfnisse befriedigen. Wir können uns daran erfreuen, dass er oder sie seine befriedigt, aber das ersetzt nicht eigentlich unsere Befriedigung, sondern ist dann eine von *unseren* Befriedigungen. Auch die Art der Befriedigung, wodurch sie zustande kommt, ist unsere, mag sie auch derjenigen anderer gleichkommen. Sie mag sich ändern, aber im Moment ist sie genau diese (z. B. durch fettreiches Essen, wobei dieses in gewissem Rahmen austauschbar sein mag). Wie aber und inwieweit soll ich Bedürfnisse befriedigen? Es gibt zahlreiche Wege dazu, und welcher sollte Vorrang beanspruchen?

Auch in unserer Wahrnehmung und unserem Wissen sind wir unvertretbar (mögen sie auch wiederum ähnlich sein wie bei anderen): Wovon wir keine Kenntnis und Vorstellung haben, daraufhin können wir uns auch nicht verhalten. Das scheint trivial, aber ob nun einer eine bestimmte Sache kennt, verschafft ihr oder ihm Vorteile bzw. Macht über andere. Der andere könnte ebenso etwas mit der Sache bzw. dem Wissen anfangen. Wir denken von Wissen oft in Analogie zum Eigentum, und billigen Wissen seinem Entdecker zu (und oft auch Dinge ihrem Entdecker; andere sind der Auffassung, dass nicht der Entdecker, sondern der erste wirkliche Nutzer das Anrecht hat: Was aber ist nutzen, z. B. auch anschauen, etwa Land als Park umzäunen, oder muss man Dinge verändern, sie womöglich entstellen?). Dabei steht auch hier nicht von vornherein fest, inwieweit Wissen mitgeteilt oder geheim gehalten werden sollte. Die Analogie von Wissen und materiellem Eigentum hat ohnehin überall ihre Schwächen. Wissen an sich nutzt sich nicht ab, wenn es geteilt wird (es bleibt wahr, und geht dem ursprünglichen Wissenden nicht verloren), nur der Nutzen, der einer aus alleinigem Wissen ziehen kann, wird durch Teilen weniger.

Wenn wir so nachdenken, was denn der beste und gerechteste Weg sei, Bedürfnisse zu befriedigen, dann sind wir genau darin auch unvertretbar: Es kann sich, wie man so schön sagt, kein anderer unseren Kopf zerbrechen. Auf die Frage an mich, was richtig und warum etwas richtig sei, lautet die gültige Antwort nicht: Was Person A sagt und weil *sie* es sagt, sondern nur: Wovon ich überzeugt bin, dass es richtig sei (wovon ich vielleicht durch Person A überzeugt wurde), und womöglich: wovon ich andere auch überzeugen könnte. Zu wirklich gültigen moralischen Ansichten können wir also nur durch eigene Prüfung kommen, alles andere, moralisches Expertentum, Mehrheitsentscheidung usw., ist nur eine Bequemlichkeit.

Schließlich, und abschließend zur Unvertretbarkeit, ist man zu einer Zeit genau da, wo man ist, auch wenn man sich unter Zeit- und Mittelaufwand woanders hinbegeben kann, sofern keine Begrenzungen sozialer und natürlicher Art vorliegen. Das ist ähnlich trivial, verschafft aber Vor- und Nachteile bei der möglichen Aneignung von Ressourcen. Man ist da, wohin einen die Lotterie von Leben und Geburt verschlagen hat, bestimmt nach Ort und Zeit, nach Art des Aufwachsens, mit dem eigenen Körper. Der Grad, zu dem hier nachträgliche Veränderungen durch mich selbst möglich sind, ist empirisch zu bestimmen und durchaus verschieden. Weisheiten, wie dass jeder seines Glückes Schmied sei, oder dass die Wege des Herrn (oder des Schicksals bzw. Zufalls) unergründlich seien, sind hier also offenbar wenig hilfreich. Es muss also ferner ausgehandelt werden, wie mit jener Lotterie umgegangen werden soll, inwieweit und wie ihre Ergebnisse kompensiert werden sollen und welche Verantwortung der Einzelne haben sollte. Es hat sich offenbar bewährt, hier Risiken kollektiv abzusichern, je breiter gestreut desto besser (die moderne Versicherung streut Risiken stärker als die Absicherung über Partner, Eltern, Kinder usw., die sich in derselben misslichen Lage befinden können wie man selbst). Insbesondere sichern wir die Unfähigkeit zur Sicherung des eigenen Lebensunterhalts und den Verlust wichtiger Ressourcen ab, im weitesten Sinne: in Alter und Kindheit, bei Krankheit und Behinderung, den Verlust von Behausung usw. Eine Frage besteht nun darin, zu welchen Bedingungen sich jeder versichern kann, vor allem gegen Risiken, die einen minimalen Lebensunterhalt bedrohen. Muss sich hier jeder gemäß seinem Risiko versichern, oder alle zu gleichen Bedingungen, oder noch anders? Versichern wir uns hinter dem allseitigen „Schleier des Nichtwissens" (Rawls), oder in individuell und bei maximalem Wissen ausgehandelten Verträgen? Freiwilligkeit auf beiden Seiten, des Versicherten und Versicherers, kann da keinen natürlichen Vorrang beanspruchen.

Wir finden also, dass man womöglich in gewisser Hinsicht unvertretbar ist, und in dieser Hinsicht besitzt man sich selbst, und sollte das wohl jedem belassen werden. Sie und er sollte unversehrt bleiben und sich zumindest seines Lebens und Überlebens sicher sein (Weiteres soll hier nicht erörtert werden, etwa das Recht auf Gehör in rechtlichen bzw. moralischen Fragen, auf Wissen usw.). Jeder Anspruch aber, die eigenen Produkte seien gleichsam eine Verlängerung, eine Veräußerung des eigenen Körpers oder Geistes, eine notwendige Grundlage zu deren Unversehrtheit, und damit unenteigenbares Eigentum, stellt nur eine vage Metapher dar oder ist schlicht unbegründet: Es ist nicht zwingend, dass man genau aufgrund der *Gesamtmenge* der *eigenen* Arbeit überleben oder sich befriedigen sollte, also weder, dass man sich genau so viele Produkte aneignen dürfe, wie man eben produziert, noch dass jeder von der eigenen Arbeit leben müsse und sich befriedigen. Damit zusammenhängend ist es nicht zwingend, dass man sein eigenes Schicksal selbst zur Gänze auf sich nehmen müsse. Ferner kann niemand das Recht auf Geheimhaltung erworbenen wesentlichen Wissens einfach so beanspruchen. Vielmehr bedarf diese Geheimhaltung und Monopolisierung von Wissen noch mehr als der Ausschluss anderer einer starken Rechtfertigung, denn Wissen ist eben beliebig teilbar. Unvertretbar ist man aber in der Frage an sich selbst, was man anderen zugestehen will und selbst einfordert, und darin, die Antworten anderer zur Kenntnis selbst zu nehmen und abzuwägen, also in seinem moralischen Urteil, das einem niemand abnehmen, wozu aber die anderen Argumente und Gegenargumente liefern können. Und es gibt viel zu verhandeln...

Das verborgene Netz

Es gibt Teilbereiche der Gesellschaft, die sind ein relativ geschlossener Mikrokosmos, ohne dass es den meisten bewusst wäre. Die Welt des Autofahrens, insbesondere der Autobahnfahrt, stellen sich dem Nicht-Autobesitzer und leidenschaftlichen Zugreisenden als solch ein Kosmos dar: Er kennt ihn nur von seltenen Mitfahrten, die Autobahn sonst nur als ein Rauschen, eine Stelle, wo der Blick auf sie gerade frei ist, von einer Brücke, einer Erhebung, oder wenn sie parallel zu einer Bahnstrecke verläuft. Die Autobahn mit ihren Anschlussstellen und Kreuzen zeichnen eine ganz eigene Karte des Landes, sind ein Netz, das sich aufspannt, ohne dass man sich darin verfangen muss, das für viele aber die Lebensadern sind (und erst recht für den Güterverkehr, ob man will oder nicht, bei der heutigen Verkehrspolitik und Logistik). Sie sind dasjenige Gespinst, diejenige Bahn, worin sie einen Großteil ihres Lebens(wegs) verbringen (als Kraftfahrer, Pendler, Handlungs- und Geschäftsreisender oder wie immer man sie in neuerer Diktion nennen will usw.). Sie sind jene Bahnen, mit denen das „richtige Leben", als das ihnen der Urlaub, der Besuch bei geschätzten Personen, gilt, langsam anfängt, auf denen man sich ihm mehr oder weniger mühsam nähert – auch und gerade wenn und weil diese Adern so oft verstopft sind. Dieser Mikrokosmos enthält so seine eigenen Dinge und Wesen, hat eine Ordnung, mit denen man kaum vertraut ist, wenn man zu jener genannten Minderheit gehört: Da sind die Raststätten mit ihren typischen Preisen und typischen Staffagen, den Toiletten und Selbstbedienungsrestaurants, die Parkplätze mit ihren Sitzgelegenheiten, Toiletten und denjenigen, die sich für ihr Geschäft lieber in die Büsche schlagen. Die Radiosender mit ihren Staumeldungen und den stündlichen Nachrichten, die sich nur zäh im Laufe des Tages verändern (die man wohl als Nichtfahrer auch zu Hause hören kann, aber indem man bei den Verkehrsmeldungen die Aufmerksamkeit schon unwillkürlich sofort abschaltet). Die Tankstellen mit ihren leidenschaftlich und argwöhnisch betrachteten Benzinpreisen und den supermarktähnlichen Angeboten, deren Auswahl aber in eine seltsame Richtung verschoben ist, die des Autofahrers, der sich in ganz unterschiedlichen Bereichen offenbar vom Nichtfahrer unterscheidet, nicht nur in dem Bedarf, der sich direkt auf das Auto bezieht, sondern offenbar in allerlei Fragen des Geschmacks, der demjenigen des Nicht-Autobesitzers, ja Autoverweigerers in manchen Aspekten offenbar relativ entgegengesetzt ist. Die (allen Autofahrern bekannten) neuralgischen Punkte mit ihren wiederkehrenden Staus, Ortsnamen, die für sie oft nur jene Bedeutung haben, und die Baustellen mit ihren verschmälerten Fahrbahnen, den riskanten Überholmanövern und dem mal mehr mal weniger glückenden Einfädeln zwischen den Spuren. Die Typen von Auto(bahn)fahrern mit ihren typischen Autos und Fahrstilen, und die Manöver wie Drängeln, Rechtsüberholen, Elefantenrennen, hastige Spurwechsel, das Freigeben der linken Spur für auffahrende Autos, und denjenigen Vergeltungsakten, Belehrungsversuchen und Wutausbrüchen, die manchen Manövern folgen, das Ausbremsen der Drängler, die Lichthupe, das Vogelzeigen usw., was die nonverbale Kommunikation nicht nur mittels der eigentlichen Gestik, sondern auch mittels ihrer Verlängerung in das Auto hinein eben so hergibt. Die fast allseits bekannten, oder für manchen unglücklicherweise eben nicht bekannten festinstallierten „Blitzer", die typischen Stellen für einzelne Geschwindigkeitsmessungen und die wohl nicht sonderlich wirksamen Transparente und Plakate, die zum langsamen Fahren und Abstandhalten mahnen. Die Autobahn ist eine eigene Art, sich das Land zu erschließen, nicht nur im Sinne der Fahrt von A nach B, sondern als eine eigene Topologie, die eben aus jenen Verbindungen besteht, welche die Autobahnen darstellen (es ist eben eher die Sicht eines Netzes, das in gewissen Rahmen deformiert werden könnte, solange die wesentlichen Abstände und vor allem die Verknüpfungen bestehen blieben, eher eben Topologie als Topografie), und aus genau denjenigen Orten, welche auf Wegweisern und als Kreuze, Dreiecke und Ausfahrten genannt sind (eine eigene Toponymie, die Bezeichnungen kennt, die sonstwo nicht vorkommen, wie „XY-Ost", und eine Auswahl von Orten, die kein Pendant in der politischen oder einer anderen Gliederung des Landes hat). Wer diesen Mikrokosmos (der eigentlich ein Makrokosmos ist, so ausgedehnt und bevölkert er ist) nicht kennt, der hat eigentlich nichts verpasst, außer ein Studienobjekt einer „massenhaften Spezialisierung" innerhalb der Gesellschaft (Autofahren ist ein Spezialgebiet, nicht nur das Lenken selbst, sondern alles Wissen und Tun rundherum, wie vorgenannt, und manche sind noch mehr Spezialisten als andere), und eines Spezialwegs innerhalb der Entwicklung einer Gesellschaft (auf die Autobahn als eines ihrer wichtigsten Netze gesetzt zu haben; die Erörterungen des Mythos Auto und Autobahn spare ich mir). Der Netzkosmos Autobahn kann unsere Welt und unser Schicksal sein, muss es aber nicht.

Organversagen

In Deutschland leben wir in einer organisierten Gesellschaft (oder Teilgesellschaft der Weltgesellschaft). Das merkt man, wenn man im Ausland war, Besuch aus dem Ausland hat oder einfach ein wenig die Augen offen hält: Die Gesellschaft ist durchzogen von Organisationen und, soziologisch etwas unsauber formuliert: die Über-Organisation ist der Staat, selbst wenn er nicht in allen Bereichen wirklich über der Sache steht, ordnet er doch gewaltig, und organisiert: die Beilegung von Rechtsstreitigkeiten, die Umverteilung von Geldern, die öffentliche Infrastruktur (soweit noch öffentlich), und sich selbst, also unter anderem das Berufsleben zahlreicher Menschen. Wir arbeiten überwiegend in Organisationen, die Religion ist, trotz aller Bekenntnisse für ein höheres Wesen und gegen die etablierten Kirchen, eine vielfach organisierte, das „Ehrenamt" geschieht in Vereinen, das Lernen in Bildungseinrichtungen usw. So weit, so bekannt, und trotzdem wert, in Erinnerung gerufen zu werden. Was wir Bürokratie (nicht nur im Staat, auch in Unternehmen usw.) nennen, ist die (Über-)Organisiertheit unserer Gesellschaft, und was wir als selbstverständliche Ordnung ansehen, darum beneiden uns andere in der Tat, oder bewundern es (Alles so gut organisiert hier!, sagt der Besucher), schließlich, wenn nach mehr „Recht und Ordnung" gerufen wird, dann zeigt das, dass nach oben noch Luft ist, und würde das eben darin bestehen, nicht nur mehr Gesetze zu verabschieden, sondern vor allem die Organisationen zu ihrer Durchsetzung größer, vielleicht mächtiger zu machen, oder neue zu schaffen.

Nun zu etwas ganz anderem: Der Begriff des *failed state* impliziert, dass überall Staat sein müsse. Der Staat, wie wir ihn kennen, ist eine recht neue Erfindung – erst heute wäre ein Johann Ohneland bei uns nicht mehr recht denkbar, ein Herrscher, der sich seines Gebietes nicht sicher sein kann, möge er noch so viele Titel tragen und von Gottes oder des Bürgers Gnaden sein; sonstwo gibt es das durchaus: Präsidenten, die eigentlich nur Bürgermeister ihrer Hauptstadt sind, wie gelegentlich gespottet wird. Und erst *weil* es bei uns den Staat gibt, den es gibt, kann gefragt und mutmaßt werden, wer womöglich *eigentlich* die Mächtigen seien. Der Staat ist auch keinesfalls eine Erfindung, die sich von selbst überall durchsetzt. In gewissem Sinne verträgt es aber der moderne Staat nicht, wenn drumherum (in einem räumlichen Sinne, aber auch in einem etwas weiteren) nicht auch alles Staat ist. Es behagt und bekommt ihm nicht, wenn eine Gesellschaft keine Anschrift hat (wie sie eine erst durch eine Regierung gewinnt – auch und gerade wenn man sich unter dieser Adresse nicht an die Bevölkerung wenden kann), wenn die Ansteckung durch die Zersetzungskräfte droht und überhaupt, wenn Geld-, Waren- und Personenverkehr nicht geordnet verlaufen. Unbehagen bereitet natürlich auch manchmal die so genannte humanitäre Lage. Die *failed states* decken das Interesse und das Desinteresse der anderen Staaten auf, ihre Ängste und ihre Gleichgültigkeit.

Wenn nach dem etwas seltsamen Diktum Lenins Kommunismus Sowjetmacht plus Elektrifizierung des ganzen Landes ist, dann ist nach einem etwas holprigen und überlangen Satz der *failed state* Kleingewerbe und Kleinlandwirtschaft, abwechselnd mit Vertreibung und Zerstörung, oder Nomadentum, und Ausbeutung der Bodenschätze plus Handfeuerwaffen aus dem Westen oder aus Restbeständen des Ostblocks. Der *failed state* ist natürlich nicht der staatenlose Urzustand des Menschen (und der Grund sind nicht die Handfeuerwaffen, sondern die Organisation, die eben doch in ihm steckt: die Milizen, Feldzüge, Besetzungen usw., und die extreme Erziehung, die er seinen Bewohnern angedeihen lässt), trivialerweise auch kein utopischer Endzustand vom Wegfall des Staates, sondern *ein* gesellschaftlicher Zustand, und für viele darin ein schrecklicher. Der *failed state* deckt aber auf, wozu Menschen fähig sind, und vor allem auch, wozu sie nicht fähig sind, wenn bestimmte Voraussetzungen fehlen.

Er erzieht sich seine Bürger, die Nicht-Bürger sind, entweder zu Improvisierenden und/oder flüchtenden Opfern oder zu Milizionären. Letztere gehen manchmal schon fast wieder in Beamte über, wenn sie in einer oft grauenvollen Bürokratie (d.h. mit Grauen verbunden; nebenbei natürlich für jeden guten Bürokraten ein Grauen an Unorganisiertheit, wenn auch oft wiederum grauenvoll konsequent) ihren Einflussbereich ausbeuten, zu Gericht sitzen, Güter verteilen usw., also überall dort, wo sich eine Ersatzmacht herausbildet, die nicht recht ein Staat ist, und es sich nicht nur um plünderndes Nomadentum handelt, oder um Zerstörung im Dienste von Mächten, die ganz gut organisiert anderswo sitzen und irgendein Interesse an der Staatslosigkeit eines Gebietes haben. Der Bürger als Bourgeois gedeiht in diesem Umfeld nicht (an den Citoyen gar nicht zu denken), setzt er doch gesicherte Verhältnisse voraus, d.h. zumindest konstante polizeiliche Ordnung (bzw. Sicherheit über alle Machtwechsel hinweg), oder mehr noch diejenigen Rechtsverhältnisse, die so etwas wie das (ja, bürokratisierte) Arbeitsrecht, das Gesellschaftsrecht (mit Aktionärsdemokratie und beschränkter Haftung) usw. hervorbringen. Der Bourgeois als Charakter braucht genauso die gesicherten Verhältnisse. Gibt es so im *failed state* etwas wie größeren Besitz, geht dieser in Besatzertum oder milizbewehrte Feudalherrschaft über (mit ebensolchem Auftreten, wie es scheint). Gibt es so etwas wie größere Unternehmen, gehen diese in Manufakturen von des Kriegsherrn Gnaden über, oder in Strafkolonien, die ohne jedes noch so äußerliche Ziel der Erziehung oder Sühne auskommen, sondern nur die Verdammten dieser Erde ohne höheres Ziel kasteien. Die *failed states* decken auf, mit wie wenig *kein* Staat zu machen ist (mit wie wenig der Staat zu zerstören ist, die Staatslosigkeit sich fortsetzt), und mit wie wenig eine Art Ersatzstaat zu machen ist.

Nun zu etwas ganz anderem: Im Gegensatz zur mehr oder weniger festgefügten Organisation, des wohlgeordneten Funktionierens und der Herrschaft der Amts- und Geschäftszimmer, die da Bürokratie heißt, stehen all jene Bereiche der Weltgesellschaft, wo das Organisieren stärker vorherrscht als die Organisation. Das Organisieren ist das Auftreiben und Besorgen, das spontane Zusammenschließen für einen aktuellen Zweck, das Improvisieren und Leben im Provisorium, auch das Absprechen, Aushandeln, Kungeln und Bestechen. Selbst innerhalb einer gut organisierten Organisation wird auf diese Weise womöglich organisiert, manche machen es gar zu ihrem inneren Prinzip, dass die Organisation gelockert und das Organisieren gestärkt werden (ohne die Korruption hoffentlich), und gerade in sehr organisierten Staaten ist das Organisieren ebenfalls stark, denn so viel organisiert ist, so viel mehr bleibt auch, was verboten oder zumindest nicht vorgesehen ist, und oft herrscht auch eine organisierte Mangelwirtschaft, so dass viele Dinge organisiert werden müssen. Die unteren Klassen wiederum, die der mehr oder weniger freie Markt schafft, zerfallen wiederum in zwei Zweige: Zunächst derjenige, wo ein Materialismus herrscht, der gewiss nicht der eines dialektisch geschulten Klassenbewusstseins ist (wenn man heute überhaupt noch versteht, was das bedeuten soll – einschließlich des Traums vom Absterben des Staates), sondern einer des Konsums, der kauft, selbst wenn er nicht das Geld dazu hat, und der seinen Prototyp im durch Handyverträge und Unterhaltungselektronik verschuldeten Kreditkonsumenten hat. Ferner aber ein Zweig, der prototypisch idealisiert, sein Häuschen aus nichts als der eigenen (und der nachbarschaftlichen und verwandten) Hände Arbeit und allerlei Besorgtem gebaut hat, der ausleiht, repariert, bastelt, und der eine besondere Schläue darin entwickelt, sich das zu besorgen, was einem zuzustehen und niemandem zu schaden scheint, der sich kleine und größere Teile aus dem Betriebskapital und den Betriebsmitteln aneignet, sich ein wenig von seiner Arbeitszeit frei nimmt für andere Dinge, oder auch mal mittels Krankschreibung freinimmt, wenn es ein feierlicher Anlass gebietet, etwa ein wichtiger Stein am eigenen Haus gelegt und gesetzt werden muss. Mögen Staat und Unternehmer große Organisationen für sich haben, und große Strategien erdenken oder erträumen von gewaltigen Umorganisationen, so haben jene kleinen Leute die Taktiken des Organisierens für sich (wie Michel de Certeau bildreich herausgearbeitet hat), und vielleicht die Vereine, in denen sie ihre Freizeit organisieren.

Schließlich herrscht das oft auch korrupte und korrumpierende, manchmal aber auch ehrliche, mitmenschliche, hilfsbereite Organisieren in breiten Massen der Entwicklungsländern, von den Materialien für den Hausbau, einfachen Gerätschaften und Transportmitteln für Kleingewerbe, das ohne Gewerbeanmeldung und -aufsicht organisiert ist, über abgezweigten Strom und abgezapftes Wasser hin zu behördlichen und staatlichen Leistungen. Dieses Prinzip im nicht-korrupten und der Gerechtigkeit förderlichen Sinne zu stärken ist, zumindest in der Theorie, teils auch in der Praxis, in der Entwicklungshilfe (oder -zusammenarbeit, wie sie so schön heißt) zu Recht neben und teilweise anstelle der Förderung von Großprojekten getreten. Wir können die vielbeschworene „Hilfe zur Selbsthilfe" so umformulieren als Hilfe zum (nicht korrupten) Organisieren und Improvisieren, und manchmal zur Selbstorganisation, eben auch mal zur Bildung von Organisationen, je nach Fall.

Ein organisiertes Gemeinwesen, wo das Organisieren nicht verlernt wird, Neuorganisation möglich bleibt, wäre ein Ziel für alle Staaten, besser: alle Länder, die Weltgesellschaft, eine Gesellschaft, wo Organisationen von allen für alle organisiert sind, und freies aber gerechtes Organisieren erlaubt ist, geübt und ausgeübt wird. Wir mögen das dann vielleicht „organisch" nennen – man spricht manchmal von „gewachsen", was aber nur wünschenswert ist, wenn das nicht heißt: eben so mit der Zeit gewachsen, sondern zusammengewachsen, immer weiter aufgebaut – organisch vor allem im Sinne von: funktionierend, dem Teil und dem Ganzen gemäß.

Experimentelle populäre evolutionäre Psychologie

Ein Experiment: Man denke sich einen Unterschied zwischen Männern und Frauen aus: Frauen können besser x als Männer, Männer sind eher y als Frauen, usw. Diesen Unterschied erzähle man einer anderen Person, etwa so: „Ich hab in der Zeitung/im Internet gelesen/im Radio gehört usw., dass amerikanische Forscher/Wissenschaftler aus Göttingen usw. rausgefunden haben, dass Frauen/Männer..." Sodann gebe man sich unsicher über die Erklärung dieses Unterschiedes: „Also ich verstehe das nicht, warum sollten den Frauen/Männer...". Man gebe keine eigene Erklärung ab, und erkläre im Zweifelsfall, eine solche sei in der entsprechenden Quelle nicht genannt worden. Man versuche so, dem Gegenüber eine Erklärung zu entlocken. Entscheidend ist dabei zweierlei: Dass man erstens vorher zufällig bestimmt, welche Seite des Vergleichs man Frauen und welchen man Männern zu weist, also etwa eine Münze wirft, und bei Kopf verlauten lässt, dass „Frauen eher...", und bei Zahl, dass „Männer eher..." (je dieselbe Eigenschaft aufweisen). Dass man zweitens die Antwort des Gegenüber daraufhin analysiert, welche Erklärung gegeben wird, insbesondere im Hinblick auf zweierlei: Ob es sich um eine sich evolutionspsychologisch gebende Erklärung handelt (also eine Urzeit ausgemalt wird, in der jener Unterschied vom Gegenüber als nützlich angesehen wird, er als biologisches Erbe ausgedeutet wird, der einen Vorteil bei der Fortpflanzung, der Arterhaltung u. Ä. schafft) oder um eine andere. Ferner ob die Antwort nach der grundlegenden Erklärungsweise (also evolutionspsychologisch, oder etwa gesellschaftlich, historisch usw.) und/oder der konkreten Erklärung variiert, je nachdem, wie man die beiden Seiten des Unterschieds gerade besetzt hat mit Mann und Frau, insbesondere auch je nachdem, ob der so behauptete Unterschied stereotypenkonform ist.

Vielleicht findet man auch noch irgendetwas ganz anderes heraus, jenseits der bekannten Geschlechterbilder. Die Erfahrungswissenschaften sammeln stets zufällige Fakten, an sich natürlich immer schon in Begriffe, in Wörter gepackt (sonst wären es für uns keine Fakten, keine Daten, sondern was auch immer: das Unaussprechliche, Unerkennbare, Undenkbare) – wobei „zufällig" heißt: Es könnte so sein oder auch anders, eines von beiden, und man findet heraus, dass es eines davon ist, was man vorher eben noch nicht wusste. Wenn die Fakten aber so sind und nicht anders, wie man herausgefunden hat, dann will, ja dann muss man vielleicht dieser Zufälligkeit weitere Bedeutungen geben: Nicht nur ist es offenbar soundso, sondern es ist soundso *weil*, soundso *als*, ein Fall *von*, ein Beispiel *für*, bedeutsam *aufgrund*, anzuwenden *auf*, nützlich *bei*, bedenklich *infolge*, usw. (von vornherein so gedacht oder im Nachhinein so gedeutet). Ein zufälliger Befund ist ohne Erklärung, ohne Deutung, selbst wenn sie erst durch weitere Studien und Forscher nachgeliefert wird, oft sehr wenig wert. Das Experiment mag also noch allgemeineren

Einblick darin geben, wie wir aus Zufall Sinn erzeugen, zum Beispiel, aber nicht nur mit Blick darauf, dass wir die Menschen in zwei Geschlechter einteilen und wir dann herausfinden oder glauben, dass sie sich unterscheiden oder auch nicht, je nachdem, in welcher Hinsicht. Woher nehmen wir diesen Sinn, wo liegt sein Reservoir? Im Vorrat jener Weltdeutungen, welche wir Kultur nennen (und seien es Deutungen der Natur, oder Umdeutungen einer Sache zu Natur; auch das ist Kultur, gerade das), und in der Kreativität von uns allen als Weltdeuter, welche wir als Alltagswissenschaftler sind (und mag die Deutung noch so zufällig sein, auch das ist Alltag, gerade das), die wir das Deuten niemals ganz abstellen können.

Wir deuten, wir sehen eine Person *als* Mann oder *als* Frau, mindestens so, dass wir das eben erkennen (und wenn nicht, trotz genauen Hinsehens oder -hörens, dann irritiert das), oft aber sehen wir die Person als Mann *und damit als x*, als *y und damit als* Frau, als *z* und *damit nicht wie* Männer so sind, obwohl es ein Mann ist, usw. Es könnte auch andersherum sein oder keine von den Deutungen, die man sich so denkt. Eine Frage der Tatsachen und der Deutungen, der Tatsachen als Deutungen, die sie immer schon sind, und deren Deutungen. Wie diese Deutungen lauten, welche typisch sind, vielleicht sogar, wie sie zustande kommen, das soll jenes Experiment herausfinden, indem ein (wirklich) zufälliges Faktum vorgelegt und die Deutungen des Gegenüber abgefragt werden.

(Vielleicht mag der Leser sich beteiligen, sich selbst zwei entgegengesetzte Thesen ausdenken, verschiedenen Personen eine je zufällig gewählte der beiden Thesen mit größtmöglichem Ernst vortragen, und sich mit gut gespielter Naivität beim Gesprächspartner erkundigen, wie er sich diesen Befund erklärt, denn das sei aus der Meldung nicht so recht hervorgegangen. Die Antworten wären dann zu sammeln, indem man sie möglichst genau notiert, und mir zuzuleiten, oder selbst einmal im Lichte der obenstehenden Fragen zu analysieren.)

Vierte Lieferung, das sind überwiegend Übungen – Stilübungen, Gedankenübungen, Versuche über die rechte Art zu soziologisieren, auch praktische Übungen für den Leser

Für F.

Weitere Lebensweisheiten

Wovon man nicht schweigen kann, davon muss man reden, das scheint die Devise der heutigen Psychohygiene und der „Gesundheit" der Gesellschaft zu sein.

Vielleicht wäre es wünschenswert, im hohen Alter unmerklich in einer Art zufriedene, glückliche Demenz überzugehen, eventuell mit ein paar weisen Gedanken zwischendurch? Allein, ein solcher Zustand ist nicht sonderlich wahrscheinlich, medizinisch wie unter den Bedingungen des heutigen Alterns; womöglich kann mit Drogen nachgeholfen werden (heikel, für den Einsatz psychotroper Substanzen im Alter zu plädieren!).

Erinnerung an Lukrez: Warum ärgern wir uns praktisch nie, dass wir nicht früher geboren wurden? Wenn wir uns schon mit dem ewigen Leben beschäftigen, warum dann eigentlich nie in der Weise, dass wir uns fragen, warum wir nicht schon immer da waren?

Oft ist mehr Freude über einen Gerechten, der einmal sündigt als über neunundneunzig Gerechte, die der Buße nicht bedürfen.

Der Alltag ist das Rätselhafteste (diese Gleichgültigkeit gegenüber dem Besonderen, dem Schrecken, einer konsequenten Moral usw., dieser Automatismus, diese Wiederholung und zugleich Beliebigkeit und Inkonsequenz) und zugleich das Selbstverständlichste: gattungstypische, wenn nicht biologisch universelle Sparsamkeit an Energie, speziell an Sinn und Verstand – und das ist erst einmal neutral gemeint: Wir alle müssen mit unserem Denken haushalten, wir alle.

Was macht der *homo oeconomicus* im Alter: Eifrig weiter Geld verdienen, oder sich mit dem Vorhandenen zufriedengeben; sein Geld möglichst ganz ausgeben, danach trachten, es in eine möglichst hohe lebenslange Rente zu verwandeln, oder möglichst viel vererben? Der Theoretiker des rationalen Handelns würde das für eine Frage der Präferenz erklären und sich damit für unzuständig. Non est disputandum; die Vernunft hört da offenbar auf.

Die Träume zu ihrem Recht kommen lassen: nicht als Zeichen, als Mittel für irgendwas, als Abfall der eigentlichen Denktätigkeit (selbst wenn sie nur ein mehr oder weniger nützliches Nebenprodukt sein sollten), sondern als gute und schlechte Erlebnisse.

Jede Ehe ist eine „Mischehe".

Viele wollen dem Alltag entfliehen, für andere ist der Alltag gerade eine Zuflucht. Es kommt auf die Blickrichtung, die Entfernung und den Zeitverlauf an.

Die Frage, ob man überhaupt Kinder „in die Welt setzen" *soll* (d.h.: darf), scheint öffentlich und wohl auch privat kaum noch gestellt zu werden, sondern sich verschoben zu haben zur Frage, ob man, zum Wohle der Gesellschaft, Kinder bekommen *sollte* (d.h.: *müsste*), wo man das doch offenbar beliebig entscheiden *kann*, und ob man *will*, und wenn man will, wie man es am besten kann, welches die praktischen Bedingungen dafür sind.

Die moralische Fallhöhe gibt es nicht. Und es gibt sie doch. Zwar ist jede fortgeschrittene Moral unabhängig von der Person, sie richtet sich an jeden gleichermaßen nach ihren allgemeinen Regeln, doch enttäuscht und schmerzt de facto diejenige unmoralische handelnde Person umso härter den Geschädigten, je mehr sie moralische Erwartungen verbreitet, und wird sie in der Praxis umso schärfer verurteilt, je höher ihre Ansprüche waren.

Ein Bekannter aus einer kinderreichen Familie meinte, ohne viele Geschwister sei man nur ein halber Mensch, ohne die Geschwister würde ihm ein Teil seiner selbst fehlen. Allerdings ist auch der Mensch mit Geschwistern in gewisser Weise ein halber: Er ist, vor allem auch nach außen, eines von mehreren Kindern der Familie, er wird als so ähnlich wahrgenommen wie sein Bruder oder seine Schwester, oder gerade als unähnlich, jedenfalls mit Bezug auf diese, er wird oft sogleich als Teil eines Geschwisterpaares oder einer Gruppe von Kindern gedacht und tritt als dieser auf, ob aus innigem Zusammenhalt, aus Pflichtgefühl oder gezwungenermaßen.

Seltsame, aber gängige Antwort, wenn man sich „zu viele" Gedanken über den Tod macht: „Du bist ja noch jung!" Na und?, das ändert ja nichts! Seltsamerweise beruhigt es trotzdem.

Da Liebesheiraten so oft scheitern, warum nicht die Vernunftehe probieren?

Was ist schlimmer: Verrückt zu sein, für verrückt gehalten zu werden, sich selbst für verrückt halten? Man weiß es nicht, aber: Die allermeisten, die sich fröhlich als verrückt bezeichnen, haben keine Ahnung.

Für viele scheint zu gelten: Liebe deine Nachkommen mehr als dich selbst – die Kinder sollen es einmal besser haben. Ehrenvolle Selbstaufopferung, hoffnungsvolle, aber eigentlich trostlose Schicksalsergebenheit, gar manchmal eine selbstvernichtende Prophezeiung?

Der bestirnte Himmel über mir, und das moralische Gesetz in mir

Es ist ziemlich schwer, aus der Gesellschaft heraus auf den Kosmos, aus Interesse an diesem selbst, zu blicken: Nicht nur macht es das Licht der Zivilisation schwer, überhaupt noch Sterne zu sehen, was zwar hilfreich, aber nicht zwingende Voraussetzung ist („blicken" ist hier in einem umfassenden Sinne verstanden, was nicht zwingend hinschauen voraussetzt). Sondern man muss vielfältige Vorstellungen und Assoziationen beiseite schieben, um sich der Sache ungehinderter widmen zu können, ohne freilich die kosmologische Prägung der eigenen Epoche ablegen zu können. Zunächst gilt es, den Alltag mit seinem Raum und seiner Zeit insoweit abzuschütteln, als dieser einen ganz anderen Maßstab hat. Diese Maßstabsverschiebung ist bereits in die Populärkultur vorgedrungen, etwa im bekannten Vergleich der bisherigen Geschichte der Erde mit einem Tag, an dem der Mensch erst in letzter Minute erscheint. Man muss sich diese Größenordnung deutlich machen, und dann auch noch von diesem Vergleich lösen, der wieder das Überschaubare, den Tag, hereinholt. Sodann gilt es, die Geschichte der Glaubenskämpfe um das Bild des Universums, die allzu bekannten Heldenmythen und Paradigmenwechsel, liegen zu lassen (sie sind natürlich ein eigenes lohnendes Studienobjekt, aber womöglich muss man dazu von der Erzählung abrücken, wie Forscher und Aufklärer gegen religiöse Dogmatiker fochten oder unterlagen, und später dann doch siegten). Die zeitgenössischen Sektierer und Esoteriker (ihrerseits soziologisch höchst lehrreich) mit ihrer Kosmologie ebenso. Überhaupt wird die Betrachtung des Kosmos gerne als sittliche Lehre für den Menschen verstanden, als Mittel gegen Hochmut, als Zurücksetzung seiner Selbstüberschätzung, als Schule der Ehrfurcht, als Belehrung in der eigenen Nichtigkeit und Kleinheit und Übung im Ertragen derselben usw. Mag sein, aber man kann es auch einmal anders versuchen, ohne sich zugleich auf diese Weise zu vergleichen, einzuordnen, zu bestimmen, zu erziehen, also sich doch in den Mittelpunkt zu stellen, und sei es in der Form, die kosmologische Kränkungen der Menschheit (Freud) nachzuerleben. Nicht so sehr: ich im Universum; sondern: das Universum als solches in mir, es betrachtend aufzufassen, es im Geiste zu wenden und zu analysieren, seine Gesetze zu verstehen und Gedankenexperimente darüber zu verfolgen. Auch die Geschichte der modernen Physik mag Aufmerksamkeit anziehen und im Sinne der hier Verfolgten ablenken: klischeehaft geniale Friedensapostel und verrückte Atombombenbastler, Nazis, Geheimdienste, Raumfahrtfinanzen, Kalter Krieg usw. Vielleicht gelingt es auch, sich von der Geschäftigkeit zu distanzieren, die auch die Astrophysik, wie jede Wissenschaft, erfasst hat, mit ihren Wettläufen, Ehrungen, Publikationsfluten etc. Mal sehen, was herauskommt, und was sich auflöst, wenn der Laie so herangeht und versucht, auf diese Weise sich frei zu machen, oder der Wissenschaftler einen Schritt zurücktritt: Was wissen wir, was können und könnten wir wissen? Es möge jeder selbst ausprobieren. Man kann sich jedoch auch voller Hingabe den vorgenannten Seitenwegen widmen, denn sie sind ebenso faszinierend und lehrreich.

Real,-

Woran erkennen wir, dass ein Bild ein Bild ist? Bei täuschenden Bildern nur am Rand, am Ort, wo es angebracht ist (nicht nur, aber auch eine Frage der Konvention), am Größenmaßstab, am fehlenden Wechsel der Perspektive beim Umhergehen. Man stelle sich ein Fenster vor mit einer Fototapete dahinter, betrachtet aus einiger Entfernung. Siehe auch Landschaftskulissen im Theater oder Film. Fotos von guten Modellen eines Gegenstandes sind im Grenzfall nicht von Fotos des Gegenstandes selbst zu unterscheiden. Der Sinn eines trompe l'oeil besteht wohl darin, dass man zuerst nicht erkennt, dass es sich um ein Bild handelt, und es dann kurz darauf erkennt.

In Filmen sprechen Personen in wohlgeformten ganzen Sätzen, wenn auch mit einem Vokabular, das sie als Angehörige eines bestimmtes Milieu und Alltags ausweisen soll. Wir halten das für realistisch.

Bei Aromen haben wir ausschließlich aufgrund des Schmeckens keine Anhalts-punkte, woher sie stammen. Das erregt Verdacht: ungesund, Betrug usw.

Kann man einen Geruch zitieren, abbilden, skizzieren? Wenn ein Bild wirklich mehr als tausend Worte sagen sollte, was sagt dann ein Geruch?

Eines Tages rief ich erstmals eine Klangdatei über das Internet ab. Es war neu und aufregend. Das Herunterladen dauerte ewig, aber dann hörte ich in der Tat das Geräusch, und es klang seltsam: Wissenschaftler hatten simuliert, wie es hätte klin-gen können, wenn eine bestimmte Dinosaurierart Töne von sich gegeben hätte. Nun wusste ich allerdings nicht, ob das so seltsam klang, weil eben das Saurierge-räusch so sein sollte, oder ob das am Herunterladen, sozusagen am Internet, lag. Erst später und anhand anderer Beispiele lernte ich die Klangqualität von Dateien im Internet einzuordnen.

Manche Kunstfreunde fordern, auf Bildern müsse man etwas erkennen können. Man könnte spitzfindig einwenden: Als Bild bezeichnen wir eigentlich zumeist bereits das, worauf man etwas erkennen können sollte. Alles andere ist kein Bild im Sinne des Abbildens (und sei es die Abbildung von etwas, das es gar nicht gibt: ein Einhorn etwa).

Lässt sich eine Gesellschaft vorstellen, wo das „künstliche" als wertvoller ange-sehen wird als das „echte", „natürliche", weil Ersteres kunstvoll hergestellt ist? Früher galt mitunter die rohe, unbearbeitete Natur als minderwertig gegenüber ihrer vervollkommnenden Nachahmung. Die Industrialisierung der Künstlichkeit bzw. die Gleichsetzung der beiden hat die Kunstfertigkeit ins Handwerkliche und Künst-lerische verdrängt. Preislich gesehen ist die Lage heute sowieso uneinheitlich: Teils sind hochverarbeitete Produkte teurer, teils synthetische Materialien billiger.

Bei Werken des Action Painting fällt oft auf, dass die getropften und geschleu-derten Farblinien oft knapp vor dem Rand der Leinwand enden oder umkehren. Man hielt sich eben doch an das heilige Rechteck. Andere nicht; es ist wohl weni-ger die Freiheit schlechthin, sondern die Freiheit dort, wo vorher Grenzen waren und neue selbstgesetzte Grenzen, die in dieser Freiheit zu Formgebung und Erfin-dungsreichtums anspornen, die die Neuerung in der Kunst ausmachen. Manche Grenzen bleiben andererseits unreflektiert. Vgl. die Dichter des Oulipo (Perec, Quéneau etc.): neue Beschränkungen für die Sprachverwendung in der Literatur finden, die das holpernde Versmaß und den ausgeleierten Endreim ersetzen, ohne dass Dichtung zu beliebiger Wortreihung, -aufhäufung und -verschleuderung wird. Nur so konnte Oskar Pastior etwa „vom Sichersten ins Tausendste" gelangen, so dass gilt: „abschrankung ißt wegweiser".

Theorie-Bildung

Man kann soziologische Theorien womöglich danach einteilen, welche Arten von Beispielen sie begleiten: Entstammen sie dem Alltag, oder sind sie auf abstruse Weise konstruierte, teils erheiternde, teils monströse Gedankenspiele, bzw. abseitige Fälle, teils aus Darstellungen stammend, die als Schund gebrandmarkt sind? Die zweite Kategorie sagt auf den ersten Blick weniger aus, denn wozu eine Theorie, die man mit solch abwegigen Vorstellungen illustrieren muss? Bei den Beispielen beweist die Wissenschaft aber jene Freiheit und Kreativität, die sie in der sonstigen Darstellung selten noch hat (und beweist manchmal Humor, manchmal auch einfach Vorurteile); die abgelegenen Illustrationen erschweren es, dass der Alltagsverstand sogleich einschnappt und das gedankenträge kopfnickende Einverständnis des Lesers ausgelöst wird, der Alltag wird verfremdet, damit er als das erscheint, was er ist: eine Besonderheit, die staunenswert unwahrscheinlich, staunenswert unverständlich oder staunenswert regelhaft sein kann; die verständnisfördernde Einfachheit schließlich ist oft nur um den Preis einer Abstraktion zu haben, die der Alltag nicht hergibt (hier kann das Beispiel aber gerade verraten, dass die Theorie zu formalistisch ist).

Wenn einer sagt: „Das kann man nicht definieren", oder „Das kann man so nicht sagen", dann müsste man ihn zwingen, einmal darzulegen, nach welchen Regeln er trotzdem von der betreffenden Sache spricht, und welche Definitionen und Verallgemeinerungen trotzdem dahinterstecken, auch wenn derjenige sie aus Scheu und Respekt nicht machen will, und wo er wirklich Regellosigkeit im Sprachgebrauch zulässt oder in der Sache vermutet (wenn einer z. B. sagt: „Kunst kann man nicht definieren", und redet dann weiter von Kunst, dann redet er entweder über nichts, oder es lässt sich mit einiger Mühe doch entnehmen, was für ihn Kunst ist und was nicht, indem er etwa von seinem Wischmopp oder von irgendwelchem Nippes nicht als Kunst redet, wohl aber von einer Filzmatte von Beuys).

Man kann wohl alle Klassiker (der Soziologie, aber auch anderer Fächer und Genre) als aktuell oder zumindest weise vorausweisend erscheinen lassen (das ist ja der Sinn des Klassischen), interessant ist jedoch auch ihre Fremdheit, ihre Radikalität, die Kreativität, die Eigenständigkeit und zugleich die Kontinuität gegenüber ihren Vorgängern, die man nur sieht, wenn man die „minderen", „schulmäßigen" Vertreter der Epoche und die „minderen" Werke der Klassiker selbst ebenfalls betrachtet. Die Klassiker erscheinen uns gleichsam domestiziert, gesetzt, festgelegt auf eine dauerhafte höhere Wahrheit in ihrem Werk, der historisch bedingte Irrtümer und Ungenauigkeiten nicht entgegenstehen. Es mag ein Unbehagen bei der Lektüre eintreten, dass alles irgendwie zutreffend und ziemlich schlau ist, aber vielleicht doch ein wenig schief und nicht ganz treffend, manchmal auch Privatmeinungen breitgetreten werden, dogmatisch verfolgt, immer neuen Gegenständen übergestülpt und scheinbar stets aufs Neue bestätigt. Dieses Unbehagen wird oft eher so aufgefasst, dass man den Klassiker und seinen roten Faden noch nicht ganz verstanden habe als der selber die Sache, oder man geht über das Unbehagen hinweg, schert sich nicht weiter um den sachlichen Gehalt der Werke der Klassiker, sondern nur noch um die akribische Auslegung ungeachtet der Haltbarkeit des Gesagten. Die *Deutung* der Klassiker wird so zu einer selbstbezüglichen und selbsterhaltenden Beschäftigung, die die *Bedeutung* der Klassiker bestätigt, selbst wenn diese unrecht hätten. Glücklicherweise ist auch mit dem Gegenprogramm Aufmerksamkeit zu gewinnen, auch wenn es sich teilweise in der Demontage des Klassikers durch Diffamierung als politisch unkorrekt erschöpft: Der Klassiker glaubt an Rassenunterschiede, an die Minderwertigkeit der Frau, war kriegsbegeistert usw.; oder er erscheint als historisch blind und Anhänger der falschen Partei in Bezug auf den Gang der Zeit: Er hat eine Entwicklung nicht vorausgeahnt, er stand auf der Verliererseite, der Fortschritt ist eigentlich über ihn hinweggegangen. Klassikerlektüre ist eine schwierige Sache, zumal man ziemlich viel lesen muss und dann keine Zeit für die eigenen Zeitgenossen hat. Aber die Zeit an sich ist kein Argument, weder für noch gegen die Klassiker.

Verkneifen gilt nicht

Nicht leicht einzugestehende Befriedigungen und Erleichterungen, in der Vorstellung oder in der Ausführung: unter der Dusche pinkeln, Brotaufstriche hastig aus dem Glas in den Mund löffeln, nach dem Auflegen des Telefons laut „Arschloch" rufen, nackt schlafen, Fingernägel und Haarspitzen kauen, die Hände an der Hose und den Mund am Ärmel abwischen, von anderen ungehört laut furzen, einer anderen Person ein großes Unglück oder den Tod wünschen (etwa: „Die möge doch der Blitz beim Scheißen treffen!"), die Hände tief in etwas Schleimiges, Teigiges stecken und darin herumkneten, Dreck oder Abfall anderen unterschieben oder zurücklassen, gehässig und boshaft über den eigenen Partner reden, Glas und Porzellan zerschlagen, mit dem Hammer oder Vorschlaghammer etwas zertrümmern (Autoscheiben, den Computer, eine Tür, eine Figur usw.), Unmengen Zucker in den Kaffee oder Tee schütten, im Gebet um protzigen Reichtum bitten, sich über eine grausame Bestrafung des Schurken oder blutspritzende Szenen im Film freuen oder im Computerspiel die Bösen abknallen bzw. anderweitig niedermetzeln, ein gefülltes Rotweinglas an die Wand werfen, eine Holzstatue oder ein geschnitztes Götzenbild verbrennen, oder Schriftstücke und Bilder, oder mit Dartpfeilen auf diese werfen, möglichst lange an den elektrischen Weidezaun greifen, an die Wand eines Gebäudes urinieren, das etwas Verhasstes bedeutet, sowie natürlich die Masturbation in allen Varianten.

Die Weisheiten der Werbung

Man kann wohl anhand von Werbesprüchen, und vielleicht der dazugehörigen Bilder, fast die gesamte Philosophie und Sozialphilosophie bzw. ihre Geschichte durchschreiten, mit ihren Problemen, Versprechen, Vorschriften, Kritiken, etwa:

Because change happens: die Frage nach Veränderung – gibt es Neues in der Welt oder nur das ewig Gleiche, woher kommt das Neue, wer oder was bringt es hervor, wie geschieht der gesellschaftliche Umbruch? usw.

Die Freiheit nehm' ich mir: Natürlich die Frage nach der Willensfreiheit, den bürgerlichen Freiheiten, dem Naturrecht; das gute Leben und welche Freiheiten dazu nötig sind; die immer schon gegebene oder die genommene Freiheit usw.

Nichts ist unmöglich: die modale Logik, die möglichen Welten, das kontrafaktische Denken, die gesellschaftliche Vorstellungskraft, die technische Machbarkeit, die Beherrschbarkeit der Natur.

Weil ich es mir wert bin: Eigenliebe, Unvertretbarkeit, Selbstbezug, Wert, Hedonismus usw.

Wäscht weißer: Farbwahrnehmung und Qualia, Bezeichnungen und Regeln der Sprachverwendung, die Logik von Begriffen (etwa ob sie steigerbar sind).

Liebe ist, wenn es Landliebe ist: Liebe und die Pastorale als Utopie; der Naturbegriff.

Ich bin doch nicht blöd: Formen der Rationalität und der Ökonomie; Dummheit, Irrsinn und Irrtum.

Die zarteste Versuchung: Versuchung und Sünde, Körper, Sexualität, Weiblichkeit und Männlichkeit; allgemein: Religion und Lust; Sanftmut und Stärke, Zartheit und Machtstreben.

Spiegel-Leser wissen mehr: Wissen und Erfahrung aus erster und zweiter Hand und ihre Medien, Vorstellungen der Realität (u.a. die Metapher des Spiegels).

Make the most of now: Zeit, Augenblick, Leben, Alltag, Entschlossenheit usw.

Etc.

Ein Alkoholfreies, bitte

Pierre Bourdieu kommt der Verdienst zu, einige wichtige Unterschiede zwischen den Klassen moderner Gesellschaften auf denjenigen Begriff gebracht zu haben, dass es sich um Unterschiede im Geschmack und in der Menge des so genannten kulturellen Kapitals handelt, also unter anderem der Fähigkeit, anerkannte und avantgardistische Kunstwerke zu deuten und zu schätzen, und das zu besitzen, was in der Gesellschaft als „guter Geschmack" und „Stil" definiert ist, eine bestimmte Verfeinerung des Ausdrucks und der Vorlieben, eine gewisse Ökonomie der Mittel. Im Gegensatz dazu habe die Arbeiterklasse eine Vorliebe für das Praktische, Kräftige, Plakative, Nahrhafte. Das trifft teils zu, teils geht es aber als Idealisierung an der Realität vorbei, wie natürlich schon verschiedentlich angemerkt worden ist; und dabei geht es nicht nur darum, dass die Arbeiterklasse nicht mehr das ist, was sie einmal war – man kann ohne allzu viel Gewalt immer noch genügend einfache, also schwere Arbeiten in jene hineindefinieren, auch wenn der klassische Arbeiter auf dem Rückzug oder teilweise ins Kleinbürgertum aufgestiegen ist, zugunsten eines Dienstleistungs-„Proletariats", das nunmehr die unterste Schicht besetzt. Dass jene Beschreibung nicht das ganze Bild darstellt, zeigt sich etwa daran, wofür in einem Gespräch anlässlich eines Umtrunks unter Akademikern scherzhaft der Begriff „Leberkapital" aufkam. Er stand für die Tatsache, bereits viel Alkohol getrunken zu haben, bei einem bestimmten Anlass, oder praktisch jedem Anlass und ohne Anlass viel zu trinken, und viel zu vertragen, sich nicht um die Folgen zu sorgen, sondern ihretwegen sogar so etwas wie Stolz zu empfinden (Bourdieu gesteht das Feiern denn auch selbst als Ausnahme von jenem Sinn für das Nützliche in der Arbeiterklasse ein). Das soll nebenbei nicht heißen, dass in anderen Schichten außer der genannten Arbeiterklasse (oder gar so etwas wie das „Proletariat" darunter, sowie womöglich auch des Kleinbürgertums darüber, eben diejenigen Klassen, wo jener Stolz auf die geschundene Leber kultiviert wird), das außerhalb jedenfalls der Alkoholismus nicht vorkomme, aber wohl in anderen Bedeutungen.

Die Betonung der Kraft, der Härte bezieht sich eben nicht nur auf den Erhalt der Kraft (die natürlich auch Arbeitskraft ist) und die Nützlichkeit, sondern auch auf ihren Verbrauch, ihre großzügige Nutzung, ja ihre Verschwendung, das machtvolle Anrennen (kein tastendes Probieren) gegen die Grenzen des Körpers, dessen Transformation und die enthemmende, reizstarke Verwandlung des Denkens und Handelns durch Drogen, das Schuften und Malochen (als Zeichen, dass man ehrlich alles gibt: als ehrliche Arbeit, und als Ehrensache in der Freizeit, mit deren Arbeiten, Verausgabungen, Wettkämpfen, Feierlichkeiten usw.).

Die Reaktionen der Akademiker darauf spannen sich auf einer Achse auf, die auf der einen Seite beginnt bei der Abscheu gegenüber der Irrationalität und Kurzsichtigkeit des so schädlichen Verhaltens, der Betonung des Körperlichen und der (scheinbar) sinnlosen Kraftentfaltung. Auf der anderen Seite, um die Gefahr einer neuen Idealisierung, steht die Faszination des intensiven Lebens, dafür, sich zu verbrauchen (was aber eher dem künstlerischen Genie mit seinen Grenzgängen zugeschrieben wird, deren Anspannung dann auch den Körper verbraucht), den Körper radikalen Verwandlungen zu unterziehen, ihn zu stählen und zu schinden, den Geist zu berauschen und zu betäuben. Das löst Bewunderung und Befremden, gar Ängstlichkeit aus.

Die Härte gegenüber dem eigenen Körper steht also im regen Gegensatz zur Empfindlichkeit und Empfindsamkeit, dem Leiden an Reizüberflutung, der Disziplin des Geistes, dem Luxus der kleinen Mengen des Kostbaren, dem langsamen Verfall. „Leberkapital", das ist Kapitalismus als schöpferische Zerstörung (Schumpeter) einmal anders betrachtet, vonseiten des Arbeiters.

Pilzsuche

Man kann metaphorisch oder sonstwie uneigentlich sprechen, der Herkunft von Metaphern und Redeweisen nachgehen (eine beliebte Sache für so genannte Wissenssendungen und Zeitungskolumnen), den Metaphern und Redeweisen selbst nachgehen (Wie schießen denn eigentlich Pilze aus dem Boden?), und man kann versuchen, metaphernfrei zu sprechen und die uneigentliche Rede zu vermeiden, zum Beispiel in der Soziologie: Da schießen dann eben nicht die Filialen der Kaffeehausketten in gentrifizierten Vierteln wie Pilze aus dem Boden, oder zentraler: Es dürfte nicht die Rede sein von „oberen" Klassen und einem sozialen „Aufstieg", von Patchwork-Identität, Abgrenzung, Lebensstil, Stigma, Labeling, dramaturgischem Handeln (womöglich sogar von Rollen), sozialen Netzen, dem sinnhaften Aufbau der sozialen Welt (Schütz), dem Geist des Kapitalismus (Weber) usw. Das wird schwierig, wenn nicht unmöglich. Das ist allerdings nicht zwingend, sondern ein Versuch. Gewisse Metaphern (die anfangs noch mehr waren als Metaphern) hat sich die Soziologie ja weitgehend abgewöhnt: die Gesellschaft als Körper zum Beispiel.

Gesellschaftsspiele

Zusammenstellung einiger Spiele, die zumeist aus der Literatur bekannt sind:

Sich vorstellen, wie ein Außerirdischer oder eine Person aus einer fremden Kultur unseren Alltag sieht, oder ihn so beschreiben, als wären es die Gebräuche eines primitiven Stammes.

Einen Tag lang eine Höflichkeitsregel nicht befolgen oder übertrieben genau einhalten, oder es sich in jeder Situation vorstellen, wie es wäre.

Sich vorstellen, worüber man sich in Zukunft in Bezug auf unsere heutigen Vorstellungen amüsieren oder ärgern wird, so wie wir belustigt sind über manche Auffassungen früherer Zeiten oder sie verurteilen.

Eigenschaften und Tätigkeiten (Beruf, politische Einstellungen, Freizeitbeschäftigungen, Vorlieben bei Essen, Kleidung usw.) notieren, die typischerweise zusammen bei einer Person auftreten. Dann gruppenweise durchmischen (also die Essensvorlieben, die Berufe usw. untereinander) und neu kombinieren. Sich die so beschriebenen Personen ausmalen. Sich eine Person ausmalen, die all jene Merkmale aufweist, auf die man stößt, wenn man seinen Namen oder den eines anderen in einer Internetsuchmaschine eingibt und möglichst viele Ergebnisse berücksichtigt, ganz gleich wie viele verschiedene Personen gleichen Namens sich dahinter verbergen, oder versuchen herauszufinden, wie viele Personen es tatsächlich sind.

Sich eine Zeitlang nur aus einem Medium (Radionachrichten, eine ungewohnte Zeitung, ein Nachrichtenmagazin, eine Internetseite) informieren, das man sonst nie nutzen würde, oder gar keine Nachrichten nutzen, gleich in welchem Medium, und sehen, was man durch persönliche Gespräche mitbekommt. Eine Zeitlang die Zeitung von vor zehn oder zwanzig Jahren lesen, falls man Zugang zu einem entsprechenden Archiv hat.

Raten, was aus Personen geworden ist, mit denen man lange keinen Kontakt hatte, und dann im Internet recherchieren oder bei ihnen nachfragen.

Aus Sicht eines Standpunktes, der einem völlig fremd ist (Kommunist, Nazi, Evangelikaler, Atheist, Islamist, Öko-Fundi usw., sofern zutreffend ist, dass es einem fremd ist) über den eigenen Lebensstil schimpfen.

Die Gesellschaft betrachten, als wäre man ein Geisteskranker, respektive eine Person mit einer psychischen Störung (depressiv, manisch, paranoid etc.), oder als wären es alle anderen oder bestimmte Personen, und was sie tun und sagen wären die Symptome davon.

Seine täglichen Verrichtungen, die Wege, Gebäude, Gegenstände usw. betrachten, als wäre man eine Person mit einer bestimmten Behinderung, und sich vorstellen, ob man die dabei auftretenden Probleme bewältigen könnte.

Einen Tag lang oder länger nicht sprechen (alleine oder nach Vereinbarung mit anderen). Lässt sich beliebig auf andere Tätigkeiten übertragen, vor allem solche mit sozialem Bezug.

Über einen Zeitraum zählen, wie oft man unehrlich ist, die kleinen und großen Schwindeleien und Lügen. Auflisten, welche Gesetzesverstöße man begangen hat.

Sich eine Zeitlang nur mit Lebensmitteln aus biologischem Anbau ernähren, vegetarisch, vegan, nach jüdischen oder islamischen Regeln, nach christlichen Fastenregeln, mit Produkten aus der Region, aus dem Garten, von Lebensmitteln, die man irgendwo umsonst erbeten hat, usw.

Seinen Energie- und Wasserverbrauch halbieren. Eine Zeitlang ohne Strom leben.

Mit einer vertrauten Person vereinbaren, so zu tun, als kenne man sich noch gar nicht.

Fremde Leute die Dinge fragen, die einen (an ihnen oder überhaupt) interessieren.

Tägliche Notizen (Einkaufs- und Erledigungszettel, hinterlassene Nachrichten an Mitbewohner, Kollegen, Familienmitglieder etc.) oder die Erlebnisse des Tages, so unbedeutend sie sein mögen, in einer besonderen poetischen Form notieren: Sonett, Sestine, Dialog im Knittelvers, Haiku etc.

Seinen Stammbaum bzw. die Verzweigungen der eigenen Verwandtschaft aufzeichnen und bestimmte Merkmale über die Generationen hinweg und über die verschiedenen Familienzweige verfolgen (soziale Auf- und Abstiege, das Heiratsalter, Berufe, Bildungsabschlüsse, die Kinderzahl, bestimmte Vorlieben usw.).

Sich vorstellen, wie man leben und handeln würde, wenn man (noch) in einer Diktatur lebte, oder in diesem oder jenem Krieg.

Mittels eines Zufallsmechanismus ein Thema auswählen, mit dem man sich dann intensiv beschäftigt, eine Musik, ein Buch, einen Film, einen Ort, den man dann bereist, eine Person, die man näher kennenlernt usw.

Bei Meldungen in der Zeitung oder den Nachrichten überlegen, was daran gut ist, wenn man die Meldung eigentlich als schlechte Nachricht ansehen würde, und umgekehrt: was daran schlecht ist, wenn man die Meldung als gute Nachricht einordnen würde. Sich ausmalen, wie es wäre, wenn man die verschiedenen Aspekte der Meldung ins Gegenteil verkehren würde, und ob es sich ebenfalls um eine Nachricht handelte. Die handelnden und betroffenen Personen und Gruppen austauschen und überlegen, ob man den Sachverhalt gleich beurteilen würde wie man es im vorliegenden Fall tut. Überhaupt bei Kritik an einem Sachverhalt überlegen, ob man sie genauso äußern würde, wenn die beteiligten Personen andere wären.

Aussagen sammeln, die man als sinnlos, widersprüchlich oder falsch ansieht, vor allem natürlich solche über soziale Phänomene im weitesten Sinne, und überlegen, warum man zu diesem Urteil kommt.

Phrasen zerlegen und stehende Wendungen umwerfen: schlechte Besserung, ein offenbar körperlich verwirrter 48-Jähriger, Forscher haben in einer nichtwissenschaftlichen Studie herausgefunden... usw.

Plattitüden und Truismen anderer eine Zeit lang konsequent verneinen. Seinen Widerspruchsgeist frei spielen lassen.

Bei sozialen Tatsachen überlegen, wie sie ein Konservativer, Sozialdemokrat, Anarchist, (Neo-) Liberaler, Rechtsextremer, Grün-Alternativer usw. betrachten und bewerten würde. Bei Verlautbarungen aus einer dieser Richtung überlegen, wie sie die anderen beurteilen würden. Überlegen, wie die Verlautbarung von der sich äußernden Richtung beurteilt würde, wenn sie nicht, wie in Wirklichkeit der Fall, von ihr selbst stammen würde, sondern von dieser oder jener anderen Richtung.

Manifest der Hundehasser

„Ich habe meinem Schmerze einen Namen gegeben und rufe ihn ‚Hund‘, – er ist ebenso treu, ebenso zudringlich und schamlos, ebenso unterhaltend, ebenso klug, wie jeder andere Hund – und ich kann ihn anherrschen und meine bösen Launen an ihm auslassen: wie es Andere mit ihren Hunden, Dienern und Frauen machen.“

(Friedrich Nietzsche, Die fröhliche Wissenschaft)

Hunde nötigen ihre Besitzer zu allen möglichen Tageszeiten und beim unwirtlichsten Wetter, stumpfsinnig die immergleichen paar Routen entlangzutrotten, wobei man an jedem Baum, jeder Straßenlaterne, Hauswand, jedem Schild stehenbleiben muss, damit das Tier schnüffeln und urinieren kann; leerlaufender Instinkt, überdreht durch die Ballung von Hunden in städtischen Lagen. Begegnen sich die Hunde nebst Besitzern auf ihren Touren, so erhebt sich lautes Gebell und schmächtige Halter werden an der Leine durch die Gegend gezogen. In der Nähe von Grünanlagen reißt das Gebell kaum ab.

Hunde scheißen ohnehin alles voll und regelmäßig werden Leute von ihnen gebissen.

Eine ganze Industrie befasst sich mit der Verschwendung von Ressourcen für Spielzeuge und Futter für Hunde. Hunde werden frisiert, trainiert, ausgestellt, gezüchtet, ausgesetzt und mit dem Auto zur Grünanlage oder zum nächsten Waldstück chauffiert.

Hunde fressen viel Fleisch. Zwar wird uns gesagt, es sei Abfall und sonst nicht zu verwenden, aber irgendwie wäre es wohl eben doch zu verwerten.

Der Hund wird der Freund des Menschen genannt. Dabei macht er sich höchstens unfreiwillig bei der Bergrettung oder beim Zoll nützlich. Der Hundebesitzer aber ist ein autoritärer Charakter. Noch das kleinste Schoßhündchen, oder gerade es, muss auf sich herabblicken lassen, als dümmlich-süßes ungehorsames Kind. Der größere Hund ist der genügsame Trottel, das staksende leibeigene Model, das willfährige gezähmte Raubtier und der unnütze Wächter (der meist nichts zu bewachen hat als das fragile Selbstbewusstsein des Halters). Der Hund ist ein so genannter Freund von der Art, wie ihn manche Leute um sich haben müssen, damit er ständig zu ihnen aufschaut, ihnen nachläuft und sie wichtig und beliebt erscheinen lässt. Der Hundebesitzer will Bewunderung für das Aussehen seines Hundes und dafür, wie gut er erzogen ist. Hundeerziehung aber ist die allereinfachste Konditionierung. Trotzdem wollen viele ihren Tieren eine Schwundform menschlicher Erziehung angedeihen lassen, reden debil auf sie ein, und brüsten sich der zweifelhaften Intelligenz der Hunde, wenn diese einfache Muster in dieser seltsamen Zuwendung entdeckt haben.

Verbot von Hundehaltung außer auf einzeln gelegenen Gehöften und zur Verrichtung nützlicher Dienste. Der freie Geist schätzt, wenn überhaupt, die Katze!

(Man denke sich ähnliche Manifeste zu anderen Sachverhalten aus, vor allem solche, die man schätzt oder die allgemein geschätzt werden, aber auch zu solchen, die man nicht schätzt, um zu überprüfen, ob man dafür Gründe angeben kann und warum nicht. Dabei jedoch nicht in Populismen und billige Polemik verfallen – vielleicht oben auch nicht ganz eingehalten.)

Theoriearbeit

Eine soziologische Theorie, die man neu erlernt, muss in einem arbeiten, oder man muss in ihr für eine Weile leben. Sie soll keine Sammlung von Sätzen bleiben, die man memoriert, sondern sie will probiert werden, ob sie einem passt oder ob sie auf die eigenen Gedanken, Beobachtungen und auch die aus zweiter Hand anfallenden Beobachtungen passt.

Ein Fehler von Studenten wie von Lehrenden besteht darin, eine Theorie als etwas Fremdes zu betrachten, als Beschreibung einer Realität, die einem abgetrennt gegenübersteht, als geschlossenes Gebäude, dessen Architektur man bewundert oder gegebenenfalls kritisiert. Dabei bezieht sie sich im Falle der Sozialwissenschaften auf die eigene Realität, oder sollte es zumindest, potenziell auf den eigenen Alltag, ja auf einen selbst. Das ist zwar keine Prüfung der Theorie im strengen Sinne, aber eine auf ihre Anwendbarkeit, Fruchtbarkeit, Eingängigkeit, Widerspenstigkeit.

Die Sprache einer Theorie will, zumindest in Gedanken, wenn nicht in eigenen Diskussionen und Schriften, gesprochen werden. So lernt man die Regeln, nach denen sie ihre Bezeichnungen und Deutungen anwendet, ihren Wortschatz und ihre Grammatik. Im schlechtesten Fall kommt eine Stilimitation heraus, im besten Fall eine eigenständige, ausgewogene Anverwandlung. Die Bewegungen einer Theorie, das heißt die Denkmechanismen, die gedanklichen Operationen: Unterscheidungen, Zuordnungen, Erklärungen, Deutungen, Auswertungen, Umkehrungen usw., wollen eingeübt werden, damit sie flüssig vonstatten gehen oder sich als Verrenkungen erweisen. Die Anwendung muss teilweise automatisiert werden, routiniert, wie in Fleisch und Blut übergegangen, wie ein Handgriff, den man nicht mehr bewusst abarbeitet, so dass man sich auf das Funktionieren der Operation verlassen kann und kompliziertere in Angriff nehmen. Der so entstandene automatische Schaltkreis muss aber von Zeit zu Zeit auf Funktionsfähigkeit, ja auf die Sinnhaftigkeit seiner Funktion überprüft werden: Was tut man da eigentlich und wozu?

Man muss mit der Theorie in Dialog treten und ihr Fragen stellen: Wie ist es mit diesem und mit jenem, warum behauptet sie das und warum sagt sie nichts über jenes, wie lässt sich mit ihr mein Lieblingsthema oder ein lange gewälztes Problem verstehen, usw.?

Das kann natürlich zur Obsession werden, wie in dem Fall, wo alles zum Nagel wird, wenn man einen Hammer in der Hand hat; es kann der Fall eintreten, dass man sich in einer für andere unverständlichen Sprache ausdrückt und in einem unbekannten Gedankengebäude einschließt, zu einer fremden Religion konvertiert, einem skurrilen Dogma für immer anheimfällt. Man muss die Theorie für andere und auch für sich selbst übersetzen. Sich und anderen erklären. Manche meinen: Aufmalen. Tabellieren. Rezitieren. Glossieren. Paraphrasieren. Etc. Wie auch immer; was einem hilft, ohne sich auf eine Methode zu versteifen. Man muss ihre Grenzen erkennen und lernen, in die Theorie und wieder heraus zu kommen, wechseln zu können zwischen innen und außen (anderen Theorien, den „Theorien" des Alltagsverstandes), Korrespondenzen herstellen zwischen den verschiedenen Perspektiven, und erkennen, was man nur aus einer sehen kann. Die Theorie selbst von verschiedenen Seiten betrachten: von unten, von der Empirie her, und von oben, von der Metatheorie, den allgemeineren Voraussetzungen und teilweise unausgesprochenen Vorannahmen.

So viele Metaphern und eine Botschaft: Die Theorie (muss) leben.

Do-It-Yourself-Aphorismen

Der Selbermacher ist ein Besserwisser, und der Baumarkt das Königreich der Schlauheit, oder der Illusion derselben. Für alles gibt es patente „Lösungen", und für die Uneingeweihten Fallen in Form von Ramschangeboten.

Im Baumarkt ist die Welt in Ordnung: Die Spezies finden sich eingereiht in eine sorgfältige Taxonomie, nach Gattung, Größe, Ausführung, Farbe usw. Das Handwerkliche, diese zweite Natur vieler Menschen, ist nüchtern kartiert und präsentiert in Regalen, Abschnitten, Reihen und schmucklosen Verpackungen und Gebinden. Ausnahmen bestätigen das Wesen des Einzelhandels, dass die Werbung immer näher an das Produkt rückt und mit ihm verschmilzt.

Der Baumarkt tendiert jedoch zum Übergang in ein Einrichtungshaus. Das wird von beiden Seiten als Verlust des Niveaus angesehen, in einem Bereich, wo man Niveaubedenken kaum vermutet.

Das Klischee will, dass Frauen gerne shoppen und Männer darunter leiden. Sie können aber, vorzugsweise alleine, in den Baumarkt gehen; das nennt man nicht shoppen, ist aber dieselbe Art von Konsum, wo die Zweckmäßigkeit der üblichen Besorgungen sich ausstrecken kann und manchmal kopfsteht: Was man gekauft hat, kann man dann auch gebrauchen; das Mittel heiligt den Einkauf, der Zweck findet sich.

Die Schwarzarbeit im kleinen Stil, einen bekannten oder durch Bekannte empfohlenen Handwerker ohne Rechnung zu bezahlen, und die Nachbarschaftshilfe, wirken archaisch gegenüber dem modernen Wirtschafts- und Steuersystem und sind doch fest damit verbunden: Sie sparen einerseits das anonyme, gleichgültige Geld, das man (so glaubt man zumindest) nicht hat, beruhen andererseits auf persönlichen Beziehungen; Staat und organisierte Wirtschaft reagieren einerseits wütend oder resigniert, und bleiben andererseits außen vor in diesen einträchtigen Verhältnissen aus guten Empfehlungen, freundlicher Unterstützung und Sparfüchsigkeit.

Der Leser möge, mit oder entgegen dem Klischee, am besten nach eingehender Beobachtung, eigene Aphorismen verfertigen (die vorstehenden sind, weil selbst gemacht, etwas breit und plump geraten, gründlich erklärend, mit Verstrebungen und aus allerlei herumliegendem Material, das weg musste).

Die elementaren Strukturen des Kochens

Kochen kann man, indem man ein Rezept abarbeitet, oder indem man ein Gericht spontan entwickelt. In beiden Fällen handelt es sich beim Ergebnis um eine organisierte Ganzheit, also ein relativ geschlossenes System aus wohldefinierten Elementen und Beziehungen sowie den dahin führenden Transformationen. Die Elemente sind Zutaten, die Beziehungen sind Passungen (Kombinationen und Kategorisierungen), die Transformationen sind Verarbeitungsschritte. Ferner kommen dazu Regeln der Umsetzung, also wie die Zutaten zu beschaffen sind und die Verarbeitung näher zu vollziehen ist.

Im Falle eines Rezepts werden relativ viele Aspekte dieser Struktur explizit gemacht, aber einige Teile bleiben implizit: Welche Rolle eine Zutat einnimmt und die Regeln, nach denen ein Verarbeitungsschritt vor sich geht, werden nicht unbedingt benannt, sondern man muss sie selbst kennen (oft kennt man sie, ohne sie verbal beschreiben zu können). Die Regeln haben teils zweckmäßigen, teils rituellen und traditionellen Charakter. Einerseits: Um X zu haben, muss man Y tun, oder eben andererseits: Es ist richtig, es war schon immer so, es ist guter Brauch, A und B zu kombinieren oder C auf die Weise D zuzubereiten. Im Falle eines eigenen Gerichts kombiniert man vorhandenes Wissen neu, indem man (meist nicht explizit formulierten) Regeln folgt oder sie variiert. In diesem Wissen und der Kreativität des Kombinationsspiels rund um die Regeln – was, so glaubt man zumindest, nicht in allen Fällen aufgrund von Beschreibungen zu erlernen ist und das zu erwerben man einige Zeit braucht – darin besteht das, was man die Koch*kunst* nennt. Die Mitte zwischen beiden Fällen, dem Kochen nach Rezept und dem „Erfinden" eines Gerichts, nehmen diejenigen Speisen ein, die man durch Nachahmung erlernt hat: Die Elemente und Relationen stehen fest, sind aber nicht explizit formuliert. Das Kochen nach Rezept wird vereinfacht durch die Annahme, dass es funktionierende Operationen und gültige Kombinationen enthält, wird jedoch erschwert durch das eigene Vokabular, in dem vor allem die Operationen kodiert sind (blanchieren, pochieren, bräsieren etc.).

Die Fertigkeit des Kochenden besteht auch darin, diejenigen Merkmale der Elemente zu kennen, an die die Vorgehensweise angepasst werden muss (dickeres Fleisch muss man länger garen, frisches Gemüse anders behandeln als tiefgefrorenes). Elemente können im Rahmen von Kombinationen und Operationen einzeln benannt sein (zu Würstchen gibt es Kartoffelsalat) oder als Kategorien feststehen, welche richtig angewendet werden müssen (zu einem Braten mit Soße gibt es eine stärkehaltige Beilage, etwa Kartoffeln, Knödel oder Nudeln; Gemüse wird vor dem Kochen gewaschen). Einige Operationen und Kombinationen weisen also mehr oder weniger variable Platzhalter, Verweise auf größere Kategorien, auf. Man muss wissen, welche Operationen auf welche Elemente (zweckmäßig oder traditionell) anwendbar sind (viele Fleischsorten grillt man, Eier in der Regel nicht) bzw. welche Elemente die Platzhalter innerhalb einer Operation einnehmen können (innerhalb der Zubereitung vieler Soßen bindet man diese, wofür man Ei, Mehlbutter etc. benutzen kann). Man kann auch umgekehrt vorgehen: Gegeben ist eine Zutat und man überlegt, welche Position sie in Operationen einnehmen könnte und welche Kombination eingehen. Die Relationen zwischen Elementen verweisen oft auf abstraktere Unterscheidungen, deren Bezeichnungen uns nicht immer geläufig sind (schwer vs. leicht, cremig vs. schaumig, rustikal vs. raffiniert usw.), und diese wiederum können mit außerhalb des Essens liegenden Unterscheidungen korrespondieren oder durch diese ergänzt werden (festlich vs. alltäglich, ausländisch vs. einheimisch, billig vs. teuer, einfach vs. aufwändig, bodenständige vs. vornehme Köche bzw. Esser und Restaurants usw.), die wiederum verdoppelt werden können durch weitere Differenzen (das alltägliche Kochen ist in manchen Familien Frauensache, das festliche Männersache, das vornehme Restaurant ist für den Hochzeitstag, das einfache für den Geburtstag mit Freunden). Die Gegenüberstellungen sind meist nicht neutral, sondern wertend, eben Fragen des guten Geschmacks. Außerdem entsprechen manchen Unterscheidungen und Kategorisierungen sowie manchen Operationen bestimmte Werkzeuge, und je differenzierter jene ausfallen, desto vielfältiger sind in der Regel die Hilfsmittel und Geräte. Oft geht damit auch eine Arbeitsteilung einher, die dann wiederum in niederen und höheren Tätigkeiten und entsprechenden Rollen Ausdruck findet (Chef, Soßenkoch etc.). Schritte können selbst vorgenommen oder durch Verwendung ganz oder teilweise vorbereiteter Elemente eingespart werden, auch das niemals in neutraler Weise, sondern in einer quasi ökonomischen Abwägung zwischen Zeit bzw. Anstrengung, (vermeintlicher) Bedeutung für die Gesundheit, Notwendigkeit der Repräsentation, Pflege des Selbstwertes oder Würdigung des Anlasses, Preis usw.

Beziehungen zwischen Zutaten können aromatischer Art sein (die Geschmacksrichtungen passen zusammen, ergeben einen angenehmen Kontrast) oder funktionaler Art (die Zutat übernimmt eine bestimmte Rolle in Bezug auf die andere und das Gesamtgericht: Sie macht es gehaltvoller, ist Träger für eine andere Zutat, bewirkt eine gewisse Konsistenz usw.). Die Kunst besteht dann auch darin, ein gewünschtes Aroma in einer passenden Form in ein Gericht einzuführen (Röstaromen bekommt man in eine Suppe, wenn man eine Zutat vorher anbrät), eventuell auch in überraschender Weise (die Molekulargastronomie erprobt u.a. besonders unkonventionelle Darreichungsformen von Aromen: Schäume, Gelees, schockgefroren usw.). Auf höherer Ebene ergibt sich eventuell ein neues System von Relationen, nämlich zwischen Gerichten eines Menüs. Die Gänge sind abstrakte Kategorien, die gefüllt werden, eventuell nach einem übergeordneten Prinzip (eine Jahreszeit, eine gemeinsame Zutat usw.); allzu große Brüche jedenfalls werden in der Regel vermieden (ein winterliches Fertiggericht mit einem leichten gehoben-mediterranen), einige Brüche sind jedoch wieder stilbildend geworden (klassische Zutaten der Haute Cuisine mit rustikalen Elementen kombinieren).

Die Operationen können sich zu verschiedenen langen Ketten zusammenschließen (waschen, schneiden, blanchieren, vermischen, überbacken usw.), die sowohl in Bezug auf das Ziel als abstrakter Entwurf, als auch in der konkreten Zeit vorausgeplant werden müssen: Sie müssen so begonnen und nacheinander ausgeführt werden, dass zu einem gegebenen Zeitpunkt ein Gericht mit all seinen Elementen fertig ist. Genauso wie in der Zeit muss auch im Raum koordiniert werden: Zutaten und Hilfsmittel müssen zur Hand sein und Platz finden (abgelegt werden, auf den Herd, in den Backofen oder Kühlschrank passen, schließlich auf Tellern oder anderweitig serviert werden).

Die Zubereitung kann teils verdeckt, in einem abgeschlossenen Raum und im Vorfeld des Essens, teils offen, vor den Essern geschehen; manchmal verwischt die Unterscheidung zwischen Kochen und Essen zeitlich und räumlich, oder die Gäste werden daran beteiligt.

Der Esser beurteilt das Gericht unter anderem nach den Passungen, die je nach Vorliebe mehr oder weniger konventionell ausfallen können, und nach der Kunstfertigkeit, nach der die Operationen ausgeführt, die Regeln angewendet und flexibel gehandhabt wurden. Eine andere Ebene der Beurteilung betrifft mehr den Vorgang als das Ergebnis: Es gilt als besser, sich weniger auf explizite Beschreibungen zu stützen und diese penibel zu verfolgen, sondern Operationen schnell, geschickt und ohne Nachlesen oder Nachdenken, „aus der Hand heraus" auszuführen.

Das bessere Kochbuch wäre demnach dasjenige, das einem die Regeln des Systems Kochen aufzeigt anstatt nur Beschreibungen für die Zubereitung von Gerichten zu liefern (das wäre ein eigentliches Koch-Buch im Gegensatz zum Rezeptbuch). Da jedoch die Regeln oftmals abstrakt sind, lassen sich sie teils besser aus konkreten Rezepten oder beobachteten Kochvorgängen abstrahieren: Man erkennt nach einiger Erfahrung, was die zugrunde liegenden Regeln sind und wofür die konkreten Zutaten und Schritte Platzhalter darstellen.

Das konkrete Kochen, die Vorstellung dessen, was man alles kochen könnte, die Würdigung des Kochens durch Fremde (Profis und Amateure) und schließlich die Würdigung von Rezepten sind in dem Maße auseinander getreten, wie sich die entsprechenden Sphären ausdifferenziert haben: Mit dem massenhaften Besuch von Restaurants, der Institution der Einladung zum Essen und der Flut von Kochbüchern, Kochrubriken und -zeitschriften sowie Kochsendungen, stehen das eigene und das fremde, das reale und das vorgestellte bzw. angeschaute und gelesene Kochen nur mehr in loser Beziehung, die nicht auf die Gegenüberstellung von Theorie und Praxis reduziert werden kann, sondern deutlich mehr Wissensebenen ausbildet. Die Anwendung des Wissens wird dann durch die verschiedenen Rahmenbedingungen bestimmt: Man erfreut sich der interessanten Rezepte im Fernsehen, diese sind jedoch zu aufwändig für den Alltag, man kocht sie eventuell für Gäste; im Restaurant wählt man danach aus, was man zuhause nicht kochen würde und beurteilt die Zubereitung im Lichte der eigenen theoretischen oder praktischen Fähigkeiten usw.

Strukturalisten sind jedenfalls die besseren Köche und Kochschüler.

Ratlose Naturphilosophie

Ich beobachtete eine Katze, die eine Maus fing und sie dann mit Haut und Haaren in vier großen Stücken verschlang, indem sie lange kräftig auf die Beute biss und die Brocken dann nach kurzem Kauen herunterschlang. Anschließend schmiegte sie sich an mich.

Später schaute ich einigen Schafen dabei zu, wie sie gierig Äpfel fraßen, die von einem Baum heruntergefallen waren; sie knabberten schnaufend daran herum, schoben und drehten die Früchte, um besser abbeißen zu können und zerkauten schließlich die verbleibenden großen Brocken.

Ich wusste selbst nach langem Überlegen nicht, was ich *Sinnvolles* aus diesen Beobachtungen ableiten sollte, keine Aussage über Menschen, nicht einmal über Tiere allgemein.

Vergleiche zwischen Mensch und Tier sind immer verführerisch, und ebenso daraus gesellschaftskritische Stellungnahmen oder sich desillusionierend gebende Schlussfolgerungen über das Menschsein abzuleiten (der Mensch als Unfall der Evolution, der Herdentrieb usw.). Meist findet sich zu jedem Tiervergleich auch ein entgegengesetzter.

Vielleicht ließe sich festhalten, dass der Mensch das Tier mit sehr genauen und flexiblen Greifwerkzeugen ist (er kann Objekte unterschiedlichster Größe festhalten und zum Beispiel davon abbeißen; übrigens kann er auch praktisch jede Stelle an seinem Körper damit erreichen, und andere sowie auch sich selbst sehr gefühlvoll damit streicheln) und sehr nützlichen Beißwerkzeugen, die er durch allerlei andere Werkzeuge zum Zerkleinern ergänzt. Das ist bekannt, und führt in unserer Gesellschaft doch nicht sehr weit.

Manche Tiere bauen außer sich selbst nichts auf, sie sind in Bezug auf ihre Umgebung rein destruktiv. Diese Unterscheidung hat nur geringen Erkenntniswert. Sie könnte höchstens derjenigen Auffassung ihre scheinbare Natürlichkeit nehmen, dass jeder Mensch etwas schaffen müsse.

Ist die Natur grausam? Von Tierfilmkommentaren und aus den Erklärungen von Eltern gegenüber ihren Kindern wissen wir, dass dem nicht so ist. Ich glaube aber, sie ist es (Grausamkeit ist eine menschliche Kategorie). Ob man darum die Schafe nicht schlachten sollte, sie schlachten darf, sie schlachten sollte? Das ist etwas ganz anderes.

Verstehe ich die Schafe und die Schafe mich?

Man könnte zu den Schafen predigen, aber davon soll hier nicht Rede sein, auch nicht von den redensartlichen Schafen, die die Menschen seien, sondern gerade von jenen Tieren, die hier in der Nähe auf einer Weide stehen. Für sie bin ich ein „bedeutsamer Anderer", da ich ihnen mittels eines weißen Eimers ein wenig zusätzliches Kraftfutter zu ihrer gewohnten Diät aus Gras, Kräutern und Zweigen bringe. Sie sind auch „bedeutsame Andere" für mich, aber mit der Betonung auf den beiden Wörtern jeweils einzeln: Sie bedeuten mir etwas (wovon sie wohl nichts wissen, auch wenn ich es ihnen „sage"), und sind andere, nicht ich, nicht wie ich, wohl nicht „Ich" („I", und das für es zu erschließende „Me"). Dieser Eimer ist ein höchst bedeutsames Symbol für sie, er bedeutet Futter, aber dieses Bedeuten ist eben wohl nicht so, wie für mich dieses Ding einen Eimer bedeutet, mit all seinem Sinn und Zweck, seinen Inhalten, Verwendungsweisen und Verweisen, es ist mehr Signal, Anzeichen, Auslösereiz. Der Eimer ist also nicht so recht gemeinsames Symbol für uns beide, die Schafe und mich, deshalb kann ich ihnen kein recht symbolisches Denken unterstellen – d.h.: unterstellen kann ich es schon, es ist aber eine Krücke. Und wenn sie mich als jenen anderen begrüßen (zumindest scheint es so), dann als bedeutsamen, als einer über den sie etwas lernen und gelernt haben (er bringt Futter), aber wohl nicht so, wie meine Eltern bedeutsame Personen für mich sind, dass ich aus ihrem Verhältnis zur Welt manches über dieselbe (und über sie) gelernt habe, indem ich versuchte, ihre Perspektive auf diese einzunehmen (und teilweise wieder loszuwerden). Ich verstehe wohl, dass ich mitsamt dem Eimer für Futter stehe (und wie verallgemeinerbar das ist: Auch andere können mittels dieses Eimers diese Bedeutung erlangen, und ein vergleichbarer Eimer tut es auch), aber ich verstehe nicht recht ihren Ruf, den sie ertönen lassen, wenn ich in der Nähe bin: Es klingt wie freudige Begrüßung (aber kennen Schafe die soziale Interaktion der Begrüßung?), könnte ein Bitten sein (aber kennen Schafe dieses Deutungsmuster?), oder ein Ruf: Komm zurück in die Herde, verlorenes Schaf, entferne dich nicht zu weit (aber nicht als persönlicher Appell, den man überlegt zurückweisen kann, sondern als Signal, dem ein richtiges Schaf folgen würde, es sei denn ein weitaus anziehenderer Reiz hält sie davon ab, ein sattes Grün etwa). Womöglich entwickeln sich die Bedeutungen in meinem Verhältnis zu den Schafen weiter, für mich allemal, für die Schafe aber nur in der Weise, dass neue Signale hinzukommen und verallgemeinert werden können, oder alte ihren Signalwert verlieren, wohl nicht aber so, dass sie innehalten, ihre Gesten zunächst nach innen verlegen, um sich dann auf neue Weise den Dingen oder eben Symbolen zuzuwenden. Die Bedeutungen sind keine recht gemeinsamen, sondern Bedeutungen in verschiedenem Sinne, aus einer Asymmetrie die ähnlich und doch anders ist wie diejenige zwischen Kindern und ihren Eltern (ich habe fürsorgliche Gefühle für die Schafe: Ich kenne ihre „Sorgen": Hunger, Erschrecken vor bestimmten Geräuschen, die Suche nach einem Ruheplatz und Unterstand bei Regen). Sie probieren auch aus, spielen gewissermaßen, besonders die Lämmer, aber es sind immer bereits jene Gesten, die bei den Erwachsenen so „bedeutsam" sind: bespringen, stoßen usw. Es sind keine Rollenspiele, soweit ich weiß; und soweit es Wettkämpfe sind, nehmen sie sogar die Reaktion des anderen manchmal vorweg, wenden sich z. B. vorher ab, aber wohl ohne die Perspektive dieses anderen auf sich selbst wirklich einzunehmen; und das Spiel ist nicht Spiel durch Regeln, sondern durch – vergleichsweise – herabgesetzte Intensität, weniger rabiat. Die Schafe sind eine Gemeinschaft, aber nicht in dem Sinne, dass sie etwas gemeinsam hätten, was sie anhand einer im Laufe der Zeit gemeinsam ausgehandelten Bedeutung teilen, sondern dass sie (relativ) gleich reagieren, durch ähnliches, aber unabhängiges Lernen, oder durch Veranlagung (die ich kenne, und die sich dann doch im Detail unterscheiden: Ich kann die Reaktion einzelner Schafe vorwegnehmen, weiß, welches scheuer und welches zutraulicher ist – in diesem Sinne haben sie eine „Persönlichkeit", aber wohl keine „Identität", ein „Ich bin ich", „So sehe ich mich"). Ich verstehe meine Schafe, ich weiß irgendwie, was manche Dinge für sie „bedeuten", aber wie es ist, ein Schaf zu sein, das verstehe ich nicht. Der symbolische Interaktionismus, dem diese Stilübung galt, mag ein wenig dabei helfen, die Schafe zu „verstehen", und uns verdeutlichen, dass wir keine Schafe sind, sondern das symbolische Tier (wie es uns George Herbert Mead in noch reichlich behavioristischen Begriffen vorgeführt hat).

Die Dialektik von Vorgesetztem und Ausführendem

Die Person in so genannter „ausführender Tätigkeit", nehmen wir als Beispiel den Bauarbeiter, verfügt über ein erhebliches Wissen über den Gegenstand der Arbeit, hat sie doch direkten Kontakt mit diesem und kennt seine Transformationen, zumindest einige (Stichwort Arbeitsteilung). Bei diesem Wissen handelt es sich jedoch zu einem größeren Teil um stummes Wissen, das nur schwer durch den Arbeitenden in Worte zu fassen ist. Es funktioniert, es ist in Fleisch und Blut übergegangen, es wurde abgeschaut, ausprobiert, trainiert, routinisiert. Der Vorgesetzte teilt dieses Wissen nicht im Detail, was für ihn auch nicht nötig ist, denn er muss nur damit kalkulieren können: Was ist unter welchen Bedingungen machbar? Vor allem koordiniert und disponiert er die Arbeit, von der andere wissen wie sie geht. Jeder der beiden wähnt sich im Besitz des wirklich relevanten Wissens, oder zumindest des eigentlich größeren Teils davon. Diese Auffassung wird jedoch in recht ungleichem Maße anerkannt (Wenn der Vorgesetzte sagt: „Das könnte ich nicht", dann hat das eine zweifelhafte Bedeutung, die nicht unbedingt nur Bewunderung enthält).

Wenn das stumme Wissen gesprächig wird, dann sind es Geschichten (teils nur Geschichten, teils reale Begebenheiten), wo das Kalkül der Vorgesetzten nicht aufgeht und man Rache nehmen kann, indem man den Vorgesetzten, der sich so schlau glaubt, auflaufen lassen kann, oder zumindest könnte – aufgrund der intuitiven und in diesem Falle zutreffenden Kenntnis der Arbeit und ihrer Tücken. So erzählte ein Maurer im Ruhestand, wie einmal entgegen der Beteuerung eines Vorgesetzten eine Verschalung brach und der Beton sich in die Fläche ergoss. Wortreich führte er das aus, und schließt damit, er habe gesagt: Ich hab Feierabend, solle der Chef doch sehen, was er mit dem Beton macht. Die Geschichte endet hier, und es bleibt unklar, wie der Maurer weiter verfuhr, ob er tatsächlich nach Hause ging oder zumindest ernsthaft versuchte, das durchzusetzen, oder ob er es bei der Bemerkung beließ und weiterarbeitete. Das scheint auch nicht wichtig zu sein; der Kern der Geschichte liegt woanders.

Hegelianer verstehen die Geschichten vom Bau.

Akte der Paarbildung

Man sagt von zwei Personen, dass sie „zusammen sind", in dem Sinne, dass sie ein Paar seien; und dies heute bekanntlich auch, und hierfür verwendet man vor allem diese Formulierung, wenn sie nicht verheiratet sind. Was aber meinen wir, wenn wir das sagen, was will der Sprecher von uns, wenn er das sagt? Nach welchen Regeln verwenden wir diese Äußerung und anhand welcher Regeln richten wir uns nach ihr in der Konsequenz?

Offenbar beginnt das Zusammensein irgendwann. Die Äußerung „Alice und Bob sind zusammen", ist in dieser Beziehung wie „Das Auto gehört Bob", weniger wie „Es widerspricht der Definition eines Paares, dass Alice mit sich selbst zusammen ist", oder „Personen, die Alice heißen, sind in der Regel Frauen" – es wäre trivialerweise Unsinn die letzten beiden Sätze mit einer Zeitangabe zu versehen: „Es widerspricht seit gestern..." (natürlich nicht: „Es widerspricht der gestern von mir aufgeschriebenen Definition...") usw. Man kann sagen: „Alice ist seit drei Jahren mit Bob zusammen", oder: „Alice ist nicht mehr mit Bob zusammen." Es handelt sich um ein empirisches Faktum, zusammen zu sein, wenn auch keines der dinglichen Umwelt, sondern der sozialen Beziehungen. Sofern „zusammen sein" auf dieses Faktum verweist und nicht eine Ausdrucksweise wiedergibt, d.h. einen Wortlaut zitiert (wie in: „Zusammen sein heißt bei uns: ein Paar bilden"), ist das Faktum zeitlich festlegbar, nicht aber räumlich. Man kann nicht sagen: „In Paris sind die beiden ein Paar, in Hamburg dagegen nicht." Dass es sich um ein empirisches soziales Faktum handelt, merkt man an folgenden Sätzen: „Ich glaube/weiß/vermute/stelle fest usw., dass Alice und Bob zusammen sind." Vergleiche: „Es ergibt sich von selbst/Es ist per Definition klar, dass Alice und Bob zusammen sind."

Der Beziehungsbeginn ist ein performativer Akt, also eine Handlung und Äußerung, bei der es nicht darum geht, gewisse Veränderungen in der dinglichen Umwelt herbeizuführen, sondern ein institutionelles Faktum zu begründen, also einen sozial-konventionell erkennbaren und wechselseitig anerkannten Zustand mit seinen Voraussetzungen, Erwartungen und Konsequenzen herbeizuführen und festzuhalten: Man ist ein Paar, mit allem was dazugehört; das ist beiden Partnern bekannt und kann potenziell allen anderen bekannt gemacht werden, und die können sich potenziell danach richten. Der Akt ist zeitlich und räumlich festlegbar. Die entsprechenden Äußerungen müssen irgendwann irgendwo stattfinden. Vergleiche dagegen die Aussage „Alle Menschen sind von Geburt an gleich", oder „Heiraten darf, wer das 18. Lebensjahr vollendet hat", was den Eindruck erweckt, hier werde ein Zeitpunkt genannt, aber, und das kann hier nicht näher erläutert werden, dem scheint nur so.

Oft erkennt man den performativen Aspekt einer Äußerung daran, dass man sie unter Verwendung von „hiermit" umformulieren kann: Hiermit erkläre ich euch für Mann und Frau, das Buffet für eröffnet, spreche ich den Angeklagten frei, biete ich tausend Euro usw. Das geht jedoch nicht in allen Fällen: „Hiermit beleidige ich dich", funktioniert selbst dann nicht, wenn man von den bürokratischen Konnotationen der Ausdrucksweise absieht, genauso, an seinen potenziellen Partner gerichtet: „(Hiermit erkläre ich:) Wir sind nunmehr zusammen", bzw. „Ich willige (hiermit) ein, dass wir zusammen seien." Der Unterschied ist aber, dass im ersten Fall der Inhalt der Äußerung fehlt (das Schimpfwort, der unangemessene und herabwürdigende Vergleich), vergleichbar mit der alleinstehenden Aussage: „Ich behaupte hiermit etwas", die ebenfalls unvollständig ist; im zweiten Fall dagegen gilt die Formulierung der Äußerung, die den Akt bildet, diesem als unangemessen: Es gehört zum Akt der Beziehungsaufnahme, dass die dafür nötigen Äußerungen das institutionelle Faktum nicht einfach aussprechen, sondern mit einer näher gefüllten Willensbekundung oder Gefühlsäußerung ergänzen: Ich liebe dich; du bist die Frau/der Mann meines Lebens; mit dir will ich mein Leben verbringen usw. – das Letzte entspricht noch am ehesten dem reinen Aussprechen. Es ist also nicht so sehr eine echte Frage der Gültigkeit des Aktes als eine des Stils, der angemessenen

Formulierung, ganz gleich, ob man eher der Meinung ist, man solle traditionelle Wendungen benutzen oder möglichst individuelle, neuartige, so wenig sie es mit Einzelfall tatsächlich sind. Das erklärt die Komik, die in der spöttischen Bemerkung eines Bekannten liegt, ein anderer Bekannter, dessen Sitten manchmal ein wenig plump oder großspurig erschienen, sei wohl mit seiner damaligen Freundin zusammengekommen, indem er laut posaunte (der Sprecher imitiert die Stimme des anderen): „Wir sind zusammen!" Bei Äußerungen wie „Ich grüße dich", „Ich gratuliere dir" usw. wird eine solche „nackte", „leere" Formulierung sehr weitgehend toleriert (man kann sie darum für unsinnig halten oder daraus schließen, dass sie sehr bedeutend sein müssen, dass ihnen dieser scheinbare Mangel nichts anhaben kann). Bei anderen Äußerungen ist es schlechter Stil und konventionswidrig, eine solche Formulierung zu wählen, die den Akt nur benennt – etwa ohne weitere Ergänzung zu sagen: „Ich würdige die wissenschaftlichen Leistungen des Jubilars"; im Grenzfall kann man aber sagen: „Man kann seine Leistungen nur besonders herausstellen"; das wäre aber etwas knapp und vor allem dann denkbar, vielleicht mit einigen zusätzlichen Worten, wenn es viele Vorredner gab und alle darauf warten, dass das Buffet eröffnet wird. Bei wieder anderen Akten ist es unmöglich, ihn nur zu benennen, da der Akt sonst unvollständig und ungültig wäre (wie oben erwähnt z. B. Behauptungen).

Worin besteht nun dieses institutionelle Faktum des „Zusammenseins", die wechselseitige Erwartung, die Regel, unter der der so begonnene Zustand fällt? Offensichtlich ist es notwendig, in wechselseitigem *Wissen* und *Einverständnis* den Willen zu bekunden, nunmehr ein Paar zu sein, und zwar eigentlich ohne dies einfach auszusprechen. Für die Gültigkeit des Aktes ist ferner Aufrichtigkeit gefordert. Man würde zwei Personen eher nicht als „richtig/wirklich" „zusammen" bezeichnen, wenn mindestens einer davon der aufrichtige Wille zur Paarbildung fehlt und sie die andere Person, oder beide Personen alle anderen, darüber täuschen. Vergleiche den Besuch der homophoben Verwandten bei einer Person in einer schwulen oder lesbischen Partnerschaft, bei dem ein vermeintlicher Partner des anderen Geschlechts präsentiert wird. Man würde nicht sagen, dass die Person und der vermeintliche Partner wirklich zusammen sind.

Obwohl beide auf einen Akt verweisen, ist die Ähnlichkeit zwischen der Bekundung: „Ich werde demnächst heiraten", und „Ich werde demnächst mit Alice zusammenkommen", irreführend. Denn die Heirat ist heute hier ein Akt, der vorher meist in beiderseitigem Einverständnis geplant werden kann und geplant wird, und der erst gültig ausgeführt ist, wenn beide sich geäußert haben, dass sie nunmehr in die Ehe eintreten („Ja ich will", oder „Hiermit nehme ich dich...") bzw. wenn eine dritte Person den Beginn der Ehe feststellt („Hiermit erkläre ich Sie/euch..."). Den Willen dazu kann und sollte man vorher bekunden, so will es die Vorgehensweise bei der Eheschließung. Wenn sich zwei Personen hingegen gegenseitig die Absicht erklärt haben, ein Paar bilden zu wollen, so würde man das entweder als das sofortige Eintreten des „Zusammenseins" ansehen (hiermit ist nicht gemeint, dass man sich gemeinsam für später vornehmen kann, gewisse partnerschaftliche Aktivitäten vorzunehmen, z. B. zusammenzuziehen oder erst nach der Hochzeit Geschlechtsverkehr zu haben), oder als Unsinn; Letzteres tendenziell vor allem dann, wenn beide einvernehmlich und in beiderseitigem Wissen erklären würden, später ein Paar bilden zu wollen. Bei der Aussage, man werde demnächst mit jemandem zusammenkommen, kann es sich also nur um die *einseitige* Bekundung des Willens handeln, oder zumindest die (womöglich beiderseitige) Bekundung des Willens, der dem anderen aber noch nicht bekannt ist. Man würde also nicht sagen, dass zwei Personen zusammen sind, wenn beide gegenüber Dritten diesen Willen erklärt haben, jedoch nicht beide Seiten davon Kenntnis haben. Oder es handelt sich bei jenem Satz „Ich werde demnächst....", um eine Prognose, dass, den eigenen Willen vorausgesetzt, der andere ebenfalls zur Paarbildung bereit sein wird. Zumeist wird man deshalb einen Zusatz finden: „Ich bin sicher/Ich glaube/So wie alles läuft etc. ...", oder auch so: „Ich werde wohl/vermutlich/wahrscheinlich/gewiss etc. demnächst mit Alice/Bob zusammenkommen." Man kann diese Zusätze auch in Zusammenhang mit dem Satz „Ich werde demnächst heiraten", gebrauchen, aber dann verändert er seine Bedeutung, während der andere Satz dadurch umso klarer wird.

Das Zusammensein gilt als Ausschluss der Partnerschaft mit Dritten. Man kann nicht sagen, zumindest nach vorherrschender Auffassung: „Alice ist mit Bob und mit Carl zusammen", und selbst wenn man Dreier-, Vierer- usw. -beziehungen unter das „Zusammensein" fasst (eine Frage der Definition), kann man nicht in ausschließender Weise formulieren: „Alice ist mit Bob zusammen, aber [derselbe] Bob ist mit Carl zusammen" (d.h.: nur mit Carl, nicht mit Alice). Es kann aber nicht ausgeschlossen werden, dass der Ausdruck auf solche Konstellationen angewendet würde, wenn sie denn vorliegen, bei der Alice mit Bob zusammen ist (Bob subjektiv mit Alice und umgekehrt), und Bob zugleich (subjektiv) mit Carl (und Carl subjektiv mit Bob) – vor allem dann, wenn Alice vom Verhältnis Bobs mit Carl weiß, womöglich ohne dass man zugleich sagen würde, sie sei auch mit Carl zusammen. Das Zusammensein Alices mit Bob wäre eine nicht-exklusive Beziehung, die Bob eine weitere, ein „Zusammensein" mit Carl erlaubt.

Voraussetzung für die Verwendung des Ausdrucks „zusammen sein" ist natürlich die Existenz zweier Personen, von denen der Sprecher annimmt, dass sie mündig sind, in dem Sinne, dass sie den Willen entwickeln und potenziell umsetzen können, eine Partnerschaft einzugehen. Nur sie können das, andere können nicht die Partnerschaft der beiden schließen: „Ich verfüge/erkläre usw. (hiermit), dass Alice und Bob zusammen sind", dagegen: „Ich hatte einen erheblichen Anteil daran/Ohne mich wäre es nicht dazu gekommen usw., dass....", was bedeutet, dass man das Eintreten des Aktes natürlich durchaus befördern kann.

Kann man sagen: „Alice glaubt, sie sei mit Bob zusammen, dabei ist sie es nicht"? Zunächst ist festzuhalten, dass Aussagen über sich selbst etwas anderes sind als Wissen über den anderen: Über den eigenen Willen zur Partnerschaft kann man sich nicht täuschen (höchstens über eine latente Neigung, etwa dass man mit einer Person eine Partnerschaft eingehen würde, wenn man dazu Gelegenheit hätte, was einem aber nicht recht bewusst ist, so dass man bis zum Beweis des Gegenteils davon ausgeht, man würde keine Partnerschaft eingehen). Wohl aber kann man sich natürlich über den Willen anderer täuschen. Das institutionelle Faktum gilt zwar nicht als gegeben, wenn nur eine einseitige Überzeugung vorliegt, aber man kann einer Person den einseitigen Glauben daran zuschreiben. Also kann man nicht sagen: „Alice ist mit Bob zusammen, weiß es aber nicht", oder „Alice ist mit Bob zusammen, der weiß es aber nicht", jedoch: „Alice glaubt, sie sei mit Bob zusammen, ist es aber nicht", was wohl so viel bedeutet wie: Eine Äußerung oder ein Verhalten Bobs, das Alice so auffasste, dass sie nunmehr zusammen seien, war von Bob gar nicht so gemeint.

Kann man wiederum sagen: „Alice ist mit Bob zusammen, liebt ihn aber nicht"? Man ist in diesem Fall geneigt, Zusätze zu machen wie: „Alice ist offiziell/eigentlich (noch) usw. mit Bob zusammen, liebt ihn aber nicht/betrügt ihn mit Carl usw." Aber eigentlich scheint in Bezug auf das Ende der Beziehung die Auffassung vorzuherrschen, dass erst ein Akt sie wirklich beendet, das Aussprechen der Trennung, ungeachtet des (ein- oder zweiseitigen) Wegfalls der Liebe. Liebe gilt allerdings als notwendige Voraussetzung am Anfang des Zusammenseins, was auch begründet, warum man die Paarbildung nicht als im Voraus planbar ansieht: Der Liebe wird zugebilligt, dass sie keinen Aufschub duldet (wenn man sich liebt, dann bildet man in aller Regel sofort bzw. so bald wie möglich ein Paar und nimmt es sich nicht für einen späteren Zeitpunkt vor, als es notwendig ist). Sie gilt im Wesentlichen nicht als planbar und durch Absichten zu steuern; sie tritt nicht wie die Ehe (erst) durch einen Akt ein, sondern ist Voraussetzung für die Paarbildung, und diese findet statt, sobald beide wissen, dass beide wissen, dass sie sich lieben, und diese Liebe in der Regel voreinander bekundet haben (und nicht nur über Dritte)

Handelt es sich bei der Ausschließlichkeit der Partnerschaft um den Inhalt eines Versprechens? In gewisser Weise wird es so interpretiert. John Searle hat am Beispiel des Versprechens dargelegt, wie man von einem empirischen Faktum, nämlich einem sozialen, institutionellen, zu einer normativen Forderung komme, vom Sein zum Sollen sozusagen, vom Faktum des Versprechens zur Pflicht seiner Einhaltung. Wer verspreche, der erlege sich damit die Pflicht auf, das Versprochene umzusetzen. Die Frage ist allerdings, wie man sich eigentlich selbst eine Pflicht auferlegen kann. Nach einer gängigen Auffassung von Normen sind diese dem Willen insoweit vorausgesetzt, als man sie nicht durch Wollen schafft, sondern sie einen selbst und jeden anderen, auf den die Regel Anwendung findet, von vornherein verpflichtet, auf bestimmte Weise zu handeln, ob man will oder nicht (Ich möchte gerne das Geld von *X* haben, aber ich sehe es als falsch an, es mir zu nehmen, und zwar unabhängig von einem Willen: Ich will es nicht irgendwie so sehen, setze das Falschsein nicht durch Willen, sondern ich sehe es eben so, aus irgendwelchen Gründen, oder aus keinen näheren). Bei geeigneter Motivation, wenn man sich also dazu durchringen kann, die Norm zu befolgen, also wenn man sie befolgen will und befolgt, dann handelt man richtig. Die Anwendung kann natürlich an Voraussetzungen geknüpft sein: Wer nichts verspricht, der muss auch nichts einhalten. Das heißt aber nicht, dass mit dem Versprechen eine Pflicht geschaffen wird, sondern nur der Anlass und der Inhalt für die Anwendung einer verpflichtenden Regel: Es tritt jetzt der Fall ein, dass man dieses und jenes einhalten muss. Es bedarf also einer Norm, die bewirkt, dass man Versprechen einlöst. Das wird etwa dadurch plausibel, dass man es mit der Norm vergleicht, wonach Verträge einzuhalten sind (*pacta sunt servanda*). Das ergibt sich entweder schon aus dem Sinn eines Vertrags, oder man wird konstatieren, dass erst diese Norm die Brücke zwischen dem Akt des Vertragsschlusses und der Pflicht zur Einhaltung ist. Die Norm ist aber in gewissem Sinne moralisch überflüssig, denn eigentlich gibt es eine allgemeinere, die ohne Begriffe wie Vertrag oder Versprechen auskommt, und ohne die Vorstellung, dass man sich selbst verpflichten kann: Beide Fälle, der Vertrag und das Versprechen, kann man unter den allgemeinen Grundsatz fassen, dass *Ankündigungen* umzusetzen sind, ob einseitige oder auf Wechselseitigkeit beruhende. Die Sonderfälle Vertrag und Versprechen kleiden dies nur in eine eindeutig erkennbare Form: Es handelt sich nicht um vage Absichten oder um unsichere Prognosen des eigenen zukünftigen Verhaltens, sondern um einzuhaltende Ankündigungen, von denen man klar und deutlich weiß und anerkennt, dass die Pflicht zur Einhaltung auf sie zutrifft und deren Inhalt bekannt ist (Vertrag und Versprechen also als eindeutig erkennbare Ankündigungen, die je schon unter die Pflicht zur Einhaltung fallen). Hier kann das Versprechen eigentlich keine zusätzliche Verbindlichkeit schaffen, sondern nur Klarheit über die Art der Aussage, und die Aufrichtigkeit und Ernsthaftigkeit betonen. Außerdem erhöht es oft den faktischen Preis (nicht aber die eigentliche moralische Falschheit) der Nichteinhaltung einer Ankündigung: Man setzt sich der besonderen Beobachtung und Sanktionierung aus, wenn man Versprechen tätigt. Wir können auch zur Verdeutlichung den Fall heranziehen, wo jemand ein Versprechen nicht einhält. Man hält ihm vor: Du hast es aber versprochen! Diese Verurteilung schmerzt faktisch, unterscheidet sich jedoch nicht im Prinzip von dem Fall, wo jemand etwas ankündigt, nicht einhält, und man ihm vorhält: Ich habe aber doch fest damit gerechnet, du hast es doch angekündigt/gesagt, ich habe mich darauf verlassen/gefreut usw.!

Man vermittelt sich und anderen also im Akt der Paarbildung (ob man ihn als Versprechen auffassen will oder nicht) vor allem die Erwartung, dass man fortan paartypisch oder nach seinen eigenen Vorstellungen des Lebens als Paar handeln werde. Wer in der Beziehung jedoch sagt: „Ich (verspreche, ich) werde dich niemals betrügen", der hat ein Problem. Je mehr er aufrichtige Liebe und Treue beteuert, desto eher setzt er sich einem Verdacht aus. Umgekehrt ist derjenige, der zu intensiv nachfragt und nachforscht, „eifersüchtig", was als pathologisch und als unvereinbar mit wahrer Liebe gilt, die inkompatibel ist mit der Überprüfung von äußerlichen Kriterien, aber trotzdem im Ausdruck „zusammen sein" festhalten will, dass sie besteht und fortbesteht und dass das die Anforderungen an Treue bekräftigt. Ähnliches gilt für die Äußerung gegenüber dem Partner, das man zusammen sei. Wozu sollte man sagen: „(Denk daran/Ich wollte dich daran erinnern/Mir fiel gerade ein usw.:) Wir sind (immer noch/neuerdings/noch eine Weile usw.) zusammen"? Man kann natürlich darüber sprechen, wer denn weiß, dass man zusammen ist. Dann geht es aber um das Wissen anderer und nicht um die Äußerung des Faktums gegenüber dem Partner, was als unsinnig angesehen wird oder als Vorwurf, Zurechtweisung, oder Einforderung von etwas, was man eigentlich nicht einfordern kann: Handeln aus Liebe. Man kann den anderen natürlich daran erinnern, was nach der eigenen Meinung das Zusammensein an Pflichten impliziert, aber das ist immer heikel, denn es liegt nahe an der Aufforderung „Sei doch mal spontan!", oder: „Du sollst das nicht nur machen, weil ich dich dazu auffordere!"

Trotz der Probleme der Nachforschung und Beteuerung schafft das Zusammensein eine gewisse Verlässlichkeit, nicht zuletzt in Bezug auf andere Bereiche: Man wird so lange als Paar handeln, bis Gegenteiliges geäußert wird. Man verhandelt es nicht in jedem Augenblick neu, sondern legt sich einmal auf ein mehr oder weniger genaues Verständnis des Paardaseins fest, was natürlich konkretisiert und verändert werden kann, oder wobei sich herausstellen kann, dass man verschiedene Vorstellungen hatte. Eine eigentliche Vorkehrung gegen das Fremdgehen ist diese Art der Verlässlichkeit jedoch nicht, sondern nur das Zeichen, dass man die Regel anerkennt, wonach man nicht fremdgehen solle, bzw. dass wenn man jemand anderen liebt, dies dem bisherigen Partner mitgeteilt werden soll. Eine Person jedoch, die nur deshalb nichts mit einer anderen „anfängt", weil sie mit jemandem zusammen ist, wird diese bestehende Beziehung nach heute vorherrschender Meinung nicht legitimerweise aufrechterhalten können (es gibt jedoch auch die gegenteilige Auffassung des Zusammenbleibens aus Verpflichtung), es sei denn, die Person legt glaubhaft dar, dass sie den gegenwärtigen Partner mehr, oder besser: wieder ausschließlich, liebe. Die bestehende Partnerschaft wird der Person höchstens eine Wartefrist beim Eingehen der neuen Beziehung auferlegen, bis der bisherige Partner informiert ist. Damit sind nicht praktische Gründe gemeint, die einen daran hindern, die neue Liebe mitzuteilen, denn man erwartet, dass dies möglichst schnell geschieht, sondern es gilt einerseits als besonders schmerzlich für den bisherigen Partner, wenn die neue Beziehung bereits eingegangen und in ihr partnerschaftlich gehandelt wird, während er die bisherige noch für bestehend glaubt. Andererseits gibt es den verständlichen Fall, dass man sich erst des Willens des neuen potenziellen Partners versichern will, und in diesem Fall tritt eigentlich das Zusammensein bereits ein. Ferner existiert die Vorstellung, man warte noch kurz, um sich selbst oder den bisherigen Partner zu schonen, mit der Trennung, aber die Wahrheit gilt hier überwiegend als zumutbar, mehr noch: als sofort mitzuteilen und sich selbst einzugestehen. Die Prinzipien, dass Partnerschaft notwendig auf Liebe beruhe, und dass sie durch einen Akt beginnt und endet, schaffen hier eine gewisse Unklarheit: Besteht die Partnerschaft so lange, wie die Liebe dauert, bis zur ausgesprochenen Trennung, oder bis zur eventuell vorher eingegangenen neuen Partnerschaft? Hier scheinen mir der Sprachgebrauch bzw. die Definition der Institution nicht ganz klar. Es lässt sich jedoch hoffen, dass etwas klarer wurde, was wir meinen, wenn wir sagen, dass zwei Personen zusammen seien.

Seit dem *linguistic turn* ist die Liebe jedenfalls nicht mehr dieselbe.

Fortsetzungsaufgabe

Weil es vorstehend so gut funktioniert hat, könnte man auch noch andere Formulierungen untersuchen, oder noch besser: Es dem Leser überlassen. Etwa das paradigmatische Stereotyp einer philosophischen oder „spirituellen" Frage: „Wer bin ich?" Was bedeutet diese Frage, wonach fragt sie? Vergleiche: Wer bist du? (Wann würde man so fragen?) Wer ist Angela Merkel? Wer ist die Bundeskanzlerin von Deutschland? Wer ist der gegenwärtige Kaiser von China?

Paradigmatische Antwort übrigens: Sei du selbst! Vergleiche: Sei nicht traurig! Sei doch mal spontan! Sei der Kaiser von China!

Über den Satz „Die Themen liegen auf der Straße"

Konfrontiert mit einer größeren Anzahl Studenten, denen partout kein Thema für eine Hausarbeit oder Abschlussarbeit einfallen wollte, äußerte ein Kollege die Ansicht, dass die Themen auf der Straße lägen. Das ist insoweit richtig, als man aus dem Stegreif über den Alltag soziologisieren kann (aber bei weitem nicht alle soziologischen Fragen so klären), dass gerade die vertrauten Dinge eine Fülle an Deutungen und Erklärungen verlangen – ein altes soziologisches Credo – und dass man dazu keiner besonderen Mittel bedarf; vergleichbar kann man auch philosophieren, dagegen wohl keine Geschichtsschreibung betreiben, theoretische Physik betreiben, aber praktisch keine naturwissenschaftliche Forschung in der heute vorherrschenden Weise (was an sich keine Kritik darstellt), einige Nischen ausgenommen. Die wesentliche Einschränkung ist dabei stets die erdrückende Menge an Literatur, die man zur Kenntnis nehmen müsste, und sei es, um sie guten Gewissens im Weiteren ignorieren zu können. Zweitens mangelt es nicht an sozialwissenschaftlich relevanten Beobachtungsmöglichkeiten, aber oft an Problematisierungswegen und Interpretationsideen. Der Alltag bietet eine Fülle an Phänomenen, aber nicht alles wird deshalb fragwürdig im Wortsinne. Und selbst wenn man die einfachsten Wendungen kennt, die aus Sachverhalten Probleme und Fragen herstellen: Was bedeutet das Phänomen P, und: Warum tritt P auf?, wenn man diese Operationen zur Herstellung von Fragen und Problemen kennt, so garantiert das noch nicht, dass einem einfällt, wie man diese Fragen beantworten sollte.

Im positiven Sinne eine Fülle bilden jedoch sozialwissenschaftliche Daten aller Art. Kaum ein Datensatz, der irgendwo vorliegt, ist wirklich erschöpft; es stecken immer noch Zusammenhänge drin. Solche Daten zu verwenden ist ökonomisch, auch wenn es einen in das Problem stürzt, dass man einer Fragestellung nachgeht, weil es Daten dazu gibt – *ceterus paribus* ist das jedenfalls besser als die Alternative, gar keiner Fragestellung nachzugehen. Nicht nur die Themen, sondern auch die Daten liegen manchmal auf der Straße.

Damit aus dem auf der Straße Liegenden aber Themen und Fragestellungen werden, muss man aber eben jene „Problematisierungsoperationen" kennen: nach der Bedeutung von etwas zu fragen (andere verstehen zu wollen), nach der Ursache zu fragen (etwas erklären zu wollen), nach Gemeinsamkeiten und Unterschieden zu fragen; das Bestreben, das Vertraute fremd werden zu lassen und das Fremde vertraut; das Typische, Wesentliche an einer Sache erkennen, und ihre untypischen, gar kontrafaktischen Alternativen finden zu wollen; einen Sachverhalt aus einfachen Annahmen herzuleiten oder die Unmöglichkeit einer solchen Herleitung aufzuzeigen (etwa eines sozialen Phänomens aus der Annahme rationalen Handelns); zu erkennen, was sich wiederholt und was einmalig ist; die Gesellschaft der Gegenwart oder eine soziale Entwicklung auf einen Begriff zu bringen; eine gesellschaftliche Entwicklung zu prognostizieren (und durch diese Prognose womöglich zu befördern oder aufzuhalten), usw. Diese Operationen des Problematisierens, diese Denk- und Frageweisen zu erlernen, und einige typische Antwortmuster auf solcherart erzeugte Fragestellungen kennenzulernen, also Interpretationsideen, Erklärungsweisen, Theorien eben, kann als Hauptinhalt der soziologischen Bildung verstanden werden.

Stichworte zur synästhetischen Soziologie. Ein aphoristisches Wörterbuch zu Grundbegriffen.

Für W.P.

Arbeit. Grundsätzlich besteht sie darin, der Natur etwas abzuringen, oft auch der (eigenen) menschlichen, etwas mit Aufwand zu erschaffen (oder anderen einen Dienst angedeihen zu lassen), insoweit das als nützlich oder wertvoll gilt. Dieses Prinzip kann aber so weit abgewandelt und zu verselbstständigt werden, kann auf dem Markt in immer neuen Formen und Windungen ökonomisiert und kommerzialisiert werden, dass „die Arbeit" schlechthin nicht mehr als die Notwendigkeit zu definieren ist, im Schweiße seines Angesichts sein (eigenes) Brot zu verdienen, sondern vielfältigste Variationen und stufenweise Transformationen rund um das Brot, den Schweiß und das Angesicht zu erdenken und in immer neuen Transaktionen, Verträgen, Selbst- und Fremddisziplinierungen zu produzieren, auszutauschen und zu vernichten (konsumieren). Nicht mehr so sehr Selbstversorgung und unmittelbare Nutzenstiftung durch Transformation der Natur, sondern vorwiegend marktgängige Tätigkeit zur abstrakten Sicherung der Existenz. Dies mit der Folge, dass kaum jemand wirklich überblickt, was wozu gearbeitet wird. Außerdem bestimmt in einer Gesellschaft, die sich gerne als Leistungsgesellschaft sähe, die Arbeit das Ansehen: Körperliche gilt als ehrlich, geistige aber als wertvoll; Hausarbeit als ehrenhaft, Arbeit am Arbeitsmarkt aber als geldwert.

Arbeitslosigkeit. Wichtige, zunächst nicht wertend gemeinte These: Arbeitslosigkeit als Begriff in der heutigen Bedeutung kann es nur in einer Gesellschaft geben, in der das Arbeiten, eine mühevolle Sache, als normal und als Pflicht angesehen wird, und wo man nicht darauf vertraut, dass die Leute schon beginnen zu arbeiten, wenn es sich lohnt und wenn es ihnen notwendig erscheint. Auf einem perfekten Arbeitsmarkt, so die Theorie, gibt es keine Arbeitslosigkeit, aber den perfekten Markt gibt es auch praktisch nicht. Arbeitslosigkeit ist aber nicht einfach ein neutrales Problem oder etwas Normales, gar Wünschenswertes, sondern ein Makel und eine Bedrohung. Sie wird von der Gesellschaft schlecht entlohnt – man muss sich auch selbst der Arbeitslosigkeit bezichtigen, um Geld zu bekommen, aber um den Preis der Entscheidungsfreiheit über weite Teile der Lebensführung: Das gilt manchen dann als selbstverschuldete Unmündigkeit oder zumindest Schuld gegenüber der Gesellschaft der Arbeitenden.

Beruf. Wird auf „Berufung" zurückgeführt, die Bestimmung zu einer Tätigkeit (bestimmend sind heute: Familie, Bildungserfolg, und vor allem die Nachfrage, sowie der Glaube an irgendwelche persönlichen Fähigkeiten und Unfähigkeiten). Deshalb gilt bei uns traditionell: Beruf ist das, was man ist, Arbeit ist das, was man tut, und Job (oder Anstellung, Beschäftigung) ist die Gelegenheit, bei der man das tut. Glücklich ist der, der einen hat (Beruf infolge einer abgeschlossenen Ausbildung, und auch einen Job); die Soziologie findet aber auch, dass derjenige besonders glücklich sei, der ganz und gar in seinem Beruf aufgeht, ohne fürchten zu müssen, dass er damit sein Leben verschwendet, sondern dabei eine ganze Person bleibt und sich nicht an Körper und Psyche dabei verbiegt. Man könnte auch finden, dass der glücklich ist, der den Ruf ungehört verhallen lässt, und nur das Nötigste tut. Man trägt seinen Beruf, wenn man einmal einen hat, mit sich herum, selbst wenn man ihn nicht ausübt: Er geht mehr oder weniger in die innere und äußere Haltung über, und sei es auch nur als Widerwillen, weil einem nichts andere blieb – man tut dies oder jenes, aber *eigentlich* ist man ja gelernter... Und das *ist* man dann eben, von Beruf.

Betrieb. Betrieb (man betreibt Anlagen, eine Produktion), auch Firma (man firmiert) oder Unternehmen (man unternimmt etwas, oft übernimmt man auch nur) ist eine im idealen Grenzfall effiziente Organisationsform der kooperativen bzw. hierarchischen arbeitsteiligen Produktion; er hat aber die Tendenz zur Verselbständigung: Bürokratisierung, Selbstbeweihräucherung, begreift jeden und jedes nur als Produktions- und neuerdings Imagefaktor, tritt als eine Art Person mit Interessen, Erwartungen und Strategien auf etc. Man könnte meinen, dass Mitarbeiter, Produkte, Firmennamen und Logos, Standorte, Anteileigner usw. kommen und gehen, nur die Firma bleibt. Jedoch wird eifrig fusioniert und zugesperrt, und so ist die Firma nur eine Hülle, die gerade und temporär eine effiziente Organisationsform von Kapital bzw. Produktionsfaktoren verspricht, während die Mitarbeiter in einem konkreten und für einen konkreten Betrieb arbeiten. Das verträgt sich oft einigermaßen (womöglich je mehr hinter einem Betrieb auf vormoderne Weise eine Familie steckt), oft auch weniger: Die Firma mag dieses und jenes tun, dieses und jenes mit ihr passieren (Umfirmierung, Übernahme, Konkurs), was aber wird aus den Betrieben?

Bildung. Alter, Einkommen, Bildung, Geschlecht sind belanglose Variablen, mit denen man viel erklären kann. Inwieweit Bildung aber bildet, ist nicht leicht zu erfassen: Es ist fraglich, ob in der Schule mehr gebildet oder mehr (aus-)sortiert wird. Es heißt zwar „lebenslanges Lernen", nicht übrigens „lebenslange Bildung", aber irgendwann tritt dann der so genannte Bildungsabschluss ein, oder auch der Abbruch (Schulabbruch, nicht Bildungsabbruch genannt – man wechselt dann aber gelegentlich über zur Ausbildung). Als Bildung gilt eigentlich vor allem die Vertrautheit mit den Geisteswissenschaften, die aber als eigentlich nutzlos gelten (im Positiven wie im Negativen), die Naturwissenschaften gelten dagegen als ein Lehrstoff, für den man in der Praxis oft weit weniger Wertschätzung, aber praktischerweise die ausreichend verrückten, aber letztlich doch kompetenten Experten hat. Ob Recht, Pflicht oder Investment – Bildung, wie wir sie uns vorstellen, ist eine recht neue Erfindung. Auf die schulische Bildung hat die Politik im Gegensatz zu anderen Feldern eigentlich noch recht viel Einfluss, aber die Konsequenzen ihres Einflusses sind schwer zu ermessen, darum viel Polemik um ewig wiederkehrende Vorstellungen unter eifrigem Ignorieren aller relevanten Wissenschaften.

Bourdieu, Pierre. Französischer Soziologe, dessen Wissenschaftsverständnis man auf die Formel bringen könnte, dass der schlaue Bauer in der Stadt der beste Soziologe ist, wenn er intensiv das ihm Fremde beobachtet, sich nicht von wissenschaftlichen Vorurteilen und Machtspielen blenden lässt, und dann sein Verständnis der Sache in Theorien packt, die immer etwas mehr wissen als die Beobachteten selbst, welche die Regeln des Spiels in Worte fassen, das die Spieler nur rein praktisch beherrschen. Letztlich geben diese Theorien aber diejenigen Prinzipien wieder, nach denen man sich mehr, oder vor allem auch weniger, willentlich und bewusst in der Gesellschaft durchzusetzen versucht und nach denen sie sich selbst immer neu einteilt: ganz oben ist das ein selbstbewusster scheinbarer Idealismus, der eine große Macht verhüllt und aus der Fülle dessen schöpft, was man Kultur und Kultiviertheit nennt, in der Mitte ist das der Versuch, den Anschluss nicht zu verpassen und sein schlechtes kulturelles Gewissen zu beruhigen (schließlich hat man gelernt, wie großartig die Hochkultur ist, nur fällt es einem recht schwer, sie wirklich zu mögen), und ganz unten ist das die etwas verzweifelte Liebe zu dem, was man hat, und man versichert mit geballter Faust in der Tasche, dass einen all das nicht interessiert, was die da oben so haben.

Determinismus. Dieses gefürchtete Menschenbild geistert als Schreckgespenst durch oder um die Soziologie: das Individuum erscheine nur mehr als gesteuert durch Kultur, Hegemonie, Medien, Macht, Disziplin usw., sei (un-)heimlicher Ausführender des Kapitalismus und anderer Ordnungen. Teils vermeintlichen, teils wirklichen Schutz vor diesem Geist bieten: bei aller Aufstellung und Berechnung kausaler Modelle zu beteuern, dass sie nur ungefähre, wahrscheinliche, durchschnittliche Erklärungen bieten; die Beschwörung des aktiven, kreativen, rationalen, kommunikativen etc. Subjekts; die Abschaffung der Determinismen durch allgemeine Aufklärung über die Zusammenhänge; die Verschleierung oder der Verzicht auf die Benennung struktureller Zusammenhänge und die reine Paraphrase der freischwebend erscheinenden Ansichten anderer. Oder man lässt sich einfach nicht erschrecken von jenem Geist.

Durkheim, Émile. Französischer Soziologe, der, um seinem Fach die nötige und beeindruckende Grundlage zu geben, die Gesellschaft als ein eigenes Wesen betrachtete, das größer ist als alle einzelnen Personen, das schon vorher da ist als der Einzelne und es danach sein wird. Dieses Wesen verfügt über ein Bewusstsein und Gewissen, das uns als äußerlicher Zwang erscheint, das die Gesellschaft aber vor dem Zerbrechen und der Gesetzlosigkeit angesichts ihrer Zersplitterung bewahrt. Das Wesen macht sich bemerkbar, wenn in einer Masse erhabene Gefühle in einem Ritual aufkommen, und zu seinem natürlichen Charakter gehört auch die Kriminalität. Durkheim lehrte: keine Scheu vor der wissenschaftlichen Untersuchung der sozialen Phänomene und kein Herumphilosophieren über die Gesellschaft – man muss die sozialen Tatsachen wie Dinge behandeln.

Elend. Auf ihm ruhten paradoxerweise einmal alle Hoffnungen: Der Weg zur besseren Gesellschaft führte über die Erhebung, ja die Brutalität der Verelendeten, parteilich organisiert oder historisch unabwendbar. Der Rest ist Geschichte: Arbeiterbewegung, Sozialstaat, Tarifrituale, Hängematte, Hartz IV. Von Zeit zu Zeit taucht das Elend wieder auf, relativ, begrifflich eingefasst als Armut, Deprivation, Unsicherheit, Nachteil, Zerrüttung; als die Wieder- und Neuentdeckung der „Verlierer" bei Spielen und Wetten wie: Globalisierung, Bildungsexpansion, Aufschwung, Wiedervereinigung, Individualisierung, Strukturwandel usw. Das Elend selbst wird in geringen Mengen importiert oder es importiert sich selbst: medial und „illegal", als Meldung und Einwanderung. Das „Elend der Welt" ist unter uns, drinnen und draußen.

Entfremdung. Wenn einem die Arbeit fremd wird, wenn man sich selbst fremd wird, wenn alles nur noch Maschine ist, und man nicht weiß, was man da tut, oder wenn man das von sich selbst nie tun würde, kein bisschen Einsicht in die Notwendigkeit oder Nicht-Notwendigkeit. Für ein Objekt, das einem nichts bedeutet, noch mehr: das keine Bedeutung hat, bekommt man Geld. Man macht sich selbst zum Objekt, um das Objekt herzustellen, oder meist nur: etwas daran zu verrichten, ein reines Stückwerk der Arbeit, des Lebens, des Sinns. Man erkennt sich nicht mehr in seiner Arbeit. Allgemeiner: Man erkennt sich nicht mehr, erkennt die Gesellschaft, die Natur nicht mehr.

Essen. Der Mensch ist zäh: Er überlebt in der Regel die verschiedensten kulturspe-zifischen Diäten ohne allzu große Probleme (nur kriegs- und verteilungsbedingte Mangelernährung, oder solche aus reiner Verblendung und Unkenntnis führen zu Problemen). Wenn er mehr isst, als er verbraucht, wird er dick, wenn er weniger isst, nimmt er ab und verhungert eventuell; am besten isst man aber von jedem was, auf Wunsch auch ohne Fleisch. Trotz dieser einfachen Weisheiten ergießt sich eine Flut an guten Ratschlägen zur Ernährung über uns. Sie bestehen im Wesentlichen aus völlig überverallgemeinerten und falsch verstandenen wissenschaftlichen Er-gebnissen, und sonst aus magischen Vorstellungen. Das Richtige zu essen und rich-tig zu essen (Manieren!), das ist ein neuer Gegenstand des Klassenkampfes. Auf der Ebene des Essens ist fast jede fremde Kultur interessant und tolerabel; Proble-me gibt es meist erst (abgesehen von solchen Dingen wie Schächtung, Verzehr westlicher Haustiere und vermeintlich mangelnder Hygiene), wenn es über das Eingemachte und über eine paar aufregende Ekelhaftigkeiten hinaus an die wirkli-chen Eigenheiten geht. Zusammen essen kann romantisch sein, zu Hause kocht im Alltag aber immer noch oft die Frau (schlecht oder recht, vielleicht feiertags und zwecks Selbstverwirklichung auch mal der Mann) und gegessen wird, was auf den Tisch kommt, oder manchmal eben nicht (gilt als Erziehungsfrage).

Familie. Bedeutet das Zusammenleben nach Verwandtschaft, sowie nach heraus-gehobenen, gewählten oder verhandelten, mehr oder weniger verpflichtenden Be-ziehungen. In anderen und früheren Gesellschaften zentrales Prinzip des Sozialen: als das politische System selbst, der eigentliche Träger von Ehre und Charisma, wichtigste Einheit der Wirtschaft usw. (man könnte auch sagen: Es gab früher kei-ne F., nur bestimmte Verwandtschaftsbeziehungen und Formen des Einteilens, Auswählens und Zusammenlebens), gilt sie heute vielfach gerade das Andere, das Besondere in der Gesellschaft: manchen in ihrer scheinbaren Natürlich- und Hei-ligkeit als einzig legitimes Kollektiv (vielleicht neben der Nation), anderen als Rückzugsraum der Konkurrenzgesellschaft – etwa als bedingungslos zugeneigtes Akku-Ladegerät für gestresste Männer oder als Teil der ehrbaren Doppelverwirli-chung und Doppelbelastung für Frauen – und als Hort des Irrationalen: Liebe, Un-terbewusstsein, Gewalt. Dabei ist die F. aber aufs Engste mit der Gesellschaft ver-bunden, leistet sie doch gerade diejenige oft verborgene, nicht immer glückliche Arbeit, ohne die die Gesellschaft nicht dieselbe wäre: sichtbare Vererbung von Wohlstand und weniger sichtbare von Privilegien und Lebensführung, Wiederher-stellung der Arbeitskraft, eine Sozialversicherung eigener Art, unbezahlte Dienst-leistungen usw., kurz: nicht nur die biologische, sondern auch die soziale Repro-duktion und eine große Anpassungsleistung an die „äußeren" Bedingungen. Dabei sind Scheitern, ja das Zerbrechen gerade daran natürlich immer möglich, aber höchst ungleich verteilt.

Feld. Wenn es dem Soziologen in der Theorie und im Büro zu bunt wird, geht er ins Feld. Dort begibt er sich, oder seine ausführenden Hilfskräfte, in Kontakt mit den sozialen Fakten, den Subjekten, dem Alltag, und zwar nicht so, wie er es ohnehin schon ist, sondern als ausgewiesener methodischer (Kraft-)Akt, und geschehe er noch so unsystematisch oder verdeckt. Das Feld ist so entweder ein Abstraktum, eher eine Phase, eine Form des Forschens als ein sozial umgrenzter Raum (man spricht von der „Feldphase" als der Zeit, wo man Daten erhebt, z. B. Leute befragt), oder aber genau das Um-Feld, in das man sich als Forscher begibt. So ist „F." auch ein theoretischer Begriff dafür, dass in bestimmten Gebieten der Gesellschaft bestimmte Kräfteverhältnisse herrschen (eben ein Kraftfeld), dass dort die Handelnden mit und gegen andere das gesellschaftliche Spiel spielen (eben ein Spielfeld), dass es dabei hoch hergehen kann, mit großen Strategien und kleinen Taktiken, kleinen und großen Einsätzen und Verlusten (eben – fast oder wirklich – ein Schlachtfeld), und dass dabei jeder Position bezieht oder eine solche aufgrund der Gegebenheiten einnimmt (auch der Forscher), sich ein gesellschaftlicher Raum konstituiert (eben ein Feld), wo die Perspektive einen prägt, wo Stellung, Kraft und Spielgeist den Erfolg bestimmen und wieder auf andere einwirken.

Foucault, Michel. Wahnsinn, Sexualität, Gefängnisse, Krankenhäuser: Je nach Betrachtung ein mittelmäßiger, unsystematischer Kulturhistoriker; Begründer *der* Methode zur Aufdeckung von Macht hinter den kleinen Gesten und verbreiteten Reden, und zur Analyse der Ordnung, der Grenzen und der Aufbewahrung des Sagbaren einer Epoche; Vertreter der postmodernen „Franzosentheorie" mit prätentiösem Stil und galoppierendem Relativismus; Archäologe der Anfänge unseres Begriffs des Subjekts und Theoretiker von dessen Negation und Disziplinierung; Denker, der entweder die begriffliche Entwertung oder eben die Aufdeckung von „Wissen" als Macht betrieb; erkorener Prophet der Überwachungsgesellschaft und der Psychiatriekritik.

Freizeit. Formal zunächst einfach das Gegenteil von Arbeit(szeit), aber nur insofern und insoweit diese als irgendwie unfrei angesehen werden kann; so wird die F. ersehnt, aber scheinbar irgendwie gefürchtet, und also: totgeschlagen. In dem Maße wie sie, durchaus als sozialer Fortschritt, zunimmt und räumlich vom Arbeitsort wegrückt, wird sie institutionalisiert und organisiert (mit paradoxen Formulierungen wie: Freizeit*beschäftigung,* Freizeit*industrie*), ja durchgeplant (der vielzitierte Freizeitstress), ferner mit zunehmendem Interesse erforscht, klassifiziert – und klassifizierend: Nicht alle haben natürlich dieselben Freiheiten, wer keine richtigen Hobbies hat, gilt als ein halber Mensch, wer die F. nicht schlau (und zur Stärkung der Lebens- und Arbeitskraft) nutzt, ist offenbar irgendwie selber dran schuld, und erfüllt nicht seine Pflicht. Wer nur Freizeit hat, hat so auch irgendwie keine, und oft das Gefühl, dass ihm was fehlt: Beschäftigung.

Geschichte. Je nach Auffassung und Epoche verstanden als beständige gewissenhafte Fortschreibung einer Chronik oder als distanzierte Identifikation des jeweils ungekannt neuen (oder jetzt eben fremden alten) Wesens der Epochen; die Identifikation von gesellschaftlichen Gesetzen des Zeitverlaufs und seiner ewigen Formen (Zirkel, Wellen, Auf- oder Niedergang) oder die Sammlung moralisch-lehrreicher Geschichten; Beschreibung von Konstellation in Macht und Schlacht oder Rekonstruktionen des Alltags, der Lebenswelten und Ideengänge; literarisch wohlgeformte Ausdeutung der Quellen oder Analyse der Strukturdaten vergangener Bevölkerungen, Wirtschaften, Streitkräfte usw.; blinde Macht bzw. blindes Machen oder zu ergreifende bzw. je schon ergriffene Kraft; Auszeichnungsmerkmal der Hochkulturen schlechthin (nur wer Schrift hat, habe auch Geschichte) oder formbarer Stoff der Populärkultur; Erzählungen von Weltanfang, Mythenzeit, Menschenzeit, Endzeit, oder weltliche Richterin über das menschliche Handeln (Schiller: „Die Weltgeschichte ist das Weltgericht"); Sinnspender für das Bestehende, seine Feiern, Schauen und Spektakel, oder jener Prozess, in dem Mensch und Gesellschaft zu sich selbst und zum Besseren finden.

Geschmack. Der G. ist zutiefst körperlich: der Vorgang des Schmeckens, die Empfindungen der Lust und des Wohlgefallen oder des Abscheus und des Ekels, auf Speisen wie im weiteren Sinne auf jeden ästhetisch zu beurteilenden Gegenstand bezogen, und er ist zutiefst sozial: der G. urteilt, und der gute G. urteilt andere ab. Das – die Verbindung von Körper und Sozialem – ist kein Widerspruch, sondern zeigt Kultur als zweite Natur, oder gar als etwas, das verkannterweise als reine Natur erscheint und soziale Verhältnisse mit ihren Hierarchien der Kultiviertheit umso unerkannter festigt (das hat Bourdieu unübertrefflich dargestellt: das einheitliche Prinzip hinter dem Urteil über Schweinsbraten und Schubert). Es ist freilich ein neues Zeichen von Überlegenheit geworden, zu verkünden, es gebe keinen guten oder schlechten Geschmack, aber nur um damit jene abzuwerten, die ebensolches glauben oder die nicht die eigene demonstrative Toleranz teilen, mit der man viele (aber natürlich keinesfalls alle) Stile konsumiert, und geschehe dieser Konsum auch ironisch oder in wohlgelernt-kurzsichtigem Exotismus.

Gesellschaft. Wie in jeder guten Wissenschaft ist sich auch die Soziologie uneinig über die Bestimmung ihres ureigensten Gegenstandes. Populär-tautologisch ist G. die Gesamtheit ihrer Mitglieder, den Theoretikern dagegen meist mehr als das, oder weniger: die Gesamtheit der Kommunikation, Handlungen, Beziehungen, Institutionen usw., oder Kombinationen daraus, soziale Fakten jeder Art. So konnte der eine ein Werk schreiben „Wirtschaft *und* G.", der andere „Die Wirtschaft *der* G.", der nächste G. und Gemeinschaft gegenüberstellen usw. Es herrscht nicht einmal Einstimmigkeit, ob es eine (Weltgesellschaft) oder mehrere Gesellschaften gibt, die man dann vergleichen könnte (Staatsgrenzen sind dabei sicher ein praktisches, aber kein theoretisch befriedigendes Kriterium). Manche betreiben Gesellschaftstheorie nur inhaltlich, nicht definitorisch, und umgehen so die schwierige Frage, oder untersuchen ohnehin nur einzelne soziale Phänomene, vermeiden gar den Ausdruck „G." gänzlich.

Habermas, Jürgen. Deutscher Philosoph oder Soziologe? Egal, jedenfalls ein Exportschlager, etwa mit der Auffassung, dass moralisch nicht ist, was man im stillen Kämmerlein alleine mithilfe seines Gewissens ausbrütet, sondern wovon man anderen mit Argumenten begreiflich machen kann, dass sie es vernünftigerweise und gefälligst als moralisch anerkennen sollen (wodurch noch nichts über das „gute Leben" gesagt ist). H. bog die allzeit pessimistische und von praktisch allem distanzierte kritische Theorie auf Verfassungspatriotismus um, forderte jedoch stets eine aufgeklärtere Öffentlichkeit und eine gesunde Gesellschaft, wo fremde Systeme und Sachzwänge nicht unsere Lebenswelten und die Politik „kolonialisieren". Handeln gilt ihm nicht nur als zweckgerichtet (auf Dinge und auf Selbstdarstellung), sondern als (möglicherweise begabt-virtuos) expressiv und das Innere enthüllend, ferner moralisch, und insbesondere kommunikativ, d.h. mit der Intention, für andere rational-verstehend nachvollziehbar zu sein, bzw. sich durch Verständigung mit anderen zu koordinieren. Wo Verständigung (und prinzipielle Verstehbarkeit) und Aufklärung sich mit intakter Lebenswelt und Subjektivität sowie funktionierenden gesellschaftlichen Systemen verbinden, da wäre die (unvollendete und weiterhin, so H., zeitgemäße) Moderne gelungen.

Individualisierung. Bedeutet entweder, dass nur noch blinder Zufall über sozialen Status und Lebensführung bestimmt und die Gesellschaft, losgelöst von Familie, Stellung, Herkunft usw., den Einzelnen da- und dorthin wirft, oder dass jeder immer angestrengter über sich selbst nachdenken muss, und über sein Nachdenken usw., oder dass man schließlich jedem Einzelnen die Last der Entscheidung über sein Leben aufbürdet (welche Schule, welcher Beruf, welcher Partner, welche Politik), und ihn, wenn er an Zwängen, beschränkten Fähigkeiten und verpassten Chancen verzweifelt, für sein Schicksal selbst verantwortlich macht (Erfolg für einige, die schon immer gut wegkamen, nicht ausgeschlossen). Könnte jedoch auch Befreiung und Chancengleichheit bedeuten, die einhergeht mit einer sorgfältigen Abwägung, welche Risiken man dem Einzelnen überlässt und welche man auffängt, welche Lebensstile man tolerieren kann, wie man im freiwilligen Zusammenschluss viel erreichen kann und wie man Einsamkeit und Ausgeschlossensein entgegenwirkt. Also ein historisches Versprechen oder eine Flexibilisierung von harter Hand.

Institution. Oft wird diese Bezeichnung für ein mehr oder weniger bürokratisches Gebilde benutzt, die in massiven Hochhäusern mit vielen Büros sitzen, oder für eine Einrichtung oder Person, deren Ehrwürdigkeit man betonen will („Der/die/das *XY* ist eine Institution!"). Die Institution im soziologischen Sinne ist bereits über dieses Stadium des Betonens, des Etabliertwerdens hinaus und ist gerade die verfestigte, typische Ordnung des Sozialen, die an den Organisationen nur greifbar wird, aber auch sonst ihre ordnende Wirkung tut, indem sie, zumindest in ihrer stabilen Phase, als natürlich, als von selbst verständlich hingenommen wird. Sie muss höchstens bereits wieder um ihre Rechtfertigung kämpfen, wenn ihre Geltung sozusagen ermüdet. Etwa die Ehe, die, das ist für jeden sofort begreiflich, dem Verheiratetsein seine Ordnung gibt – dass es so etwas wie die Ehe *gibt*, daran kommen selbst ihre Verächter nicht vorbei, sie ist eine Institution. Weiterhin sind Institutionen all die Rollen und Regeln, die typischen Beziehungen, vorgefertigten Äußerungen, die allesamt die Gebäude und Verwalter der Gesellschaft sind, deren leitende Hände und einschränkende Wände man oft nicht weiter beachtet.

Kapital. Nicht einfach nur Geld, das man in Tauschgeschäften erhalten hat, um es später wieder eintauschen zu können, weil man von dem einen Gut viel hat und von dem anderen wenig, oder weil man eine bestimmte Fähigkeit besitzt und eine andere nicht. Sondern Geld als ein Wert, der nur dazu da ist, verwertet zu werden, der dahin geht, wo die Wertsteigerung am besten ausfällt, wo Mehrwert winkt (Marx schrieb, dass im Falle des Kapitals der Gang der Dinge lautet: G – W – G', mit G für Geld und W für Ware, statt W – G – W', d.h. Geldvermehrung statt Wertspeicherung für späteren Warenerwerb). Der Inhaber des Kapitals schafft jedenfalls diesen Mehrwert nicht, er sieht sich nur um, ordnet an, oder lässt sich durch Manager vertreten (der Kapitalist weniger als konkrete Person denn als grundsätzliche Rolle). — Kampfbegriff einerseits, nicht nur links, sondern auch rechts (das „internationale", haltlose, unehrliche Kapital), und ein Wort, das manchmal nur verschämt verwendet wird, eher sagt man: Investor statt Kapitalist, Marktwirtschaft statt Kapitalismus, obwohl es natürlich heißt: Kapitalmarkt, Betriebskapital, Eigenkapital etc.

Kritik. Manche der Soziologen glauben, das verbreitete Klischee der Soziologie sei, sie betreibe Sozialkritik. Wahrscheinlich haben viele Außenstehende noch viel weniger als dieses Stereotyp. Hinter der Vorstellung mag aber auch die heimliche Befürchtung liegen, viele Kollegen würden wirklich verkappte Kritik betreiben statt eigentlicher Wissenschaft (wie auch immer definiert, jedenfalls nicht als Kritik), oder aber der Wunsch, die Soziologie möge doch einer wahrgenommenen Sehnsucht vermehrt nachkommen und ein vielfaches Unbehagens an der Gesellschaft wissenschaftlich bestätigen und adeln. Jedenfalls ergibt sich aus der kritischen Wendung der Soziologie insbesondere oft ein Wechselspiel zwischen Verächtlichmachung (oder „wegerklären") und Lobpreisung des Alltagsverstandes, wobei die Kritik traditionell einen Bonus hat (und sei es als Kritik der Kritik). Der Soziologie mangelt es allerdings vielfach sowohl an neutralen Ausdrücken, denn ihr Gebiet ist immer bereits politisch oder ästhetisch besetzt, als auch zugleich an Maßstäben einer genuin kritischen Theorie. So sind Begriffe wie Kapitalismus, Patriarchat usw. ein doppelter Fluch: Sie suggerieren Kritik, ob als zu leicht erworbener Anschein oder als ungewollter Mangel an Neutralität.

Kultur. Eigentlich der Anbau von Pflanzen, schön in Reihen, damit sie wohlgeordnet und unter besten Bedingungen Blüten und Früchte tragen, unter Verwendung geeigneter Züchtungen und Anbaumethoden. Daher dann Kultur als eine Veranstaltung, die nicht nur schnödes Spektakel ist (das versichern sich zumindest Künstler, Kritiker und Publikum gegenseitig), sondern das einen ganz eigenen Wert hat, zur Blüte gebrachte menschliche Fähigkeit und Ideenkraft. Allgemeiner ist Kultur schließlich die Art, wie wir, die Menschen in einem bestimmten Anbaugebiet oder Zuchtbetrieb gewachsen sind, das, was uns derart verbindet und durchdringt, dass es uns zur zweiten Natur geworden ist, wie die Kultursorten der Pflanzen unsere natürliche Nahrung geworden sind. Erst wenn man mal die Geschmacksrichtungen vergleicht und die innere Haltung anderen Gewächsen gegenüberstellt, merkt man, dass es so etwas wie Kultur gibt, andere Kulturen als die eigene, und dass man selbst somit eine Kultur hat. Die Pflanze weiß sonst wenig von ihrem Gärtner.

Luhmann, Niklas. Begründer der soziologischen Systemtheorie, die man als esoterisch, radikal neu oder als alten Wein in neuen biologischen Begriffen ansehen kann, als grundlegend oder grundverkehrt. Leiser, aber im Detail bissig-ironischer Rechthaber und Skeptiker zugleich, vor allem gegenüber besinnungslos angewendeten Paradigmen und utopischen Zügen der Soziologie. Er überzeugte sich nach einigen Mühen, dass Kommunikation der Grundbegriff der Soziologie sein muss, und abstrahierte den Systembegriff aufs Äußerste, nämlich bis hin zur Frage, wie in der Gesellschaft Sinn auf Sinn folgt. Auf dieser Basis, mithilfe seines Zettelkastens und mit juristischer oder bürokratischer Akribie, dabei kenntnis- und fintenreich, aber mit teils liebevoll abseitig gewählten Beispielen, deklinierte er dann durch, was der Sinn der einzelnen Systeme sei, nämlich das was sie tun (und nur das, und das anders als die anderen, ein wenig offen nach außen, aber grundlegend abgeschlossen). Was die Systeme tun? Sie unterscheiden, nämlich: Recht und Unrecht, haben oder nicht haben, verbindlich und unverbindlich usw. Ferner untersuchte er, wie sie das tun und was das für eine in ihre Teilfunktionen aufgespaltene Gesellschaft bedeutet, die kein rechtes oben und mehr kennt. Mit Vorliebe stöberte er dabei versteckte Paradoxien auf, und die verworrenen Wege, wie die Gesellschaft sie immer wieder gewitzt umgeht, ohne es sich ganz klar zu machen.

Marx, Karl. Die Soziologen fürchten sich nicht unbedingt vor Marx, sie trauen ihm aber nicht unbedingt voll und ganz, was seine Theorie angeht. Die schlauen Ideen stecken oft im Detail, und nicht unbedingt in den bekannten Werken, wenn es um Arbeit, Waren und Ideen zur Wirtschaftsgeschichte geht. Das „Kapital" jedenfalls liefert keine Abrechnung oder Erleuchtung, sondern dekliniert trocken den einen um den anderen Begriff durch und wälzt sich von These zu These. Nur selten scheint der Journalist durch und setzt eine Spitze. Der Kapitalismus ist übrigens die Spitze der bisherigen Wirtschaftsentwicklung, höchst effizient in der Ausbeutung seiner Ressourcen und der Arbeitskräfte, was ihn umso effizienter in Richtung des Abgrundes befördert, so Marx. Man kann seine eigene Arbeit mit Bonmots von Marx schmücken, oder sich dadurch hervorheben, dass man zwischen marx'schen, marxistischen und marxianischen Ansätzen unterscheidet. Vielleicht will man sie irgendwie doch gerne haben, die klassenlose Gesellschaft, wenn Geschichte und Materie sich zum endgültig Guten, Menschlichen hin letztmalig überschlagen.

Marketing. Eigentlich ein Teilgebiet der Betriebswirtschaftslehre, nämlich die Wissenschaft und praktische Lehre vom Umgang des Betriebes mit Märkten: wissen, was gefragt ist, und vor allem nachhelfen, damit mehr nachgefragt wird, mit Anpassungen an Preis, Produkt usw., und insbesondere Promotion, denn man vertraut dem Markt nicht einfach so. Wie viele Ansätze der BWL ist aus ein paar Begriffen und Strategien erst eine Mode und dann eine Heilsideologie geworden: Alles muss vermarktet werden (Politik, Kirche, Kunst, die deutsche Butter als Idee, die Marktwirtschaft, der gute Zweck) und der Betrieb muss identisch werden mit seinem Marketing, sich selbst nach innen vermarkten und zum Glauben an seine eigene Vorzüglichkeit und Wohltätigkeit überreden. Das erfolgreichste Beispiel für Marketing ist wohl das Marketing für das Marketing.

Masse. Hartnäckig hält sich die Vorstellung, als Masse sei der Mensch besonders erregbar, formbar, obwohl kaum einer die Mühe unternimmt, die entsprechenden Befunde oder gar die Massen zu studieren (Sicherheitskonzepte für Großveranstaltungen sind nicht recht das Gebiet der Soziologen und der populärsoziologischen Gespräche; vielleicht mögen ein paar kuriose Typen Fangesänge analysieren u.Ä., aber das ist nicht das Zentrum der Soziologie). Manche Menschen, die jeweils anderen, bilden nach Auffassung anderer auch schlicht „die Masse" und sind damit quasi schon per Definition erregbar, formbar, einheitlich. Die „Massengesellschaft" ist damit beunruhigend, bedrohlich oder von gespenstischer Ruhe und gleichförmiger Geschäftigkeit, oder letztlich beruhigend, weil nivelliert, kontrollierbar, überschaubar für die wenigen Führungs- und Forschungspersönlichkeiten, die sich aus der Masse herausheben, in einem vordergründigen Sinne demokratisch (Wohlstand für alle und gleiche Wahl der „Leader"). Nicht Masse sein wollen ist vielen ein starker, aber wohl ein frommer Wunsch, ein Volksglaube, denn was wir (die Masse, die meisten, viele, oder die immer noch vielen Wenigen) wollen, gibt es wohl – in der Masse – nicht ohne Massen(ab)fertigung.

Medien. „Die Medien" treten in der Regel im Plural auf, und zwar als Gegenstand der Beschimpfung (machen gewalttätig, berichten falsch, richten sich nur noch nach dem Massengeschmack), vorzugsweise durch andere Medien. Sind nicht einfach Techniken der Übertragung, sondern große Organisationen, die Realität erzeugen. Die Verantwortlichen tun so, als sei ihre jeweilige Art der Berichterstattung und Filmproduktion die natürlichste Sache der Welt, so als ob jeden Tag genau so viel passieren würde, wie in die Zeitung passt oder es nur eine Art der Unterhaltung gäbe. Dieser unabhängige Standpunkt muss durch bestimmte journalistische Rituale immer wieder demonstriert werden: nachfragen, wo es ohnehin keine Antworten gibt, das offensichtlich Verwerfliche lautstark anprangern, zwei Seiten zu Wort kommen lassen, auch wenn sie nichts zu sagen haben, nur niemals zu kompliziert. Durch die Art, wie die Medien die Welt darstellen, ist ihre Existenz viel folgenreicher als viele so genannte Medienkritiker das darstellen, aber gleichzeitig auf ganz andere Weise, denn die Medien verleiten nicht zur Entgleisung, zu besonders extremer Verdummung und Verrohung, sondern zu einer wohlgeordneten Normalität, mit einem Drall einmal in diese, einmal in die andere Richtung; selbst Konsumkritik geht, und zwar unter in der Aufmachung und Aufregung. Es gibt auch andere Medien, nur werden die kaum genutzt.

Mode. Einfachstes Prinzip der Anpassung und Nachahmung (Gabriel Tarde) und komplexes Spiel mit mehreren Ebenen: Willkür und Wissen darum, Anpassen und Abheben, Masse und Luxus, Kalkül und Leidenschaft, Selbstbelohnung und Selbstdarstellung, Kommerz und Kunst usw. Mag die Erkenntnistheorie annehmen, dass Wissenschaft eben nach Erkenntnis strebt, wie es eben gerade am besten denkbar und machbar ist, so läuft sie doch oft Moden hinterher, theoretischen, methodischen, organisatorischen. Mag die ökonomische Theorie annehmen, dass in der Wirtschaft Kalkulation, Erfindung und Technokratie sowie nackter Effizienzwettbewerb regieren, so muss man nur die Verlautbarungen von Unternehmensberatern oder die BWL-Lehrbücher studieren, und man erkennt, dass sich dort Moden abwechseln und Beratung oder Lehre erst immer neu füllen und erst so recht notwendig erscheinen lassen. Mögen Künstler als einsame, unabhängige Heroen oder

Anti-Helden gelten, so zeigt ein Blick in die Kunstgeschichte und auf den Kunstmarkt, dass Künstler und Stile mal in Mode sind oder nicht, zwar nicht ins Letzte vorhersehbar (wie alle Moden), aber zuverlässig im Grundlegenden, eben in der Existenz von Moden und ihrem zuverlässigen Wechsel.

Politik. Funktionalistisch und von den bestehenden Institutionen her gedacht ist die P. all das an der Gesellschaft, was sich mit der Vorbereitung, dem Fällen und der Durchsetzung für alle bindenden Entscheidungen befasst, in Form von Diskutieren und Werben, Wählen, Abstimmen, Anordnen usw., verkörpert durch die Politiker im engeren Sinne und die Ministerialbürokratie, die Wähler, die Parteien usw. Diese trockene Definition lässt jedoch wenig erahnen von jenen Verwicklungen und Aufwallungen, die sich mit dem Politikmachen verbinden, den Ressentiments gegen die P., der P. als Beruf und Leben. Jedoch gab es immer wieder Bestrebungen, entweder die Politik zurückzustutzen auf technokratische Sachentscheidungen, oder zu verbreitern, indem man festhielt, die Ordnung der Gesellschaft werde in vielen Bereichen verhandelt oder sollte verhandelt werden: zwischen den Geschlechtern, im Betrieb usw., so dass man die Aufteilung in das Öffentliche (gleich Politische?) und das Private in Frage stellen wollte und gar ausrief, das Private sei politisch (andere dagegen auch: das Privatwirtschaftliche sei nicht politisch) – im Gegenzug wurde aber auch gefordert, der Staat möge sich aus dieser Form der P. (der Geschlechter, der Lebensformen, der innerbetrieblichen Demokratie, der Identität usw.) heraushalten oder bestenfalls günstige Bedingungen für dieselbe schaffen. Die Unschärfe des Politikbegriffs ist so selbst ein Politikum.

Rationalität. Es scheint jedem ungefähr klar zu sein, was es heißt, rational zu sein, weshalb es teilweise auch als ungemeine Erleichterung der Theoriebildung verstanden wurde, für alle Handelnden (eine Form der) Rationalität anzunehmen. Als schwierig hat es sich jedoch erwiesen, herauszufinden, wie denn nun genau das Denken und Urteilen abläuft (man fand zahlreiche Beispiele, die man bestimmt nicht als rational bezeichnen würde, es sei denn man entleert den Begriff durch Einschluss einfach jeglicher Denkungsart und Handlungsweise), und womöglich als noch schwieriger, wie denn nun das *richtige* Denken und Urteilen vonstatten gehen soll. Die Rationalisierung wurde einerseits, im historischen Verlauf wie individuell, als Pfad zur Befreiung und guten Verständigung angesehen, andererseits erwies sich, dass die verselbstständigte Ratio beengend und beängstigend sein kann, und bereit, jede Schandtat, auch an sich selbst, möglichst effizient zu planen und zu vollbringen. So ist Rationalisierung Offenheit der Weltsicht und friedliche Verständigung, und zugleich die Errichtung eines „stahlharten Gehäuses" (Weber).

Spiel. Es kann als Vorstufe des Ernstes (als der Entwicklung dienlich, so v. a. in der Kindheit), als Gegenstück zum Ernst (der Gesellschaft, als Frei-Zeit, als Welt mit eigenen Regeln, als Gesellschaftsspiel, als Vorspielen, als heiter-sinnliches „Vorspiel"), oder ernste Bestimmung des Menschen angesehen werden, das letzte im mehrfachen Sinne: Der Mensch ist erst Mensch, wo er spielt (Schiller), der Mensch spielt auf verschiedenen gesellschaftlichen Spielfeldern mit den ihm möglichen Kräften und Einsätzen mit, nach den dort geltenden Regeln und vom Spiel eingenommen (Bourdieu), er betätigt sich in Sprachspielen (Wittgenstein), d.h. in durchaus ernsten und folgenreichen Weisen, von sich und der Welt zu sprechen, gemäß einer mal mehr, mal weniger hilfreichen, einer regelhaften und selten voll bewussten Logik (nicht zu verwechseln mit spielerischer Beliebigkeit oder reiner Sprachkunst: Irgendein Spiel muss man in der Sprache immer spielen, sonst wäre es keine, wäre sie ohne Regeln), er findet sich schließlich in Konstellationen gegenüber anderen, wie sie formal die Spieltheorie durchdekliniert: einer oder mehrere Spieler, eine oder mehrere Runden, Gewinne und Verluste in Abhängigkeit von den Strategien der Spieler usw., die Konstellation als Nullsummenspiel, als eine, wo Kooperation sich lohnt oder Belohnung und Bestrafung klug eingesetzt werden müssen etc. – der Spieltheoretiker fragt sich dann: Gibt es ein Gleichgewicht, wo keiner seine Strategie in Abhängigkeit von der des anderen mehr ändern möchte, wie sieht es ggf. aus, welcher Nutzen kommt für die Spieler heraus; welche reale Situation gleicht dem untersuchten Spiel?

Stil. Nicht was man tut, sondern die Art, wie man es tut, nicht was man auswählt und schön findet, sondern nach welchen Prinzipien. Im Kleinen wirken eine Schrift oder eine Zeichnung entweder ungelenk oder wie dahingegossen, im Großen wirkt der Alltag wie eine Ansammlung nicht zusammenpassender Kleider, das Leben in seinem Verlauf wie eine krakelige Linie, oder sie erscheinen wie aus einem Guss, wie ein kunstvoll geschlungener Pfad in einem Park – das eine nennt man Schreib- und Zeichenstil, das andere Lebensstil, und beide Male wird der Stil sogleich bewertet und mit ihnen gleich der Urheber. Unter der Annahme, jeder sei Autor seines Lebens, verdammt man bestimmte Lebensstile und findet andere angemessen. Es genügt jedenfalls nicht mehr, sich an die Regeln der Moral zu halten und sich bei seinen Tätigkeiten anzustrengen: Die Stellung in der Gesellschaft ist auch eine Stilfrage.

Synästhesie. Neigung, Wahrnehmungen in einem Sinnesorgan mit anderen zu verbinden, die scheinbar in einem anderen entstehen, was für den Betreffenden einen zwingenden Eindruck macht, für andere aber völlig unverständlich ist: Musik schmecken, den Geschmack von angebranntem Fleisch als Farbe sehen oder das Stöhnen der Nachbarin als gewellte Oberfläche fühlen, einen Geruch hören. Wie ähnlich nutzlose Phänomene, etwa heute die Linkshändigkeit oder früher teilweise die Epilepsie, wird die Fähigkeit zur Synästhesie gelegentlich als eine Art magische Eigenschaft überhöht: Kreativität, Visionen, Einfühlungsvermögen, Künstlertum, Genie, religiöse Eingebung! oder was auch immer gerade gefragt ist. Dann interessiert sich wieder kaum jemand dafür, und richtige Beweise dieser Heilsversprechungen gibt es auch keine. Man weiß einfach nicht, wozu es nütze ist.

System. Ordnung der Gedanken (etwa philosophisches S.) oder der Beziehungen (etwa Verwandtschaftssystem) u. Ä., oder einfach jedwedes organisiertes, geschlossenes Ganze. Oder eine manchmal esoterische Theorierichtung: Ausgehend von einer simplen Kybernetik (wenn Stellen und Rollen funktionieren, das Feedback und der Antrieb stimmen, dann ist die Gesellschaft – offenbar – austariert, homöostatisch-thermostathaft im Gleichgewicht) entwickelte sich diese Richtung über eine Biologie in Begriffen von Beobachtung, Organismus/Umwelt und ständiger Neuerschaffung der Bausteine, sowie über Schematismen der Komponenten von Handlungen und gesellschaftlichen Handlungsbereichen, hin zu Theoriegebäuden einer Gesellschaft aus Sinn (der auf Sinn folgt und neuen Sinn produziert, sich bezieht, eingrenzt oder ausweitet: deshalb System), einer Gesellschaft aus Differenz und Kommunikation (jeder Teil ist anders: Kommunikation über Haben oder Nichthaben und Transaktionen mittels Geld; Recht oder Unrecht und Verfahren; Verlieben oder Entlieben und Leidenschaft/Intimität; mit Unterscheidungen fängt alles an: Anschlussfähigkeit *und* Inkompatibilität, Vereinfachung *und* Komplexität) und aus Funktionen (jeder Teil wird gebraucht, ob schlecht oder recht). Oder der Ausdruck S. steht einfach für die theoriearme Unterscheidung der Bereiche der Gesellschaft in ihrem Aufbau (politisches, wirtschaftliches S. usw.).

Theorie. Für die Puristen eine Sammlung von prüfbaren Sätzen, die die Welt bedeuten (bzw. einen Teil davon, hier mit Bezug zur Gesellschaft). Sonst aber eine Art, die Welt zu begreifen, eine ständige Baustelle an Formulierungen, Perspektiven, Schematismen, Vorannahmen, Traditionen usw., manchmal auch Maßstäben der Kritik; mit den jeweils zugehörigen, mittels der Theorie verstandenen oder noch zu verstehenden Statistiken, Beobachtungen, Gesprächen usw. Das Gegenteil der Theorie ist nicht die Praxis, sondern keine Theorie zu haben. Das Gegenstück zur Theorie ist die Praxis der Forschung, die im Wechselspiel mit dieser die Theorie aufbaut, umbaut, manchmal niederreißt und die Praxis wandelt. Der Gegenstand der Theorie ist die Praxis (im weitesten Sinne) in der Gesellschaft, was in ihr los ist, und was womöglich dahintersteckt. Der Zweck der Theorie ist die Beschreibung, das Verstehen bzw. Erklären, die zweckmäßige Anleitung, oder aber die Veränderung dieser Praxis. Deshalb kann es sich, so eine alte Wissenschaftler-Weisheit, als praktisch erweisen, eine gute Theorie zu haben.

Umfrage. Da man nicht in die Köpfe der Menschen schauen kann, hat man die Umfrage erfunden. So einfach ist es nicht, trotzdem ist die Befragung oft die Methode der Wahl (viele Menschen das Gleiche fragen, und dann Schlüsse daraus ziehen). Man kann mit Umfragen nicht Beliebiges beweisen, aber tendenziös (und theoretisch unsachgemäß, und irrelevant, und auf lästige Weise) fragen, und tendenziös (und – statistisch – falsch) auswerten. Statistiken fälscht man am besten, indem man sie erfindet (das ist gar nicht so einfach). Ungenauigkeiten und Unmöglichkeiten der Befragung von Beliebigkeit und Betrug zu unterscheiden ist für viele genauso schwierig, wie zu verstehen, dass repräsentativ im strengen Sinne zufällig heißt. Viele Schlussfolgerungen aus Umfragen sind zu genau für die Ungenauigkeiten des Instruments und der Stichprobe. Die Voraussetzung ist aber immer, sich vor der Umfrage selbst genaue Fragen zu stellen.

Umwelt. Ist per Definition nicht in der Gesellschaft drin und war damit in heutiger Auffassung lange inexistent, nur als Einzelteile bewusst (ein Feld, ein Wald, Tiere, Wetter, Missernte usw.) oder als Ganzes rein philosophisch und religiös relevant. Sie kann sich trotz ihres Außenseiterstatus aber als Problem aufdrängen. Dann kann sie empört als gequält aufgefasst werden, oder romantisiert, oder bürokratisch und technokratisch verwaltet, oder verwissenschaftlicht, oder ihr (vermeintlicher) Schutz als Ware feilgeboten werden, oder politisiert: In Form der Umweltbewegung und der grünen Parteien gab der Umweltbegriff dann Anlass für vielfältige, teils widerstreitende Diagnosen: Kritik an der Wegwerf-, Überfluss- und Konsumgesellschaft, das Aufkommen einer neuen, dauerhaften politischen und sozialen Kraft, ein Ein-Generationen-Phänomen, konservative Romantik, eine wirkliche Programmpartei, Verrat von Idealen, Reformmotor, eine letztlich bürgerliche Partei, Grundlage für neuen Wohlstand und neue Gerechtigkeit usw. Die Umwelt hat also ihren Platz in der Gesellschaft gefunden, oder gleich mehrere Plätze.

Utopie. Der noch ungekannte Ort des Besseren, bzw. die Kennzeichnung einer Zeit, wo dieses verwirklicht wäre. Teils farbig ausgemalt: Insel der Seligen und göttliches Reich, Zeit magisch erscheinender Techniken, Reich der Freiheit bzw. Freizeit, oder der Zucht und Ordnung, usw., mit zugehörigen Bewohnern, Regierungen (oder nicht), Siedlungen, Wirtschaften usw. Teils gerade nicht konkretisiert, so im Marxismus, weil erst erkennbar, wenn diejenigen Widersprüche überwunden sind, welche die Erkenntnis bisher fesseln, wenn die antagonistische Klassengesellschaft zur klassenlosen, die bisherige Philosophie überwunden und eine neue praktisch geworden ist. Bestenfalls kann man durch die Beschreibung des negativen Ganzen dialektisch mehr erahnen als erschließen, was die „Spiegelschrift" (Adorno) dieser Beschreibung wäre. Bis dahin, oder gegenüber jeder U. kann munter ausgerufen werden: „Das ist doch utopisch", und wenn es nur um Sättigung und

Obdach für alle ginge. Was gegen eine U. spricht ist manchmal nicht so interessant wie: wer dagegen spricht, wer dafür spricht, und wogegen ebendiese oder ebendieser spricht, indem er eine Alternative ausmalt (gegen welche Zeit an welchem Ort). Was für eine U. spricht ist, außer dass die Zeit und die Vorstellungskraft noch nicht reif sind, also noch alles Mögliche eintreten kann, dass sie Antrieb und Sprengkraft schafft.

Volk. Ein schwieriger (deutscher) Begriff, aber beileibe nicht nur in dieser Sprache. Geht nur in manchen Begriffen und Wendungen gut – etwa wenn Demokratie gefordert ist oder dieselbe demonstriert wird: Wahlvolk, Volksabstimmung, Dem deutschen Volke; dann wiederholt man (nicht unbedingt ohne die nationale Einheit im Hinterkopf) auch mal: Wir sind das Volk; manchmal ins Populistische hinein: die Meinung im Volk, Volkes Stimme; auch die „Volkskrankheit" hat was von Gleichheit, Leidensgenossenschaft. Recht unbedacht sagt es sich es im „Volkswagen", in der „Volksfürsorge" usw. heute dahin, steckt ferner irgendwo in der Geschichte: Völkerwanderung, Völkerschlacht, auch die DDR kannte den VEB. Dem kritischen Verstand ist nur das Volk der anderen recht ursprünglich, exotisch, gemeinschaftlich (Folklore statt volkstümlicher Musik, Selbstbestimmung der Völker, das jüdische Volk, die indigenen Völker), dem nächsten auch das das wieder suspekt usw. Mancher beklagt mit der (vermeintlichen) Tabuisierung des Volksbegriffs den Verlust eines wichtigen Ausdruckes, gar eines wesentlichen Begriffes (soweit bekannt, ist das aber in der Soziologie nicht typisch: Dort findet man nur die Diagnose des Phantomschmerzes anderer angesichts des Verlustes des Volksbegriffs). Man kann sich immer in die Aussage retten, dass jedes Volk „konstruiert", historisch-ideengeschichtlich oder real gewachsen ist, oder in Ersatzwörter wie „Ethnie", jedenfalls wird so schnell kein einfach verwendbarer Begriff draus.

Wahnsinn (unter diesem Stichwort, weil z. B. „Wahnsinn und Gesellschaft" höchst einflussreich war). Ein notorisch uneindeutiger Begriff, bei dem die nachfolgenden Deutungen (die einen früher, die anderen später auftretend) in oft unfruchtbarster Weise miteinander ringen: Normabweichung und moralische Verirrung; Fehlfunktion der biologischen Grundausstattung (etwa an Ängsten) und der Person in der gegebenen sozialen Welt (arbeiten, Familie versorgen, keine Verbrechen und Unanständigkeiten begehen); irrationale Fehlauffassung seiner selbst und der Realität, Verlust der Koordinaten (innen und außen, eigen und fremd, wirklich und eingebildet); Sinnverlust und Mangel an Identität; Störung der Hirnchemie durch Leiden, oder Leiden durch gestörte Hirnchemie (oder andere Defekte); verborgene Konflikte und geheime Wünsche, die sich nur dem Heiler oder geschulten Deuter erschließen; therapeutisch aufgezwungene Klassifikationen und Verhaltensstereotype, teils unter Freiheitsentzug; Stigma; Leiden an der Welt, Zivilisation, Gesellschaft, Familie usw.; philosophische oder religiöse Entrückung in die eigentliche Sicht der Welt als Jammertal und der eigenen Existenz als nichtig, und Ahnung des Jenseitigen und Mystischen; die Übermenschlichkeit und Idiosynkrasie sowie Antrieb und Material des Genies, usw.

Ware. Geronnene Arbeit, Verschwinden der Arbeit hinter dem „Fertigen" des Produkts, seinem Tauschwert ungeachtet der Arbeit, einem geheimnisvollen Preis, am Ende hinter seinem Konsum.

Ferner: Umformung von potenziell allem zum Zwecke der Vermarktbarkeit, für den Handel (erst durch Verträge, Gesetze und Konventionen werden Dinge sinnvoll handelbar: die Datei, die jeder kopieren kann und darf, kann man nicht verkaufen). Im weiteren Sinne ist W. alles, was sich dem Kunden als fertiges Paket anbietet und anbiedert, auch wenn es nicht im Ganzen als Ware übergeben werden kann: ein Star, das gute Leben in Form von Gerechtigkeit, Umweltschutz, Tradition usw., die man gleichsam miterwirbt, wenn man materielle Dinge erwirbt, die man mitkonsumiert, wenn man das eigentlich Bezahlte konsumiert.

Weber, Max. Wie fast alle Klassiker der Soziologie war er in zahlreichen Fächern zu Hause, man könnte auch sagen: Er war einfach gebildet und belesen. Er arbeitete, ganz aus sich selbst heraus motiviert (vom Schicksal des leidenschaftlichen Forschers gebeutelt), an Schriften, in denen er eine unglaubliche Zahl wichtiger soziologischer Begriffe definierte, und noch viel mehr Thesen daraus systematisch ableitete (wenn auch nicht alle Bestand hatten): Er erklärte, dass unsere moderne Arbeitshaltung, wonach man es in diesem Leben durch Berufstätigkeit zu etwas bringen muss, aus dem Protestantismus stammt, dass uns die Wissenschaft nicht den Sinn des Lebens erklären kann, dass Bürokratie gleichzeitig rational ist und man dieser Rationalität nicht mehr entkommt, dass die kritische Phase einer Bewegung diejenige ist, in der die zweite Generation nach dem großen Propheten und Anführer antreten muss und vieles mehr. Ein stets moderner Stichwortgeber (und doch – auch – ein Politiker seiner Zeit!), der noch die Sozialwissenschaften als Ganzes überblicken konnte und wollte, und ein Lehrmeister des soziologischen Verstehens, insbesondere mittels der Suche nach dem Typischen an einer Sache und der Rationalität dahinter.

Wissenschaft. Ihr Blick auf sich selbst sieht sich doppelt: Einerseits (das sind der erkenntnistheoretische und der involvierte, in der Wissenschaft als gelebte Tätigkeit stehende Blick) als Streben, als das was man tut bzw. tun sollte, und als Kritik an dem, was man nicht tun sollte: bestimmte Theorien aufstellen oder eben nicht, bestimmte Methoden verwenden, Projekte, Untersuchungen, Studien, Schriften produzieren usw. oder jeweils eben nicht, alles für einen Fortschritt an Wissen.

Andererseits (das ist der sozialwissenschaftliche Blick) als verschworene Gemeinschaft mit eigenen Regeln rund um ein – mal mehr, mal weniger für erfüllbar gehaltenes und wandelbares – Wahrheitsideal, als Machtspiel (untereinander, und um Wissen als Macht über die Gegenstände), als Teil der Gesellschaft mit ihrem Zeitgeist und ihren Verhältnissen (wirtschaftlich, rechtlich, der Ungleichheit und der Macht) und als Ideologiefabrik. Schließlich kann die Wissenschaft sich selbst auch zum Opfer fallen, indem sie sich in Zitations- und Publikationsstatistiken und Rankings genauestens vermisst und dann auf dieser Basis teilweise übel fehlsteuert (vielleicht ist sie aber auch schlau genug und macht das Richtige daraus). Wissenschaft ist heute eine höchst spezialisierte Nische der Gesellschaft und zugleich eine ganze Lebensform.

Centaurus Buchtipp

Dagmar Filter, Jana Reich (Hrsg.)

»Bei mir bist du schön...«

*Kritische Reflexionen über Konzepte von
Schönheit und Körperlichkeit*

Feministisches Forum – Hamburger Texte zur
Frauenforschung, Bd. 4, 2012, 288 S., br.
ISBN 978-3-86226-143-7, € 24,80

Der thematische Fokus dieses Sammelbandes liegt auf den scheinbaren Abweichungen von der Norm, der diskursiven Vermittlung "schöner" Körper durch
Bild und Text sowie auf den Methoden der Körperinszenierung und -
optimierung. Neue Aspekte hinsichtlich dominanter heteronormativer Körper-
normen und alltägliche Schönheitspraktiken werden in den Artikeln und in
künstlerischen Auseinandersetzungen beleuchtet.

Gesellschaftliche Normansprüche reichen in ihrer Wirkungsmacht weit hinein in
die private Sphäre. "Schönheit" ist im gesellschaftlichen Diskurs ein fest veran-
kertes Motiv, das über privaten als auch beruflichen Erfolg mitentscheiden kann.
Dick, dünn, behaart, unbehaart, jung, alt, männlich, weiblich oder irgendwie
dazwischen: Das Äußere wird normiert, reguliert und manipuliert.
Während die Privatheitsideologie das Motto "Mein Körper gehört mir" ins Ne-
gative verkehrt und damit freiwillige chirurgische Eingriffe zur eigenen äußerlichen Optimierung rechtfertigt, werden in vielen Fällen intergeschlechtliche
Menschen zu einer körpernormalisierenden Operation gezwungen.

Dieser Band will für die Widersprüchlichkeit neoliberaler Anrufungen sensibili-
sieren und Reflexionsprozesse anregen, um widerständige feministische Positionen zu schaffen.

Centaurus Buchtipps

Joaquim Braga
Die symbolische Prägnanz des Bildes
Zu einer Kritik des Bildbegriffs nach der Philosophie Ernst Cassirers
Reihe Philosophie, Bd. 39, 2012, 220 S.,
ISBN 978-3-86226-136-9, € **25,80**

Sebastian Niekrens
Sucht im Alter
Möglichkeiten der Intervention aus sozialarbeiterischer Perspektive
Soziologische Studien, Bd. 40, 2012, 100 S.,
ISBN 978-3-86226-141-3, € **18,80**

David Wenzel, Irmtraud Beerlage, Silke Springer
Motivation und Haltekraft im Ehrenamt
Die Bedeutung von Organisationsmerkmalen für Engagement, Wohlbefinden und Verbleib
in Freiwilliger Feuerwehr und THW
Soziologische Studien, Bd. 39, 2012, 190 S.,
ISBN 978-3-86226-123-9, € **22,80**

Timo Andreas Kläser
Regenbogenfamilien
Erziehung von Kindern für Lesben und Schwule
Soziologische Studien, Bd. 38, 2012, 336 S.,
ISBN978-3-86226-074-4, € **24,80**

Sebastian Hacke
Medienaneignung von Jugendlichen aus deutschen und türkischen Familien
Eine qualitativ-rekonstruktive Studie
Soziologische Studien, Bd. 37, 2012, 612 S.,
ISBN978-3-86226-075-1, € **28,80**

Esther Ruiz Ben (Hrsg.)
Internationale Arbeitsräume
Unsicherheiten und Herausforderungen
Soziologische Studien, Bd. 36, 2010, 300 S.,
ISBN978-3-86226-018-8, € **25,00**

Petra Lucht, Martina Erlemann, Esther Ruiz Ben (Hrsg.)
Technologisierung gesellschaftlicher Zukünfte
Nanotechnologien in wissenschaftlicher, politischer und öffentlicher Praxis
Soziologische Studien, Bd. 35, 2010, 185 S.,
ISBN 978-3-8255-0756-5, € **25,50**

Eva Wonneberger
Neue Wohnformen
Neue Lust am Gemeinsinn?
Beiträge zur gesellschaftswissenschaftlichen Forschung, Bd. 25, 2011, 132 S.,
ISBN 978-3-86226-067-6, € 19,80

Informationen und weitere Titel unter **www.centaurus-verlag.de**

If you have any concerns about our products,
you can contact us on
ProductSafety@springernature.com

In case Publisher is established outside the EU,
the EU authorized representative is:
**Springer Nature Customer Service Center GmbH
Europaplatz 3, 69115 Heidelberg, Germany**

Printed by Libri Plureos GmbH
in Hamburg, Germany